保健科教育法入門

日本保健科教育学会●編
Japan Society of School Health Education

Introduction to School Health Education

大修館書店

まえがき

　「無さそうだが実は有るもの」に関する情報は、日々、テレビや新聞、あるいはインターネットなどでしばしば目にする。しかし「有りそうだが実は無いもの」については、あまり触れられることがない。本書の編集元である「日本保健科教育学会」というのも、有りそうで無かったものの一つである。

　古今東西、全ての人々にとって「健康」は大切なものである、ということに異論を挟む人はほとんどい無いだろう。その「健康」を教科として真正面から捉え、未来ある前途有為の児童生徒たちに健康の意義・重要性や健康を阻害する諸要因、更には健康の保持増進に関わる課題・事柄等々を、科学的にかつ体系的に教育していこうとするのが「保健」である。

　しかしながらこうした価値ある「保健」が、過去から現在において軽視されたり蔑ろにされたりしてきた。すなわち「雨降り保健」という言葉に象徴されるように、雨が降った時だけ実施される保健授業で、あたかも「体育」の付属物のように扱われることも少なくなかったのである。

　勿論一方において、「保健」を大切に思い、より良い保健の授業について研究したり、創出・実践しようとする人々も多く存在した。そうした人々の力が結実して、2016年4月、「日本保健科教育学会」がようやく設立された。「日本体育科教育学会」の設置に遅れることちょうど20年である。国語や数学・理科・社会・英語など他教科の状況を見ても、当該教科の教育学会が存在しないものは、ほとんど無いのであった。本書は、有りそうで無かった「日本保健科教育学会」の編による保健科教育の入門書である。

　確かに、「保健」が苦手、という保健体育教師が散見されるのも、分からない訳ではない。元より、そうした「保健」が苦手な中学・高校の保健体育教師に教えられ、体育の魅力だけは理解し、運動部活動に精力を注ぎつつ体育系の大学・学部へ進学し、大学においても「保健」に関する指導がほとんどなされないまま、いわゆる中高の現場に立つ者も相当数いた（いる）であろう。そうしてまた、同じように体育偏重の指導が繰り返されるのである。しかし、この悪循環はどこかで断ち切らなければならない。そうしなければ、「健康」という極めて重要な教科内容が抜け落ちた状態の国民を多数作り出し続けることになってしまう。

　この時、私たちにできそうなことは何なのかを熟慮した結果、各大学における「保健科教育法」の充実こそがその肝であり要である、との考えに至ったのである。ところがここで、更なる「有りそうだが実は無いもの」に直面した。それは「保健科教育法」の"良書"である。保健科教育の一部に関する書籍はあっても、保健授業担当者として押さえておくべき基礎的教養や、望ましい授業像、良い保健の授業を作る際の具体的な手立て、教室に

おける指導の実際、指導計画の立案の仕方や指導案の書き方、教育実習の意義や留意点、更には若き読者らが保健科教育学を志す際の道標（みちしるべ）等々、「保健科教育法」全体を網羅したテキストがほぼ皆無だったのである。

そうであるならば、「日本保健科教育学会」で"良書"を作ってしまおう、ということになった。執筆は、小学校・中学校・高等学校、あるいは研究所などの第一線でご活躍中の教育・研究者にお願いをしようとした。また大学教員については、学生に直接、実際に「保健科教育法」や「保健科教材論」などを教授なさっている一級の方々をできるだけ多く選定するようにした。

構成も、上述した内容をもれなく記載した上で、分かりやすさを旨として整理したつもりである。学習指導要領に関わる事項においては、現行の学習指導要領に準拠した記述になっている。

幸いにも、執筆のご協力を多くの方から得ることができ、かつ大修館書店の全面的なご支援も頂戴することができたことから、本書の発刊を見るに至った。日頃の通常業務に加えてご執筆の労苦を厭わずご尽力下さった方々と、最初から最後まで編集のお骨折りをして下さった大修館書店の加藤順様・川口修平様に、心よりの深甚なる謝意を表したい。

今後、保健の授業に携わることになりそうな人たち、今、既に携わっている人々は無論のこと、保健科教育学の研究者等にとっても本書が良き伴侶となり、幾ばくかの示唆を提供し、それによってより良い保健授業の実現に寄与できたとするならば、編著者としてこれに勝る喜びはない。

2017年3月

日本保健科教育学会 学会長

編著者代表　今村 修

なお、今回の第2刷発行に当たり、2018（平成30）年に告示された高等学校学習指導要領の内容に則り、表記上、微修正を加えた箇所があることをお断りしておく。

2019年9月

保健科教育法入門
目次

まえがき………iii

第1章 保健科教育とは何か

第1節 学校教育における保健科教育の位置づけ………2

①学校保健のなかの保健科教育………2
1. 学校保健活動のなかの保健科教育………2
2. 学校教育課程のなかの保健科教育………4
3. 保健科教育の担当者とその資格………5
4. 保健科教育の関係者………6
(1) 養護教諭………6
(2) 保健主事………7
コラムⅠ──教員免許と身分のいろいろ………9

②保健科教育のカリキュラム………11
1. カリキュラムの基礎・基本………11
2. 小・中・高の保健のカリキュラム………13
(1) 小学校保健のカリキュラム………13
(2) 中学校保健のカリキュラム………15
(3) 高等学校保健のカリキュラム………16
3. まとめ………17
コラムⅡ──保健と体育を関連させた「からだの学習」の必然性………19

第2節 我が国における保健科教育の歩み………20

①教育課程における保健の変遷………20
②保健の授業観・学習観の変遷………24
1. 授業観・学習観とは………24
2. 授業の構成要素と授業観・学習観………24
3. 戦後の保健の授業観・学習観の変遷………25
(1) 行動化や習慣形成など生活指導を強調した時代………25
(2) 生活経験主義から系統主義へ移行した時代………25
(3) 学習指導要領に対し、独自の保健教育を提唱した時代………26
(4) 実践力重視の『JKYB研究会』の発足と学習理論の進展………27
4. まとめ──「新しい知の問い直し」の時代…28

第3節 諸外国の保健教育………29

1. はじめに………29
2. 国別で見た保健科の教科形態………29
(1)「保健科」という独立した教科形態の国………29
(2)「体育科」との合科形態の国………29
(3) 関連教科や特別活動のなかで実施する形態の国………30
(4) 国内で多様な教科形態の国………30
3. フィンランドの保健教育………31
(1) 教育制度………31
(2) 保健科のカリキュラム………31
(3) 教科担当者ほか………34

4.アメリカ（カリフォルニア州ロングビーチ学区）の保健教育………34
(1)教育制度………34
(2)アメリカにおける健康への様々なアプローチとHealth Educationの定義………35
(3)保健科のカリキュラムと教科担当者ほか………35
5.まとめ………36

第2章 保健の授業をつくる

第1節 良い保健授業の姿をイメージしよう………38

1.これまでの保健授業の姿………38
(1)雨降り保健………38
(2)暗記保健………38
2.授業がもつべき基本的機能………39
(1)授業を行う意味………39
(2)「賢い」とは何か………39
3.賢くさせるための方法論（認識変容の3つの型）………40
4.志向性から見た授業の3つの型………41
コラムⅢ──保健と体育が一緒になって教科となる………43

第2節 学習目標を設定しよう………44

1.保健の目標の特徴………44
(1)学習指導要領における目標………44
(2)保健らしさとは………45
2.小・中・高等学校における系統性と個別性………47
(1)学習内容の系統性………47
(2)学習内容の個別的段階性………48
3.学習者の実態と目標設定………49
(1)学習者の実態………49
(2)学習目標の設定………49
コラムⅣ──ヘルスリテラシーを高める………52

第3節 学習内容を理解しよう………54

1.学習指導要領解説に示された保健の内容…54
(1)保健内容の全体像………54
(2)内容の系統性………55
2.保健の学習内容………56
(1)健康増進と疾病の予防………56
(2)健康と環境………56
(3)発育・発達………57
(4)精神の健康………58
(5)傷害の防止………58
(6)保健・医療機関と保健活動………59
3.まとめ………59
コラムⅤ──学習内容を構造的に把握しよう………60

第4節 教材を準備しよう………61

1.教材とは何か………61
2.教材の3つの形式………63
(1)問題教材………63
(2)文章教材………64
(3)具体物教材………65

第5節 授業スタイルを考えよう………68

①授業スタイルのいろいろ………68
1.はじめに………68
2.多様な学びのスタイル──子どもが主人公の授業をつくる………68
(1)学習集団別に見た指導上のポイント………68
(2)魅力(効果)を高める学習方法のいろいろ………69
3.新たな保健授業スタイルの創出に向けて──ティーチングからラーニングへ………70
(1)能動的な「深い学び」をデザインする──アクティブ・ラーニング………70
(2)情報通信技術(ICT)の活用──求められる「ICT活用指導力」………71

②授業スタイルをどう選ぶか………72
1.保健の授業スタイルは画一化している………72
2.授業スタイルの特性………73
(1)ディスカッション(討論)………73
(2)実習(ロールプレイングを含む)………75
(3)課題解決学習(実験を含む)………76
3.授業スタイルを決める上での留意点………76
(1)授業者側の視点………76
(2)学習者側の視点………77
コラムⅥ──養護教諭とティーム・ティーチング………78

第6節 指導の計画を立てよう………79

1.年間指導計画を立案する………79
(1)年間指導計画の立て方………79
(2)年間指導計画作成上の配慮事項………80
(3)年間指導計画の例………81
2.単元計画を立案する………82
(1)単元の意味………82
(2)単元計画作成の意味とポイント………82
(3)単元計画例と作成上の配慮事項………82
3.指導案を作成する………83
(1)指導案作成の意味とポイント………83
(2)指導案の書き方(例)………84
(3)指導案例………86

第7節 教授行為のテクニックを磨こう………87

1.説明(話術)………87
(1)良い話術とは………87
(2)話し方の留意点………88
(3)話術の鍛え方………88
2.板書………89
(1)板書の特性とその機能………89
(2)板書の留意点………90
3.ノート指導………91

(1)ノートに書く意味………91
(2)ノート指導の留意点………91
4.資料配付………92
(1)資料の役割………92
(2)資料配付の留意点………92
5.机間指導………93
(1)机間指導の意味………93
(2)机間指導の留意点………93

第8節 評価を工夫しよう………94

1.評価の考え方………94
(1)学習評価と授業評価………94
(2)指導と評価の一体化………95
(3)診断的評価、形成的評価、総括的評価……95
2.評価の方法………96
(1)いろいろな評価方法………96
(2)筆記テストの問題の工夫………97
3.評価の実際………99

第9節 模擬授業をやってみよう──教科書を活用した授業プラン………101

1.授業を構想しよう………101
2.教科書で学習目標を確認しよう………101
3.教科書から学習内容を構造的につかもう
　………102
(1)教科書から学習内容を読み取る………102
(2)教科書から学習内容を構造的につかもう
　………102
4.指導法を選択し、教材を作ろう………103
(1)授業スタイルの選択………103
(2)教材づくり………103
5.指導案を書こう………104
6.実際に授業をやってみよう………105
(1)授業の準備………105
(2)模擬授業の実施………107
7.授業を振り返り（省察）、次に活かそう
　………108
(1)カンファレンス………108
(2)見直し………108

第3章 保健授業の展開例

第1節 小学校………112

①思春期の体の変化………112
1.単元「育ちゆく体とわたし」（4年生）…112
2.「思春期の体の変化」の授業展開例………113
(1)第一次「思春期の体の変化①」………113
(2)第二次「思春期の体の変化②」………113
②交通事故の防止──アクティブ・ラーニング型の授業開発………117
1.ねらい、全体構想………117
2.本時の展開………118
3.授業の様子………118
4.子どもたちの感想………120
5.学びの分析………121
6.授業の後で──子どもたちの取り組みと、大人が考える安全が一致！………121

第2節 中学校・高等学校……122

①欲求と適応機制……122
1.授業に向けた考え方……122
(1)「欲求と適応機制」の授業づくりをする上での留意点……122
(2)本授業の考え方……123
2.授業展開例……124

②私たちの生活と環境……127
1.目標及び内容……127
2.単元の特性……128
(1)教師に見られる要因：環境について専門的に学んだことがない……128
(2)教材に見られる要因：良い教材を発掘しにくく、教材化もしにくい……128
3.モデル授業……129
(1)単元計画……129
(2)展開例……129

③飲酒と健康……134
1.「飲酒と健康」について……134
2.具体的には何を指導すればよいのか（指導内容）を確認しておこう！……134
3.授業展開例……135
(1)本時の目標……135
(2)展開……138
4.授業展開例における授業づくりのポイント……138
(1)授業展開について……138
(2)板書、学習カードについて……138
(3)資料について……139

④性感染症の予防……140
1.単元「性感染症の予防」……140
2.展開例（3/4時間目）……141

第4章 教育実習に当たって

第1節 教育実習の目的と概要、事前準備……146

1.教育実習の意義・目的……146
2.教育実習の概要……147
3.教育実習の事前準備……149
(1)実習校の選択……149
(2)実習校への依頼……149
(3)実習校の把握……149
(4)担当科目の内容把握と準備……150

第2節 教育現場での留意事項と事後の心得……151

1.基本的な心構え……151
2.その他の留意事項……152
(1)服装について……152
(2)生徒・教員との接し方……152
(3)守秘義務について……153
3.授業の実際……154
4.事後の心得……155
(1)省察する……155
(2)感謝の気持ちを表す……155
コラムⅦ──教員採用試験に向けて……156

第5章 保健科教育の勉強を更に進めよう

第1節 書籍やウェブなどから更に学ぼう………158

1. 研究論文や書籍・雑誌の検索………158
(1)CiNii（国立情報学研究所学術情報ナビゲータ）………158
(2)J-STAGE（科学技術情報発信・流通総合システム）………159
2. 参考となる書籍・雑誌等………160
(1)学会誌………160
(2)文部科学省等資料………160
(3)一般誌………161
3. 保健教育関係ウェブサイト………161
(1)文部科学省………161
(2)国立教育政策研究所………162
(3)厚生労働省………162
(4)その他………162

第2節 研究会に参加して実力を高めよう………163

1. 研究会に参加することの意義………163
(1)良い授業を見る目の涵養………163
(2)仲間の形成………163
(3)客観的な視点の確保………164
(4)研究と実践の融合………164
2. 研究会の具体的な様子………164
3. 研究会への参加の方法………164
4. 学会や各種講演会等にも参加してみよう………166

第3節 保健科教育を学問として学んでみよう………167

1. 保健科教育の課題………168
(1)保健学習における課題………168
(2)保健科教育学としての研究課題………169
(3)保健科教育学の研究テーマ………170
2. 保健科教育の研究方法………171
(1)研究計画の立案………171
(2)研究方法の選択………171
(3)研究論文の作成………171
コラムⅧ——教師力向上と教職大学院………173

索引………174
付録——小学校、中学校、高等学校　学習指導要領………176

第1章 保健科教育とは何か

この章のねらい

まずは保健科教育についての基礎的・基本的な知識を学んでもらう。具体的には、保健科教育が学校教育及び学校保健の枠組みのなかでどのように位置づき、どのように展開されているのか、また、どのような経緯をたどってこんにちに至っているのか、更には世界に目を転じ、諸外国ではどのような保健教育が行われているのかを概観する。

第1節 学校教育における保健科教育の位置づけ
①学校保健のなかの保健科教育
【コラムⅠ】教員免許と身分のいろいろ
②保健科教育のカリキュラム
【コラムⅡ】保健と体育を関連させた学習

第2節 我が国における保健科教育の歩み
①教育課程における保健の変遷
②保健の授業観・学習観の変遷

第3節 諸外国の保健科教育

第1章 保健科教育とは何か

第1節　学校教育における保健科教育の位置づけ

①学校保健のなかの保健科教育

　本書のタイトルは『保健科教育法入門』である。これからみなさんは本書を読み進めていくことになるが、そもそも「保健科教育」とは、何なのだろうか。それが不明確なまま読み続けるのは、読後の理解が不充分になりかねず非効率的である。場合によっては苦痛すら感じてしまうかもしれない。

　そこで最初に、学校教育のなかで保健科教育がどのような位置にあり、どのような役割を担っているのか、保健科教育の担当者は誰で、その関係者にはどのような人がいるのか、などについて概説することにしよう。

1.学校保健活動のなかの保健科教育

　現在、「学校保健活動」と呼ばれている活動は、「学校における児童生徒等及び職員の健康の維持向上に資するための活動」と表現することができる。こうした活動は、我が国が学校制度を創設した明治の頃から、何らかの形で存在していた。それは既に学校制度を整備していた欧米諸国に学びつつ、我が国の現状に適合する形で作り上げられてきたものと言うことができる[①]。

　学校保健活動を一般的視点から大別すると、健康に関する教育・指導により児童生徒らが主体的に健康生活を営む基礎づくりをねらいとした保健教育と、教育活動を円滑に進める上での基盤づくりとしての健康対策＝いわゆる保健管理の2種類からなる（図1）。逆に言うならば、学校における保健教育と保健管理に関する活動の総称が、学校保健活動であると理解してもよい。いわば、「教育」と「管理」を車の両輪とみなし、学校内の児童生徒等及び職員等の健康を保持増進していく活動ということになる。

　小倉学は、保健教育と保健管理のそれぞれの特徴について、表1に示すような整理をしている。実はこのような特徴や基本構造は、明治時代の学校教育制度創設当初より、その萌芽が見られていたのである。例えば、学校制度の開設後、間もなく、小学校において養生口授（「ようじょうのさとし」、または「ようじょうこうじゅ」と読む）という時間が設けられた。これは当時、政府が参考書としてあげた書籍[②]の内容からして、極めて高度な保健学習（知識の普及）と捉えることができる。ただし残念なことに、わずか数年の内にこの養生口授は教育課程から姿を消してしまう。

　しかしその後、健康に関連する知識の一部として、生物や人間の身体などに関連した自然科学的な内容は、理科系の科目で取り扱われ、体操（後の体錬、

[①]明治政府から「学制」という教育法令が交付されたのは1872（明治5）年であり、現在「学校保健」といわれているものは、第二次世界大戦前までは「学校衛生」と呼ばれていた。

[②]杉田玄端訳『健全学』、松本良順・山内豊城『養生法』などである。前者は英国の医師ロベルト・ゼエムス・メンの著書を和訳し、加筆した6冊から成る和装本である。

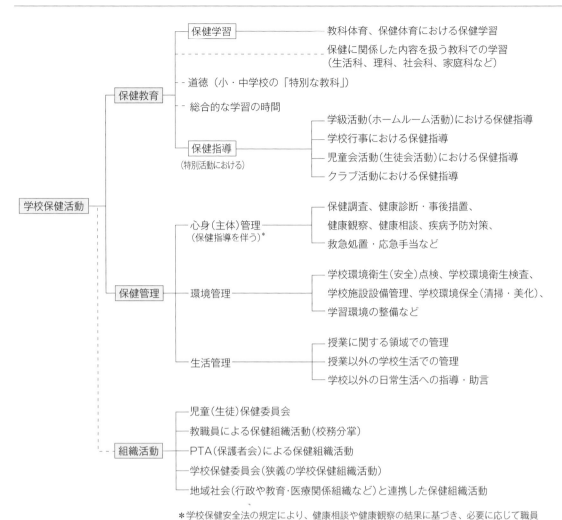

図1　学校保健活動の領域

表1　保健教育と保健管理の比較

	保健教育	保健管理
目　標	保健の科学的認識と実践的能力の発達 ＊特に保健学習は将来の健康生活における能力の基礎をつくる	心身の健康の保持増進 ＊学校管理下における健康問題の発見・改善・予防、健康増進が中心
自律的か他律的か	学習効果として、児童生徒が自律的に判断・行動することによって健康が保持増進されることを期待する	専門職のリーダーシップのもとに他律的に児童生徒の健康に関する世話（care）をする
効　果	より間接的しかし永続的	より直接的しかし非永続的 （管理下から広げにくい）
関係職員	学級担任、保健（体育）教師、養護教諭	学級担任、保健主事、養護教諭 ［学外］ 学校医、学校歯科医、学校薬剤師
学校運営の過程	教授＝学習過程（教育課程）	管理＝経営過程

（小倉学によるものを一部改変）

体育）科においては、運動と関連した清潔などの衛生訓練的な実践指導が行われてきたと言える。更に健康（生活）や生命に関する考え方の涵養は、修身[3]の時間を通して行われてきたのである。つまり、日本の学校においては、非常に早い時期から、今で言う保健教育及び保健科教育の片鱗が見られたわけである。

一方、保健管理の面で言えば、学校制度創設当時より、学校の建築基準を規定することによって、健康に配慮した適切な場所へ学校を建築するよう求めていたり、当時恐れられていた感染症である天然痘に対し、免疫力の無い者の入学を禁止したりといった措置が、既にとられていたのである。更に時代が進むと身体検査（後の健康診断）も、学校で実施されるようになっていった。すなわち保健管理の面においても、想像以上に進歩的であったと言えるだろう。

ここまで、簡単に日本の学校保健活動の歴史の概略について述べてきたわけだが、明治以降の日本において、保健教育や保健管理がどのような経緯をたどって今日に至ったのかを知ることは、保健体育教師の基礎教養の一部であると考えてよい。

さて、図1に戻って「保健教育」に着目してみよう。これでわかるように、「保健教育」のなかには「保健学習」と「保健指導」とがある。両者の違いをわかりやすく言えば、「保健学習」は教科として行われる意図的・計画的な"授業"のことである。一方の「保健指導」は特別活動において行われる保健に関係した指導であり、身近なあるいは機に応じた課題への対応や解決を主なるねらいとしている。

ところで本節では「保健科教育」という用語を用いているが、これは実は通称（俗称）であり、多くの場合、「保健学習」と同義である。ただし「保健学習」を広く解釈した場合には、理科、社会科、家庭科などの教科において保健に関係した内容を扱う学習や、「道徳」あるいは「総合的な学習の時間」において同様な学習が展開される場合も含むと解釈されかねない。そこで小学校の体育及び中高の保健体育における保健に関する学習を意味するものとして「保健科教育」という用語を使用している。

2. 学校教育課程のなかの保健科教育

学校教育のなかで、保健科教育はどのような法的根拠に支えられて存立しているのであろうか。このように「法律」という視点から保健科教育を捉えることのできる力も、保健体育教師の基礎教養の一部である。

日本国憲法の精神の下、我が国の教育の目標を示している教育基本法[4]の第1条では、「教育は、人格の完成を目指し、平和で民主的な国家及び社会の形成者として必要な資質を備えた心身共に健康な国民の育成を期して行わなければならない」（傍点＝筆者）と規定されている。第2条の教育の目標においても、「幅広い知識と教養を身に付け、真理を求める態度を養い、豊かな情操と道徳心を培うとともに、健やかな身体を養うこと」や、「生命を尊び、自然を大切にし、環境の保全に寄与する態度を養うこと」（傍点＝筆者）、などが挙げられ

---

[3] 修身
1890（明治23）年に発布された教育勅語に伴って置かれた小学校の科目の一つ。現在の「道徳」に近い。

[4] 教育基本法
「教育の憲法」といわれる。我が国の教育の原則を定めた基礎的な法律で、1947（昭和22）年に制定された。現在の教育基本法は、制定からおよそ60年後の2006（平成18）年に全面改正されたものである。

図2　中学校における教育課程

ており、健康に関する教育もその役割の一部を担って遂行されることとなる。

また、学校教育法[5]の第21条は義務教育における教科並びに教科外の活動の目標を示しているが、その第8項において「健康、安全で幸福な生活のために必要な習慣を養うとともに、運動を通じて体力を養い、心身の調和的発達を図ること」（傍点＝筆者）と示され、これが教科としての保健（体育）科教育の存立基盤であると解釈することができる。

このような教育基本法や学校教育法といった大きな法律を背景に、学校教育法施行規則に基づき学習指導要領が定められ、学校教育課程（カリキュラム）が編成されている。図2は、中学校における教育課程であるが、ここから明らかなように、中学校では全部で4つの柱から編成され、保健体育は「各教科」の一つとして位置づけられていることがわかる。後の項で説明することになるが、中学校においては、教科の名称が「保健体育」であり、それを「保健分野」と「体育分野」に分けているのである。

＊

これまで述べてきたことをまとめると、現在の学校教育における保健科教育は、学校保健活動の一領域を担う役割（位置づけ）と、教育課程の体系の下、他の教科並びに教科外活動と協働して学校教育全体のねらいを達成する役割（位置づけ）という、2つの観点から捉えることができるのである。

[5] 学校教育法
　教育基本法で教育の目的や目標が規定されたことを踏まえ、各学校段階の目的・目標を定めている。

3. 保健科教育の担当者とその資格

保健科教育を担当するには、どのような資格が必要なのであろうか。保健の授業を担当するに当たっては、小学校においては小学校の教員免許を有することが必要である。その際、体育系の大学または学部等で小学校の教員免許を取得した場合を除いて、小学校体育に関する授業を必ずしも充分に履修できるわけではない。ましてや小学校体育の一部である保健に関する学習指導に関しての準備教育に配当される時間は極めて少ない。保健科教育の立場から見れば、このことは、現在の小学校教員養成システム上の最大の問題点と言える。

また中学校、高等学校等においては、「保健体育」あるいは「保健」の教員免許を有する必要がある。2015（平成27）年4月1日の段階で、中学校の保健体育（一種免許状）を取得できる大学・学部は200機関を超えている。また

保健（一種免許状）に関しては50機関に近い状況にある。その他にもいくつかの短期大学において保健体育の二種免許状が取得できる。更に通信課程において取得が可能な大学が保健体育並びに保健ともに2大学ある。これらの状況は、二種免許に関することを除いて、高等学校の教員免許についてもほぼ同様である。

こうした機関において教員養成教育が行われているわけであるが、保健の授業を担当するための準備教育（内容や方法、更には評価等）は、相当程度に貧困であると言わざるを得ない。それは多くの機関において、体育の指導に重点が置かれていることが大きな原因といえる。例えば保健体育科教育法の指導において、保健関係の時間が非常に少ないケースや、教育実習において保健の授業担当を経験しないということも決して稀ではない。

現実的には、「保健」の教員免許のみで保健授業を担当している者は僅少である。ほとんどは「体育教師」と一般的に呼ばれる「保健体育教師」が担当者なのである。今後、より良い保健の授業を数多く創出していくためには、より良い「保健体育教師」を養成することが非常に重要な課題となる、という点を強く指摘しておく。

4.保健科教育の関係者

(1)養護教諭

学校内における養護教諭は、保健関係領域で最も専門性の高い職種であり、保健体育科の教員とは、様々な場面で協力が必要となる職種である。法規的には学校教育法の第37条において、小・中学校には養護教諭を置かなければならず、その職務は「児童（生徒）の養護をつかさどる」と定められている。高校では、養護教諭または養護助教諭を置くことができる職と定められており、義務教育段階とは多少の差異がある。

ここで言う「養護をつかさどる」と規定されている養護教諭の職務内容について、文部科学省は表2に示す項目を挙げている。

表2 養護教諭の職務内容

1. 学校保健情報の把握に関すること
2. 保健指導・保健学習に関すること
3. 救急処置及び救急体制に関すること
4. 健康相談活動に関すること
5. 健康診断・健康相談に関すること
6. 学校環境衛生に関すること
7. 学校保健に関する各種計画・活動及びそれらの運営への参画等に関すること
8. 伝染病の予防に関すること
9. 保健室の運営に関すること

これらの業務を担当する養護教諭と保健体育（保健担当）教師との関係性については以下のように考えられる。

①情報の提供者として
　児童生徒の健康情報は養護教諭が専門的立場から職務として掌握しており、学校内での教育活動を進める上での配慮事項の発信元である。特に保健の授業においては、発育発達や心の健康、あるいは性に関する内容を扱う際に、個々の児童生徒の個人的特性について配慮すべき情報の有無を、事前に養護教諭に確認しておくことは非常に重要である。また、体育実技授業中における疾病や傷害発生時の対応においては、専門性を有する協力者であることから、保健体育教師は日頃から連携体制を築いておき、情報を共有することが大切である。

②保健授業の協力者及び担当者として
　ティーム・ティーチング（T-T）[6]、あるいはゲストティーチャー（GT）[7]として、授業内容の一部、例えば発育発達や疾病・傷害等に関連した内容についてなど、養護教諭がより専門的な知識や技術をもっている部分の解説をお願いすることなどが考えられる。
　ところで、1997（平成9）年9月の保健体育審議会答申において、「保健学習の一部を担当させるなど、養護教諭等の健康教育への一層の参画を図るべきである」と指摘され、それを進めた形で翌年に教育職員免許法が改正され、同法の附則15項において「養護教諭の免許状を有する者（3年以上養護教諭として勤務したことがある者に限る。）で養護教諭として勤務しているものは、当分の間、第3条の規定にかかわらず、その勤務する学校（幼稚園を除く。）において、保健の教科の領域に係る事項（小学校又は盲学校、聾学校若しくは養護学校の小学部にあっては、体育の教科の領域の一部に係る事項で文部科学省令で定めるもの）の教授を担任する教諭又は講師となることができる」こととなった。
　ここでいう、教育職員免許法「第3条」の規程とは、「教育職員は、この法律により授与する各相当の免許状を有する者でなければならない」というものであり、「第3条の規定にかかわらず」ということは、養護教諭の保健授業担当については、一定の要件さえ満たしていれば[8]、「保健」または「保健体育」の教員免許をもっていなくても「保健科教育」の授業を担当できる、という意味である。
　すなわち法律上、「保健科教育」の授業の担当可能者は、「学級担任」「保健体育教諭」「保健教諭」「養護教諭」ということになる。

(2) 保健主事

　保健主事制度は主としてアメリカ合衆国の制度を参考として、学校における保健活動を調整する役割を担う職として制定された。すなわち学校教育法施行規則（1947＝昭和22年文部省令第11号）第45条1項において「小学校においては、保健主事を置くものとする」と定め、その職務については同じく第4項において「保健主事は、校長の監督を受け、小学校における保健に関する事

[6] ティーム・ティーチング（T-T）
　複数の教員が役割を分担し、協力して指導する方法のこと（第2章第5節コラム参照）。

[7] ゲストティーチャー（GT）
　指導者として学校に招いた一般の市民を指す場合が多いが、養護教諭のように学校内部の専門性を有する人材を活用する活動も考えられる。様々な知識や経験をもつ人の「生きた言葉」は児童生徒に伝わりやすい。

[8] 3年以上の勤務経験と、学校長からの兼務命令が必要である。

項の管理に当たる」と規定されている。これは小学校についてのものであるが、中・高等学校、特別支援学校等にもそれぞれ準用されることとなっている。

また、2008（平成20）年の中央教育審議会答申では、保健主事の役割について、「保健主事は、学校保健と学校全体の活動に関する調整や学校保健計画の作成、学校保健に関する組織活動の推進（学校保健委員会の運営）など学校保健に関する事項の管理に当たる職員である」と整理されている。すなわち保健主事には、「学校保健と学校全体の活動に関する調整」「学校保健計画の作成」「学校保健に関する組織活動の推進」などの活動に対して、全ての教職員の関心を高めるとともに、学校保健活動が全体的に円滑に推進できるような、ファシリテーター（促進役）としての役割が期待されているのである。

今後、保健科教育に関する計画の立案実施においても、保健主事の関与が必要となるであろう。現今言われているカリキュラム・マネジメント⑨の担い手として、大いに活躍が望まれる。また、保健体育科の教員が保健主事となることも少なくないことから、保健の授業担当者としての視点から、学校保健活動全体との関連を意識することも求められることになるであろう。

（野村良和）

⑨カリキュラム・マネジメント
　詳しくは第1章第1節②（18頁）を参照。

[参考文献]
＊教員養成系大学保健協議会編『学校保健ハンドブック　第7次改訂』ぎょうせい、2019
＊衛藤隆・岡田加奈子編『学校保健マニュアル　改訂9版』南山堂、2017
＊小倉学『学校保健』光生館、1978
＊杉田玄端訳『健全学〈復刻版〉』雄松堂書店、1982

column 1

教員免許と身分のいろいろ

教員免許状とは

　日本の学校教育においては、原則として教育職員免許法という法律に定める教育職員免許状を有する者のみが学校教育法第1条に定める学校（大学を除く）において、教育の任に当たることができます。略称として教員免許がしばしば用いられます。教員免許は各学校によって求められる種類が異なり、原則として教育職員免許法で定める学校種の教員免許を有する者のみが当該学校の教員となることができます。この点で、免許があれば全ての診療科の医師や看護師として勤めることができる医師免許や看護師免許とは異なっています。

　教員免許は、大学または短期大学などの高等教育機関のなかで、教員免許を取得させることができる課程として文部科学省から認定をされている（課程認定と呼ばれます）教育機関において、教育職員免許法に定める所定の単位を取得した上で、都道府県の教育委員会に申請することによって授与されます。医師や弁護士、保健師や看護師のように国家試験に合格しなければならない免許・資格とは異なり、教員免許を付与する権限が実質的に大学等の高等教育機関にある点が他の免許・資格と異なっています。

教員免許の種類

1）教員免許の種別（制度は2017＝平成29年1月1日時点）

　教員免許には普通免許状、特別免許状、臨時免許状、特例特別免許状の4種があります。

(1) **普通免許状**　普通免許状は日本全国のどこでも通用する免許状です。普通免許状は更に専修免許状、一種免許状、二種免許状の3つに区分されています。有効期間は10年で10年ごとに教員免許更新講習を大学等の高等教育機関で受講し更新を申請する必要があります。

(2) **特別免許状**　特別免許状は、付与された各都道府県内のみで効力を有する免許状で、有効期間は普通免許状と同じく10年です。特別免許状は、担当する教科に関する専門的な知識経験又は技能を有し、社会的信望等をもって社会人経験者等で、雇用者（採用する学校法人等）の推薦を受けた者に対し、教育職員検定を行い合格することによって授与されます。

(3) **臨時免許状**　臨時免許状は、特別免許状と同様に各都道府県内のみで効力を有し、原則として3年間の有効期間が設けられています。臨時免許状は、普通免許状を有する者を採用することができない場合に限って実施される都道府県の教育委員会の教育職員検定に合格すると授与される免許状で、あくまでも臨時の措置として授与される免許状です。

(4) **特例特別免許状**　特例特別免許状は、構造改革特別区域法で定める構造改革特別区域の各市町村内のみで効力を有し、有効期間は10年の免許状で、この免許状の授与の対象となるのは、学校設置会社（株式会社）が当該学校の教員に雇用しようとする場合、学校設置非営利法人（特定非営利活動法人）が当該学校の教員に雇用しようとする場合、市町村がその給料または報酬等を自己負担して当該市町村の教育委員会が教員に任命しようとする場合に限られます。授与基準などは特別免許状と同様です。

2）教員免許の類別

　教員免許は、学校種に応じて幼稚園教諭、小学校教諭、中学校教諭、高等学校教諭、特別支援学校教諭の各学校種に対応する免許状と、養護教諭、栄養教諭の学校種を限定しない免許状があります。この他、主幹教諭、指導教諭または教諭が講習等を経て得ることができる資格として司書教諭資格があります。中学校教諭と高等学校教諭については、担当する教科ごとに免許状が存在し、当該教科を担当するためには該当する教科の免許状を有することが必要です。また、特別支援学校教諭においては、特別支援学校教諭免許状の他に、勤務する部（幼稚部、小学部、中学部、高等部）に対応する学校種の免許状を有していることが必要です。

　なお、栄養教諭一種免許状や栄養教諭二種免許状の取得には、栄養士免許証または管理栄養士免許証が必要であり、栄養教諭専修免許状の取得には、管理栄養士免許証が必要です。養護教諭二種普通免許状は、保

健師国家試験に合格し、保健師の免許を有する者に対して授与されます。また、義務教育学校（小中一貫校）、中等教育学校（中高一貫校）に勤務するためには、それぞれ両方の学校種の免許を有することが原則です。

教員免許の教科区分と教職の身分

教員免許には担当可能な教科種が定められており、中学校、高等学校、特別支援学校においては教科種ごとに免許が必要です。各学校種における教科の区分を表1に示します。また、教員には、学校教育法等によって表2に示すような職階があります。

（瀧澤利行）

表1　学校種ごとの教科の区分（制度は2017＝平成29年1月1日時点）

幼稚園	教科・分野なし
小学校	（教科・分野ごとの授与は特別免許状のみ、普通免許状は全科担当可能）国語、社会、算数、理科、生活、音楽、図画工作、家庭、体育、宗教など
中学校	国語、社会、数学、理科、音楽、美術、保健体育、保健、技術、家庭、職業、職業指導、職業実習、外国語（英語、フランス語、ドイツ語、中国語、朝鮮語などに区分）、宗教など
高等学校	国語、地理歴史、公民、数学、理科、音楽、美術、工芸、書道、保健体育、保健、看護、看護実習、家庭、家庭実習、情報、情報実習、農業、農業実習、工業、工業実習、商業、商業実習、水産、水産実習、福祉、福祉実習、商船、商船実習、職業指導、外国語（英語、フランス語、ドイツ語、中国語、朝鮮語などに区分）、宗教、柔道（保健体育の一部領域）、剣道（保健体育の一部領域）、情報技術（工業の一部領域）、建築（工業の一部領域）、インテリア（工業の一部領域）、デザイン（工業の一部領域）、情報処理（商業の一部領域）、計算実務（商業の一部領域）など
特別支援学校	聴覚障害者に関する教育、視覚障害者に関する教育、知的障害者に関する教育、肢体不自由者に関する教育、病弱者（身体虚弱者を含む）に関する教育の5教育領域 ・視覚障害者に関する領域を定めた特別支援学校　各部共通：自立活動（視覚障害教育） 　高等部のみ：自立教科理療（按摩マッサージ指圧、はり及び灸を含む）、理学療法、音楽 ・聴覚障害者に関する領域を定めた特別支援学校　各部共通：自立活動（聴覚障害教育） 　高等部のみ：自立教科理容、特殊技芸（美術、工芸、被服に区分） ・知的障害者、肢体不自由者及び病弱者に関する領域を定めた特別支援学校　各部共通：自立活動（肢体不自由教育、言語障害教育に区分）

表2　教員の職階（制度は2017＝平成29年1月1日時点）

職　名	学校における役割
学校長	「校長（幼稚園においては園長、以下同じ）は校務をつかさどり、所属職員を監督する」と規定されているように、学校保健に関しても総括責任者として、その意欲と責任が求められる。現実の学校保健活動は、校長の理解と熱意によって大きく影響される。
副校長	「校長を助け、命を受けて校務をつかさどる」とされている。校長の補佐的役割とともに校務の円滑な推進のために総合的調整を行うことが役割として期待されている。
教頭	「教頭は校長（副校長を置く場合には副校長を含む）を助け、校務を整理し、及び必要に応じ児童生徒の教育（幼稚園にあっては幼児保育、以下同じ）をつかさどる」と規定され、学校保健に関して、業務整理及び連絡・調整の役割を負う。
主幹	校長・副校長及び教頭を助け、命を受けて校務・園務の一部を整理し、幼児・児童生徒の教育及び養護または栄養の指導及び管理をつかさどるとされる。
指導教諭	幼児の保育または児童生徒の教育をつかさどり、教諭その他の職員に対して、教育指導の改善及び充実、保育の改善及び充実のために必要な指導及び助言を行うとされる。
保健主事	「校長の監督をうけ、保健に関する事項の管理にあたる」と規定され、教諭または養護教諭が充てられることが望まれている。基本的役割は、学校保健に関する計画の立案とその円滑な実施を図るための連絡調整にある。十分な経験と資質・能力が求められる。
教諭	「教諭は、児童の教育をつかさどる」とされ、中学校や高等学校等にも準用される。学級担任、教科担任その他として保健学習や保健指導を行う。
養護教諭	「養護教諭は児童の養護をつかさどる」とされ、児童生徒の養護を行うとともに、学校保健において学校長や他の職員と協議しながら中心的に専門的役割を担う。
栄養教諭	「栄養教諭は、児童の栄養の指導及び管理をつかさどる」とされ、給食指導、栄養指導、給食管理、食育の推進に従事する。食を通した保健管理、保健教育の推進役である。
司書教諭	学校図書館法第5条により、「学校には、学校図書館の専門的職務を掌らせるため、司書教諭を置かなければならない」と定められており、学校図書館の専門的職務をつかさどるため、司書教諭資格をもつ主幹教諭、指導教諭または教諭をもって充てる。

第1章 保健科教育とは何か

第1節　学校における保健科教育の位置づけ

②保健科教育のカリキュラム

1. カリキュラムの基礎・基本

　カリキュラム[①]とは「学校教育の目的や目標を達成するために、教育の内容を生徒の心身の発達に応じ、授業時数との関連において総合的に組織した学校の教育計画である」と定義されている[*1]。つまり、カリキュラムは、学校でどのような内容を、どのようなねらいで、いつ、どのような順序で教え、学ぶのかを計画的かつ組織的に計画したものを言う。

　我が国では、ある一定の教育水準を確保・維持するため、学校教育法等に基づき、各学校でカリキュラムを編成する際の基準を定めている。これを学習指導要領という。学習指導要領は、学校種ごとに教科等の目標や大まかな教育内容を定めている。保健授業においても例外ではなく、どのような内容を、どのようなねらいで、いつ、どのような順序で、どの程度の時間扱うかが定められている。教師及び教師を志す者ならば必ず目を通し、内容を理解しておかなければならない。

　まず、我が国のカリキュラムに関する基本事項を押さえておこう。

　自治体や学校によって異なるが、1年間365日（52週＋1日）のうち、長期休業日や土日祝日を除いた授業日は年間200日（40週）程度となる。

　この40週程度の授業日のうち、35週以上にわたって授業を行うよう年間計画を立てることが求められている。年間授業週数は基本的に小・中・高等学校共通であるが、小学1年のみ34週以上とされている。小学校入学直後の1週間程度は、学校や学級生活へのスムーズな適応のための期間とされており、他の学校種・学年より1週間減らす配慮がなされている。

　この年間授業週数を前提として標準授業時数が設定されている（表1・2・3）。

①カリキュラム
　我が国では、カリキュラムを教育課程と訳し、使用されることが多い。しかし、厳密には両者の意味は異なる。

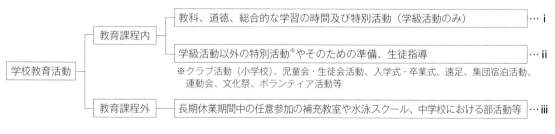

図1　学校教育活動の内訳

学校における教育活動は、カリキュラム内とカリキュラム外の活動に分類され（図1）、学校教育法施行規則によって定められている標準授業時数は、図1のⅰに関わる授業時数のみであり、ⅱおよびⅲは学校及び設置者の裁量に委ねられている。

　カリキュラムに関する基礎・基本事項を踏まえたところで、この後各学校種における保健科教育のカリキュラムについて論を進める。

表1　小学校の授業時間数

区　　分		第1学年	第2学年	第3学年	第4学年	第5学年	第6学年
各教科の授業時数	国　語	306	315	245	245	175	175
	社　会			70	90	100	105
	算　数	136	175	175	175	175	175
	理　科			90	105	105	105
	生　活	102	105				
	音　楽	68	70	60	60	50	50
	図画工作	68	70	60	60	50	50
	家　庭					60	55
	体　育	102	105	105	105	90	90
	外国語					70	70
特別の教科である道徳の授業時数		34	35	35	35	35	35
外国語活動の授業時数				35	35		
総合的な学習の時間の授業時数				70	70	70	70
特別活動の授業時数		34	35	35	35	35	35
総授業時数		850	910	980	1015	1015	1015

備考
1　この表の授業時数の一単位時間は、四十五分とする。
2　特別活動の授業時数は、小学校学習指導要領で定める学級活動（学校給食に係るものを除く。）に充てるものとする。

（「学校教育法施行規則」別表第1）

表2　中学校の授業時間数

区　　分		第1学年	第2学年	第3学年
各教科の授業時数	国　語	140	140	105
	社　会	105	105	140
	数　学	140	105	140
	理　科	105	140	140
	音　楽	45	35	35
	美　術	45	35	35
	保健体育	105	105	105
	技術・家庭	70	70	35
	外国語	140	140	140
道徳の授業時数		35	35	35
総合的な学習の時間の授業時数		50	70	70
特別活動の授業時数		35	35	35
総授業時数		1015	1015	1015

備考
1　この表の授業時数の一単位時間は、五十分とする。
2　特別活動の授業時数は、中学校学習指導要領で定める学級活動（学校給食に係るものを除く。）に充てるものとする。

（「学校教育法施行規則」別表第2）

表3　高等学校の標準単位数

教科等	科　目	標準単位数	教科等	科　目	標準単位数
国　語	現代の国語	2	保健体育	体育	7～8
	言語文化	2		保健	2
	論理国語	4	芸　術	音楽Ⅰ	2
	文学国語	4		音楽Ⅱ	2
	国語表現	4		音楽Ⅲ	2
	古典探究	4		美術Ⅰ	2
地理歴史	地理総合	2		美術Ⅱ	2
	地理探究	3		美術Ⅲ	2
	歴史総合	2		工芸Ⅰ	2
	日本史探究	3		工芸Ⅱ	2
	世界史探究	3		工芸Ⅲ	2
公　民	公共	2		書道Ⅰ	2
	倫理	2		書道Ⅱ	2
	政治・経済	2		書道Ⅲ	2
数　学	数学Ⅰ	3	外国語	英語コミュニケーションⅠ	3
	数学Ⅱ	4		英語コミュニケーションⅡ	4
	数学Ⅲ	3		英語コミュニケーションⅢ	4
	数学A	2			
	数学B	2		論理・表現Ⅰ	2
	数学C	2		論理・表現Ⅱ	2
理　科	科学と人間生活	2	家　庭	家庭基礎	2
	物理基礎	2		家庭総合	4
	物理	4	情　報	情報Ⅰ	2
	化学基礎	2		情報Ⅱ	2
	化学	4	理　数	理数探究基礎	1
	生物基礎	2		理数探究	2～5
	生物	4		総合的な探究の時間	3～6
	地学基礎	2			
	地学	4			

（「高等学校学習指導要領」第1章総則）

2．小・中・高の保健のカリキュラム

(1)小学校保健のカリキュラム

①配当時数と配当学年

　小学校には、保健や保健体育という教科・科目は存在せず、体育科のみ存在する。体育科は運動領域と保健領域に分類され、保健科教育に当たる保健領域は3年生から6年生までの4学年間にわたり取り扱うこととなっている。

　授業時数は、小学第3・4学年で8単位時間程度、第5・6学年で16単位時間程度と規定されている。ここで言う単位時間とは、1回の授業時間を意味しており、小学校では45分を標準としている。つまり、45分間の保健の授業を小学第3・4学年の2学年間で8回程度、第5・6学年の2学年間で16回程度行

うように定められている。「程度」という曖昧な表現が使われているゆえんは、2008（平成20）年版の学習指導要領に改訂される際の基本方針として、「保健と体育を関連させて指導することとする」と示され、その方針が新学習指導要領にも引き継がれていることにある。具体的には、体つくり運動（運動領域）と心の健康（保健領域）等の内容の関連を図って指導することができるよう、若干の幅をもたせて設定されている。

②目標及び内容

小学校の保健授業では、身近な生活における健康・安全に関する基礎的な内

表4 小学校の保健科教育内容

単元名	ねらい	中項目	内容	学年
健康な生活	健康な生活についての理解	健康な生活とわたし	主体の要因	3年
			周囲の環境の要因	
		1日の生活の仕方	運動、食事、休養及び睡眠の調和のとれた生活	
			体の清潔	
		身の回りの環境	明るさの調節	
			換気	
	健康な生活についての課題発見や、課題解決に向けた思考と表現			
体の発育・発達	体の発育・発達についての理解	体の発育・発達	年齢に伴う体の変化	4年
			体の変化の個人差	
		思春期の体の変化	男女の特徴	
			初経、精通など	
			異性への関心	
		体をよりよく発育・発達させるための生活	発育・発達させるための適切な運動、食事、休養及び睡眠	
	体の発育・発達についての課題発見や、課題解決に向けた思考と表現			
心の健康	心の発達及び不安や悩みへの対処についての理解と簡単な対処	心の発達	年齢に伴う発達	5年
		心と体の密接な関係	心と体には密接な関係があること	
		不安や悩みへの対処	自分に合った方法による対処	
	心の健康についての課題発見や、課題解決に向けた思考や判断、表現			
けがの防止	けがの防止に関する事項についての理解と簡単な手当	交通事故や身の回りの生活の危険が原因となって起こるけがとその防止	けがの発生	
			人の行動と環境が関わること	
			周囲の危険に気づいて、的確な判断の下に行動すること、環境を整えること	
		けがの手当	状況の速やかな把握と処置、近くの大人に知らせること	
			傷口を清潔にする、圧迫して出血を止める、患部を冷やすなどの方法	
	けがを防止するための危険予測や回避方法についての思考と表現			
病気の予防	病気の予防についての理解	病気の起こり方	病原体、体の抵抗力、生活行動、環境など	6年
		病原体がもとになって起こる病気の予防	病原体が体に入るのを防ぐこと	
			体の抵抗力を高めること	
		生活行動が関わって起こる病気の予防	適切な運動などの望ましい生活習慣	
			偏りのない食事	
			口腔の衛生を保つこと	
		喫煙、飲酒、薬物乱用と健康	喫煙、飲酒、薬物乱用などの行為は健康を損なう原因となること	
		地域の様々な保健活動の取組	健康な生活習慣にかかわる情報提供や予防接種などの活動	
	病気の予防についての課題発見や、課題解決に向けた思考や判断、表現			

容を重視し、健康な生活を送る資質や能力の基礎を培う観点から内容が構成されている（表4）[*2]。

(2)中学校保健のカリキュラム

①配当時数と配当学年

中学校の保健体育科は体育分野と保健分野に分類されており、保健分野は3学年間で48単位時間程度配当されている。各学年での授業時数の配当につい

表5 中学校の保健科教育内容

単元名	ねらい	中項目	内容	学年
健康な生活と疾病の予防	健康な生活と疾病の予防についての理解	健康の成り立ちと疾病の発生要因	健康の成り立ち	1年
			主体と環境の要因の関わりによって起こる疾病	
		生活習慣と健康	運動、食事、休養及び睡眠の調和のとれた生活の継続	
		生活習慣病などの予防	生活習慣の乱れにより起こる生活習慣病とその予防	2年
		喫煙、飲酒、薬物乱用と健康	心身への様々な影響	
			健康を損なう原因	
			個人の心理状態や人間関係、社会環境などの要因に対する適切な対処	
		感染症の予防	病原体が主な原因となって発生する感染症	3年
			発生源、感染経路、主体への対策による感染症の予防	
		健康を守る社会の取組	健康の保持増進や疾病予防の役割を担っている保健・医療機関とその利用	
			医薬品の正しい使用	
	健康な生活と疾病の予防についての課題発見や、課題解決に向けた思考や判断、表現			1~3年
心身の機能の発達と心の健康	心身の機能の発達と心の健康についての理解とストレスへの対処	身体機能の発達	器官が発育し、機能が発達する時期	1年
			発育・発達の個人差	
		生殖に関わる機能の成熟	内分泌の働きによる生殖に関わる機能の成熟	
			成熟の変化に伴う適切な行動	
		精神機能の発達と自己形成	生活経験などの影響を受けて発達する精神機能	
			自己の認識の深まりと自己形成	
		欲求やストレスへの対処と心の健康	精神と身体の相互影響	
			欲求やストレスの心身への影響と適切な対処	
			ストレスへの対処の方法	
	心身の機能の発達と心の健康についての課題発見や、課題解決に向けた思考や判断、表現			
傷害の防止	傷害の防止についての理解と応急手当の実施	交通事故や自然災害などによる傷害の発生要因	人的要因や環境要因などの関わりによる傷害の発生	2年
		交通事故などによる傷害の防止	安全な行動、環境の改善による傷害の防止	
		自然災害による傷害の防止	自然災害発生による傷害と二次災害による傷害	
			自然災害への備えと傷害の防止	
		応急手当の意義と実際	応急手当による傷害の悪化防止	
			心肺蘇生法	
	傷害を防止するための危険予測や回避方法についての思考と表現			
健康と環境	健康と環境についての理解	身体の環境に対する適応能力・至適範囲	身体の適応能力を超えた環境の健康への影響	3年
			快適で能率のよい生活ができる環境の範囲	
		飲料水や空気の衛生的管理	健康と飲料水や空気との密接な関わり	
			健康のための基準に適合した飲料水や空気の管理	
		生活に伴う廃棄物の衛生的管理	生活によって生じた廃棄物の衛生的な処理の必要性	
	健康と環境についての課題発見や、課題解決に向けた思考や判断、表現			

ては、特に基準は定められていないが、適切に配当することが求められている。生徒の興味・関心や意欲などを高める、または持続させるために、学習時間を継続的または集中的に設定することが望ましい。ただし、課題学習においては、課題追究あるいは調べる活動の時間を十分確保するために、次の授業時間との間にゆとりをもたせるなどの工夫をすることも許容されている。いずれにせよより高い学習効果が期待できる授業時数の配当が必要となる。

中学校の保健分野の内容は4つの単元から構成されている。表5[*3]に示したように、第1単元「健康な生活と疾病の予防」は中項目2つずつを第1〜3学年に配した。また、第1単元の「健康な生活と疾病の予防についての課題発見や、課題解決に向けた思考や判断、表現」についての学習は、全ての学年で取り扱うこととしている。第2単元は第1学年、第3単元は第2学年、第4単元は第3学年で取り扱うことになっている。学校や地域の実態、他の教科とのつながり、使用する教科書の内容構成等を考慮しながら、各単元の授業時数の配当を決めなければならない。その際に教科書出版社のHP等に年間指導計画のモデルが公開されているため、参考となるだろう。

②目標及び内容

中学校の保健授業では、個人生活における健康・安全についての科学的な理解をねらいとして、内容が構成されている（表5）。その内容を単に知識や記憶としてとどめることではなく、生徒が現在及び将来の生活において健康・安全の課題に直面した場合に、科学的な思考と正しい判断の下に意志決定や行動選択を行い、適切に実践していくための思考力・判断力などの資質や能力の基礎を育成することもねらいとしている。

(3) 高等学校保健のカリキュラム

①配当時数と配当学年

高等学校では科目「保健」が設定されており、週に1コマの授業が割り当てられ、保健単独で成績評価がなされる。小学校では体育科の中で保健領域の内容を扱い、中学校では保健体育科の中で保健分野の内容を扱うこととなっている。そのため、小・中学校の保健の成績については、体育と合わせて評価することとなる。

②1単位＝35単位時間、1単位時間＝50分。

高等学校では単位制[②]がとられており、科目「保健」は2単位が配当されている。原則として入学年次及びその次の年次の2ヶ年にわたり履修させるものと規定されている。

②目標及び内容

高等学校の保健授業のねらいは、個人生活のみならず社会生活との関わりを含めた健康・安全に関する内容の総合的な理解である。このような理解を通して、生涯を通じて健康や安全の課題に適切に対応できるようにすることを目指し、科目「保健」の内容が構成されている（表6）[*4]。

表6　高等学校の保健科教育内容

単元名	ねらい	中項目	内　　容	学年
現代社会と健康	現代社会と健康についての理解	健康の考え方	国民の健康課題	1・2年
			健康の考え方と成り立ち	
			健康の保持増進のための適切な意思決定や行動選択と環境づくり	
		現代の感染症とその予防		
		生活習慣病などの予防と回復		
		喫煙、飲酒、薬物乱用と健康	喫煙、飲酒と健康	
			薬物乱用と健康	
		精神疾患の予防と回復	精神疾患の特徴	
			精神疾患への対処	
	現代社会と健康についての課題発見や、課題解決に向けた思考や判断、表現			
安全な社会生活	安全な社会生活	安全な社会づくり	事故の現状と発生要因	
			安全な社会の形成	
			交通安全	
		応急手当	応急手当の意義	
			日常的な応急手当	
			心肺蘇生法	
	安全な社会生活についての課題発見や、課題解決に向けた思考や判断、表現			
生涯を通じる健康	生涯を通じる健康	生涯の各段階における健康	思春期と健康	
			結婚生活と健康	
			加齢と健康	
		労働と健康	労働災害と健康	
			働く人の健康の保持増進	
	生涯を通じる健康についての課題発見や、課題解決に向けた思考や判断、表現			
健康を支える環境づくり	健康を支える環境づくり	環境と健康	環境の汚染と健康	
			環境と健康に関わる対策	
			環境衛生に関わる活動	
		食品と健康	食品の安全性	
			食品衛生に関わる活動	
		保健・医療制度及び地域の保健・医療機関	我が国の保健・医療制度	
			地域の保健・医療機関の活用	
			医薬品の制度とその活用	
		様々な保健活動や社会的対策		
		健康に関する環境づくりと社会参加		
	健康を支える環境づくりについての課題発見や、課題解決に向けた思考や判断、表現			

3.まとめ

　本節では、カリキュラムの基礎・基本と、現在の学習指導要領に沿った小学校・中学校・高等学校における保健カリキュラムの内容とそのねらいについて概説した。ここで重要なのは、各学校・各教員において保健のカリキュラムを策定する際、学習指導要領は相当程度に重要な基準であり、基本的にはこれに準拠すべきである一方、それぞれの状況に応じて臨機応変にカリキュラムを作り変えてもいくべきだ、ということである。

　その場合には、縦軸と横軸で考えると整理しやすい。縦軸とは、小・中・高と連なる保健教育内容の系統性・順次性のことである。横軸とは、理科・社会

科・家庭科や総合的な学習の時間等との関連性のことである。すなわち、学校種や学年全体を見通した上でのカリキュラム編成や、各教科等との関連性に配慮しつつ、その枠を超えた教科横断的な教育活動を取り入れることなども勘案すべきであろう。更に、子どもたちの姿や地域の実情等を踏まえ、教育活動に必要な人的・物的資源等を、地域などの外部に求めながら効果的に活用することを盛り込んだカリキュラム編成なども模索すべきであろう。

　カリキュラムは策定すればそれでよい、というわけではない。カリキュラムの実施・運用に必要な組織体制の構築を図り、教員の協働によってこれを実施に移せば、カリキュラムは「画に描いた餅」に終わる。加えて、運用するカリキュラムへの点検・評価も肝要であり、実態に即して適宜修正する必要がある。これら一連の流れは、「カリキュラム・マネジメント」と呼ばれており、新学習指導要領において特に重要視されていることを付言しておく。

（荒井信成）

[引用文献]
* 1　文部科学省『小学校学習指導要領解説　総則編』東洋館出版社、2008
* 2　文部科学省『小学校学習指導要領』2017
* 3　文部科学省『中学校学習指導要領』2017
* 4　文部科学省『高等学校学習指導要領解説　保健体育編　体育編』東山書房、2019

[参考文献]
* 今関豊一・品田龍吉編『中学校新学習指導要領の展開　保健体育科編』明治図書、2009
* 高等学校保健体育授業改善研究会編『高等学校新学習指導要領の展開　保健体育科編』明治図書、2009
* 文部科学省『次期学習指導要領等に向けたこれまでの審議のまとめ』（http://www.mext.go.jp/b_menu/shingi/chukyo/chukyo3/004/gaiyou/1377051.htm）
* 森良一『小・中学校の先生のための「健康教育」実践ガイドブック』東洋館出版社、2014
* 日本カリキュラム学会編『現代カリキュラム事典』ぎょうせい、2005
* 大修館書店『中学校用保健体育教科書』HP（http://www.taishukan.co.jp/hotai/jr/index.html）
* 田中統治・大髙泉編『新教職教育講座　第3巻　学校教育のカリキュラムと方法』協同出版、2014
* 渡邉彰・今関豊一編『小学校新学習指導要領の展開　体育科編』明治図書、2009
* 安彦忠彦編『新版カリキュラム研究入門』勁草書房、2009
* 吉田榮一郎編『保健科教育の基礎』教育出版、2010

column II

保健と体育を関連させた「からだの学習」の必然性

　東北教育科学研究会大会で「遠足で最後まで歩けない子がいる」との発言に対して、体力が低下したのか、根性がなくなったのか、それとも土踏まずの形成が遅くなったのか、と議論されたのは1960年のことでした*1。このように、戦後の日本で子どもの"からだや心"が心配されはじめたのは、1960年代のことです。ただ当時は、一部の専門家による心配が大半であったと言えるでしょう。以来、半世紀。今では専門家でなくても子どもの"からだと心"の異変を心配するに至ってしまいました。このようなことから、われわれの研究グループでは、子どもの"からだと心"に関する保育・教育現場や子育て現場の実感を収集し、それを頼りに問題の事実を把握、その問題を解決する研究活動に従事しています。

「納得知」のために「知って・感じて・考える」

　疲れやだるさを訴える子ども、集中できない子ども等々。保健室では、その一背景に貧血傾向が疑われる子どもの多さが気になるといいます。そのため私たちは、採血せずにヘモグロビン濃度を推定できる機器を用いて10,000人以上の子どもたちの測定を実施してきました。結果は、男子中学生の5％前後、高校生の20％前後、女子中学生の25％前後、高校生の40％前後が貧血傾向に判定されるという驚くべきもの。これでは、保健室でそのような子どもたちが心配になるのも当然です。

　これらの調査では、それぞれの結果を子ども自身にもフィードバックしています。ある時、測定から約1ヶ月が経過した頃にアンケート調査を行ってみたところ、「あなたはヘモグロビン測定やその結果について保護者と話をしましたか」の問いに貧血傾向の子どもの4人に3人が「はい」と回答、「ヘモグロビン測定を行った後、心がけるようにしたことがありますか」の問いにも、貧血傾向の子どもの6割が「ある」と回答していました。

　更に、ある中高一貫校では、4月に実施したヘモグロビン濃度推定値の測定以降、保健室に同機器を設置し、子どもたちが自由に測定できる環境を整えたり、貧血の関連資料を配付したりしたところ、1年後の測定では貧血傾向が中学生では男子が11％から5％に、女子が29％から15％に減少していました。また、学年進行に伴って貧血傾向が増加する高校生でもその出現率に変化がなかったという結果が得られたのです。

　これらの事実は、からだの事実を提供することが自らのからだを「知って・感じて・考える」機会を提供し、従来の躾的な指導による「しつけ知」ではなく、子ども自身が納得して適切な運動・栄養・休養を鑑みた健康生活を構築する「納得知」の獲得につながることを物語ってくれています。「からだの学習」の可能性が語られるゆえんでもあります。

「からだの学習」の必然性

　周知の通り、1990年代後半以降の学習指導要領における体育科、保健体育科の目標には、「心と体を一体として捉え」ることの必要性が謳われています。ただ、「心」の身体的基盤が脳、中でも前頭葉にあることを考えれば当然の指摘です。また、学習指導要領改訂に関わるそれ以降の議論では、「保健と体育を関連させて指導する」ことの必要性も叫ばれています。これについても、"体"を"育"てるのが「体育」、"健"康を"保"つのが「保健」であると考えると、両分野・科目が「からだ」をテーマに指導を組み立てるのは「必要」なのではなく、「必然」であるとも言えます。

　子どもの「からだのおかしさ」が心配され続けている現在、その解決を目指した「からだの学習」に寄せられている期待は小さくないと考えています。

（野井真吾）

文献
*1　子どものからだと心・連絡会議編『子どものからだと心白書2016』ブックハウス・エイチディ、pp. 56-57、2016

第1章 保健科教育とは何か

第2節　我が国における保健科教育の歩み

①教育課程における保健の変遷

　我が国における保健の学習は、教育課程上、小学校が体育科、中学校・高等学校が保健体育科という教科に位置づいている。現在のような固有の目標をもち、内容が構成されるようになってきたのは第二次世界大戦後からである。戦後草創期の参考資料としての学習指導要領を第Ⅰ次とすれば、表1に示すように2008（平成20）年（高等学校は2009＝平成21年）版で第Ⅶ次となっている。第Ⅰ次の「学校体育指導要綱」（1947＝昭和22年）によれば、保健に関するものとして「衛生」というまとまりであった[1]。教育課程上、教科として保健の分野に関する内容が確立したのは、第Ⅱ次（1958＝昭和33年）改訂からである。

　中学校及び高等学校の保健体育科の成立につながる端緒は、「中等学校保健計画実施要領」（1949＝昭和24年）において「健康教育」の項が設けられ、その必要性、目標、内容などが示された[2]ことであろう。1951（昭和26）年には中学校及び高等学校で、それまでの体育科から保健体育科に名称が改められた[3]。このような変更の背景としては、学校体育指導要綱の保健の内容が「衛生」として体育の内容とともに実施されてきたことがある。加えて、アメリカのHealth and physical Educationの影響を受けて、多くの教科にまたがる内容が体育と結びつけて位置づけられており、運動と衛生、疾病の予防、救急処置等は体育科で取り上げられていたこと、保健の指導者が不足していたことなどが指摘されている[4]。

　保健の内容の変遷は、中学校を例に見てみると表1に示すように、おおよそ「心身の発達」「環境の衛生」「傷害（安全を含む）の防止」「疾病の予防」のまとまりで構成されてきている。中身の項目は、改訂時期における科学的知見や社会状況、国民の健康課題を背景に内容が変遷してきている。この他に、1998（平成10）年版、2008（平成20）年版の小学校体育科、中学校及び高等学校学習指導要領保健体育科の目標には、「心と体を一体として捉える」ことが引き続き重視されている[5,6,7]。2017（平成29）年2月に示された小学校及び中学校の学習指導要領案においても引き続き継承されている。このことは、戦後の教育課程において、これまで以上に体育と保健が結びつき、どのように関連し合っていくのか、また、保健体育科という教科がより強固なものとして、どのように固有性を打ち出していくのかといったことが問われることになるといえよう。

　このような成り立ちをもつ保健の分野の目的、意義を概観すると、おおよそ

次のようである。

　保健の学習の目的は、科学的認識の形成[1]にあると言ってよい。学習指導要領解説によれば、小学校は「実践的に理解すること」[*8]、中学校は「科学的に理解すること」[*9]、高等学校は「総合的に理解すること」[*10]である。ここで言う「理解」とは、「内容を単に知識として、また、記憶としてとどめることではなく、生徒が現在及び将来の生活において健康・安全の課題に直面した場合に、科学的な思考と正しい判断の下に意志決定や行動選択を行い、適切に実践していくための思考力・判断力などの資質や能力の基礎を育成すること」[*9]なのである。科学的な思考能力の基礎の無い行動がいかに場あたり的で、応用能力にも欠け「はいまわる経験主義[2]」的で脆いものであるかは、戦後の我が国の保健教育の歩みが明らかにした。保健の科学的認識が欠如した習慣や行動はいかに脆弱で、場合によっては有害でもあり得る[*11]ことが指摘されている。

　なお、2017（平成29）年2月の学習指導要領案には、内容の各項目に「課題を発見し、その解決に向けて思考し判断するとともに、それらを表現すること」が示されている。これは、保健の学習の対象となる内容を意味するのではなく、学習の過程として示されていることに留意したい。

　注意しなければならないことは、経験をすることや活動を行うこと、日常生活で実践できることのみに焦点を当てることが保健の学習の目的・意義なのではないということである。保健の学習をする意義は、保健の科学的認識に基づく習慣や行動の基礎を学ぶことにあると言えよう。

（今関豊一）

[1] 小倉学によれば、「保健教授（学習）は長期的展望のもとに、科学的認識と判断・思考能力の発達をめざし、その教育内容は保健の科学の一般的・基本的な概念の構造が中心となる」とされている（小倉学『中学校保健教育の計画と実践』p.6、ぎょうせい、1981）。

[2] 水原克敏によれば、経験主義の「成果を出すにはそれだけの条件整備が必要でした。当時の貧しい環境においては、かなりの困難があり、結局、戦前に比して1～2年分基礎学力が低下したという調査結果が出され、『這い回る経験主義』として批判され」たという（水原克敏『学習指導要領は国民形成の設計書　その能力観と人間像の歴史的変遷』p.127、東北大学出版会、2012）。

[参考・引用文献]
* 1　文部省『学校体育指導要綱』p.6、大日本図書、1947
* 2　文部省『中等学校保健計画実施要項』1949
* 3　文部省『学習指導要領　一般編』1951
* 4　今村嘉雄「健康教育と保健学習」、『学校体育』p.9、日本体育社、1954（1）
* 5　文部科学省『小学校学習指導要領解説　体育編』p.9、東洋館出版社、2008
* 6　文部科学省『中学校学習指導要領解説　保健体育編』p.16、東山書房、2008
* 7　文部科学省『高等学校学習指導要領解説　保健体育編／体育編』2008
　　http://www.mext.go.jp/component/a_menu/education/micro_detail/__icsFiles/afieldfile/2009/08/03/1282000_5.pdf
* 8　文部科学省『小学校学習指導要領解説　体育編』p.10、東洋館出版社、2008
* 9　文部科学省『中学校学習指導要領解説　保健体育編』p.16、東山書房、2008
* 10　文部科学省『高等学校学習指導要領解説　保健体育編／体育編』p.12、2008
　　http://www.mext.go.jp/component/a_menu/education/micro_detail/__icsFiles/afieldfile/2009/08/03/1282000_5.pdf
* 11　森昭三「第1章　保健科教育の意義と役割」、『保健科教育』p.51、ぎょうせい、1981

表1　中学校保健体育科：
　　　学習指導要領解説に見る保健分野の内容項目の変遷（戦後）

Ⅰ①(昭和22年6月)	Ⅰ②(昭和24年11月)	Ⅰ③(昭和31年3月)	Ⅱ(昭和33年10月)	Ⅲ(昭和44年4月)	Ⅳ(昭和52年7月)
(1)衣食住の衛生（衣服・食物・住居） (2)皮膚の摩擦(摩擦) (3)姿勢（静止時・運動時） (4)身体の測定（身長・体重・胸囲・体温・脈はく・呼吸） (5)病気の予防（急性伝染病・結核・寄生虫病・近視・歯疾・免疫） (6)社会生活の衛生（国民栄養・都市衛生・農村衛生・職業の衛生） (7)看護法（消毒法を含む）及救急処置（看護法・救急処置） (8)精神衛生（性格異常・精神病その他） ※衛生では理論と実際を行う	(1)健康とその重要性 (2)生活体 (3)特殊感覚器官とその衛生 (4)骨かくとその衛生 (5)筋肉とその衛生 (6)呼吸、循環、内分泌とその衛生 (7)神経系統と精神衛生 (8)食物と衛生 (9)容姿と衛生 (10)成熟期への到達 (11)救急処置と安全 (12)健康と社会 (13)健康と職業 ※昭和24年5月「体育科」→「保健体育科」	(1)中学生の生活と健康 (2)中学校生徒の保健活動 (3)心身の発達 (4)安全な生活 (5)病気とその予防 (6)健康と学習や仕事 (7)健康な身体や精神と生活 (8)国民の健康	(第2学年) (1)傷害の防止 　ア 傷害とその防止 　イ 事故災害とその防止 (2)環境の衛生 　ア 環境と心身の関係 　イ 環境の衛生検査 　ウ 環境の衛生的な処理 (3)心身の発達と栄養 　ア 中学校生徒の心身の発達の特徴 　イ 心身の発達に影響する条件 　ウ 栄養の基準と食品の栄養価 (4)疲労と作業の能率 　ア 疲労と学習や仕事の能率 　イ 疲労の回復 　ウ 学習や仕事の能率と生活の調和 (第3学年) (1)病気の予防 　ア 伝染病および寄生虫病とその予防 　イ 循環器系の疾患とその予防 　ウ 呼吸器系の疾患とその予防 　エ 消化器系の疾患とその予防 　オ その他の病気とその予防 　カ 病気の処置と病後の注意 (2)精神衛生 　ア 精神の健康 　イ 精神の健康を守るための生活 (3)国民の健康 　ア 国民の健康状態 　イ 健康とその重要性ならびに社会との関係 　ウ 健康な国民生活	(第1学年) (1)健康と身体の発達 　ア 健康のなりたち 　イ 身体の発育 　ウ 身体の機能的発達 (2)環境の衛生 　ア 空気条件と照明 　イ 飲料水と水の浄化法 　ウ 汚物・有害昆虫などとその処理 　エ 公害と健康 (第2学年) (3)生活の安全 　ア 事故災害とその防止 　イ 交通事故とその防止 　ウ 外傷や急病とその防止 　エ 救急処理 (4)健康な生活の設計と栄養 　ア 栄養の基準と食品の栄養価 　イ 栄養障害と食中毒 　ウ 薬品・嗜好品と健康 　エ 疲労と健康 　オ 健康な生活の設計 (第3学年) (5)病気とその予防 　ア 伝染病の予防 　イ 青少年のかかりやすい病気 　ウ 成人に多い病気 　エ 職業病と地方病 　オ 成人の看護 (6)精神の健康 　ア 精神の発達 　イ 精神の障害 　ウ 健康な精神生活と心身相関 (7)国民の健康 　ア 国民の寿命 　イ 国民の傷病 　ウ 国民の保健制度 　エ 保健・医療に関する社会保障 　オ 公衆衛生の進歩	(第1学年) (1)心身の発達 　ア 呼吸・循環機能の発達、第二次性徴の発現 　イ 運動能力の発達 　ウ 知能・情動・社会性の発達 　エ 欲求と行動 (第2学年) (2)健康と環境 　ア 身体の自然環境に対する適応能力 　イ 室内の温熱条件と照度の基準 　ウ 室内の空気条件 　エ 日光の利用 　オ 水の利用と確保 　カ 生活・産業活動の廃棄物の処理 (第3学年) (3)傷害の防止と疾病の予防 　ア 傷害の発生要因とその防止 　イ 急病や傷害の応急処置 　ウ 疾病の発生要因とその予防 　エ 疾病の早期発見と早期治療 (4)健康と生活 　ア 健康の増進と適切な運動 　イ 学習、運動、作業と身体エネルギーの消費 　ウ 身体エネルギーの補給と調和のある栄養の摂取 　エ 疲労の発生とその回復 　オ 個人の健康とその所属する集団との健康

Ⅰ①学校体育指導要綱体育科（衛生） Ⅰ②中等学校保健計画実施要領（試案）（健康教育） Ⅰ③初等中等教育局長通達
Ⅷについては、平成29年2月に学習指導要領案として文部科学省が公表したものをもとに、筆者が作成したものである。

Ⅴ（平成元年6月）	Ⅵ（平成10年12月）	Ⅶ（平成20年3月）	Ⅷ（平成29年2月）
（第1学年） (1)心身の機能の発達と心の健康 　ア　身体機能の発達、二次性徴の発現 　イ　知的機能、情意機能、社会性の発達と自己の形成 　ウ　心の健康	（第1学年） (1)心身の機能の発達と心の健康 　ア　身体機能の発達 　イ　生殖に関わる機能の成熟 　ウ　精神機能の発達と自己形成 　エ　欲求やストレスへの対処と心の健康	（第1学年） (1)心身の機能の発達と心の健康 　ア　身体機能の発達 　イ　生殖に関わる機能の成熟 　ウ　精神機能の発達と自己形成 　エ　欲求やストレスへの対処と心の健康	（第1学年） (1)心身の機能の発達と心の健康 　ア　心身の機能の発達と心の健康 　　(ア)身体機能の発達 　　(イ)生殖に関わる機能の成熟 　　(ウ)精神機能の発達と自己形成 　　(エ)欲求やストレスへの対処と心の健康 　イ　心身の機能の発達と心の健康について、課題を発見し、その解決に向けて思考し判断するとともに、それらを表現すること
（第2学年） (2)健康と環境 　ア　身体の環境に対する適応能力 　イ　環境の至適範囲と許容範囲 　ウ　水の利用と確保 　エ　生活に伴う廃棄物の処理	（第2学年） (2)健康と環境 　ア　身体の環境に対する適応能力・至適範囲 　イ　飲料水の衛生的管理 　ウ　生活に伴う廃棄物の衛生的管理	（第2学年） (2)健康と環境 　ア　身体の環境に対する適応能力・至適範囲 　イ　飲料水や空気の衛生的管理 　ウ　生活に伴う廃棄物の衛生的管理	（第3学年） (4)健康と環境 　ア　健康と環境 　　(ア)身体の環境に対する適応能力・至適範囲 　　(イ)飲料水や空気の衛生的管理 　　(ウ)生活に伴う廃棄物の衛生的管理 　イ　環境と健康に関する情報から課題を発見し、その解決に向けて思考判断するとともに、それらを表現すること
（第3学年） (3)傷害の防止 　ア　傷害の発生要因とその防止 　イ　交通事故の発生とその防止 　ウ　傷害の応急処置	(3)傷害の防止 　ア　事故災害や交通事故などによる傷害の防止 　イ　応急手当	(3)傷害の防止 　ア　交通事故や自然災害などによる傷害の発生要因 　イ　交通事故などによる傷害の防止 　ウ　自然災害による傷害の防止 　エ　応急手当	（第2学年） (3)傷害の防止 　ア　傷害の防止と応急手当 　　(ア)交通事故や自然災害などによる傷害の発生要因 　　(イ)交通事故などによる傷害の防止 　　(ウ)自然災害による傷害の防止 　　(エ)応急手当と心肺蘇生法 　イ　傷害の防止について、危険の予測やその回避の方法を考え、それらを表現すること
(4)疾病の予防 　ア　疾病の発生要因とその予防 　イ　喫煙、飲酒、薬物乱用と健康 　ウ　疾病の応急処置 (5)健康と生活 　ア　適切な運動などの身体活動と健康の増進 　イ　食事と健康の増進 　ウ　疲労の発生とその回復 　エ　個人の健康と集団の健康	（第3学年） (4)健康な生活と疾病の予防 　ア　健康の成り立ちと疾病の発生要因 　イ　生活行動・生活習慣と健康 　ウ　喫煙、飲酒、薬物乱用と健康 　エ　感染症の予防 　オ　個人の健康と集団の健康	（第3学年） (4)健康な生活と疾病の予防 　ア　健康の成り立ちと疾病の発生要因 　イ　生活行動・生活習慣と健康 　ウ　喫煙、飲酒、薬物乱用と健康 　エ　感染症の予防 　オ　保健・医療機関や医薬品の有効利用 　カ　個人の健康を守る社会の取組	（第1～3学年） (1)健康な生活と疾病の予防 　ア　健康な生活と疾病の予防 　　(ア)健康の成り立ちと疾病の発生要因（第1学年） 　　(イ)行動と健康（第1学年） 　　(ウ)生活習慣病の要因と予防（第2学年） 　　(エ)喫煙、飲酒、薬物乱用と健康（第2学年） 　　(オ)感染症の予防（第3学年） 　　(カ)保健・医療機関や医薬品の有効利用（第3学年） 　イ　健康な生活と疾病の予防について、課題を発見し、その解決に向けて思考し判断するとともに、それらを表現すること

■：心身の発達、　□：環境の衛生、　■：傷害（安全を含む）の防止、　□：疾病の予防

第1章 保健科教育とは何か

第2節 我が国における保健科教育の歩み

②保健の授業観・学習観の変遷

1. 授業観・学習観とは

　保健科を担当する教師は、一人ひとり、何らかの「授業を教えることや学ぶことに対する考え方や信念」をもっている。それが「授業観・学習観」である。また、教師はこの「授業観・学習観」の他にも、児童・生徒観、教科内容観など、様々な「観」をもっている。これらの「観」は決してバラバラに存在するのではなく、何らかの構造をもっており、これら教師がもつ「観」のもとに、授業実践が行われる。図1に示すように、目標・教科内容、教材、教授行為、学習者把握はそれぞれに関係性をもっていて、「観」は、目標・教科内容、教材に対してよりも、教授行為、学習者把握との間に強い相関をもつといわれている。

　ここでは、保健の授業観・学習観について、主に第二次世界大戦後の変遷を中心に概説する。そうした歴史を学ぶことは、自分自身の"観"を形成する上で大いに有益であり、かつ今後の保健のあるべき姿を見極めることにも役立つはずである。

2. 授業の構成要素と授業観・学習観

①五十嵐顕・大田堯・山住正巳・堀尾輝久編『岩波教育小事典』岩波書店、1982。
横須賀薫編『授業研究用語辞典』教育出版、1990。

　授業は、教師と子どもの教授―学習活動から成り立っているが、その教授―学習活動は、一定の文化を身に付けさせるために組織される。このことから授業は、「教師」と「学習者」「教材」の3つの要素から構成される[①]（図2）と言われている。しかし、これらの3つの構成要素が単に揃っているからといって、

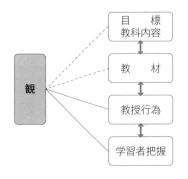

図1　授業実践の構造（森脇、2011、p. 41図2.1を一部改変）

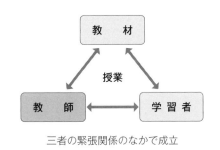

図2　授業の基本的な構成要素（小浜作成）

授業が成立するとは限らない。3つの構成要素が緊張関係を作り出し、それぞれが衝突し、葛藤するなかで学習者の主体的思考が深まった時に、授業が成立したと言えるからである。

学習者の主体的思考を深めるには、彼らが新たに学習する内容について現在どの程度の知識や生活経験をもっているかという「生活」の論理と、教科を構成している「科学」の論理という2つの論理を創造的に統一しなければならない[②]。しかし、これはそう簡単なことではない。なぜなら、子どもの「生活」の論理を強調すれば「科学」の論理が否定されやすく、逆に「科学」の論理を強調すれば子どもの「生活」の論理が押し殺されかねない、というように相互の論理はしばしば矛盾するからである。この矛盾する2つをどう統一すればよいかについては、長い間にわたって未解決の問題であった。そして保健の授業観・学習観の歩みも、この統一に苦慮してきた歴史だったのである。

[②] ヴィゴツキーはこの2つを「生活的概念」と「科学的概念」とし、2つが複雑な相互作用を生じさせるところを「発達の最近接領域」とした。

3. 戦後の保健の授業観・学習観の変遷

(1) 行動化や習慣形成など生活指導を強調した時代

第二次世界大戦後、日本国憲法と教育基本法の制定のもとで、「心身ともに健康な国民の育成」が教育目標となり、戦前の「理科（人体生理等の知識）」「体練科体操（衛生習慣の形成）」「修身（徳目的しつけ）」に分けられていた保健的内容が、アメリカ教育使節団[③]による保健学習の必要性の勧告もあって、大きく転換した。この流れのなかで、「保健体育科」が誕生したのである。

その当時、生活環境の悪化（栄養不足、感染症の蔓延など）が著しく、それに対処するために公衆衛生活動が活発となり、学校が衛生知識の普及と啓蒙の場として期待されていた。特に、公衆衛生教育で用いられてきた知識啓蒙の方法は、「実際教育を通じて実行すること」を重視し、1947（昭和22）年に入ると、栄養、清潔、むし歯予防などの項目別「健康教育実践強調運動」として展開されていく。虫歯予防週間や交通安全週間などは、今も日本の各所で続いている。

このように、アメリカ教育使節団の勧告を受けて日本の保健（教育）がスタートするのだが、当時、国民の健康を取り巻く状況が極めて劣悪であったために、行動化や習慣形成など、実践的側面が強調されたのであった。

[③] **アメリカ教育使節団**
終戦後の連合国軍占領下の日本において、GHQの要請によりアメリカ合衆国から派遣された教育使節団。この使節団の報告書に基づき、戦後の学制改革が実施された。

(2) 生活経験主義から系統主義へ移行した時代

1950年代の中期まで、すなわち問題解決学習（生活経験主義）が重視されていた時の保健の授業には、「教材は、生徒の興味を特別にひくものをえらばなければならない」（中等学校保健計画実施要領〈試案〉、1949＝昭和24年）、あるいは、「教材の選定は、児童の生活の中から選び、かつ興味をもつものを選ぶこと」（小学校保健計画実施要領〈試案〉、1950＝昭和25年）などと指針が示されていた。

④アメリカの生活経験主義
　アメリカの進歩主義教育者のデューイやキルパトリックが理論的提唱者。社会や生活との関連を重視し、生徒に興味・関心をもたせることによって有意味な学習が可能になると考えられた。

　この2つの実施要領は、アメリカの生活経験主義④の影響を受け、問題解決学習が強調されたものであった。保健授業の目標は基礎知識の習得や理解ではなく、「社会的訓練」が強調されたのである。そこでは、地域に目を向け、話し合い、調査、見学、研究発表などの活動が組まれ、知識と生活の結合を図ろうとする実践が行われた。

　子どもの生活経験や興味・関心を重視して授業を構想するという点においては、一定程度の評価をしてよい。しかしその後の保健科では、子どもの生活と科学との統合という方向へは定着・発展していかなかった。なぜならば、保健学習も学校教育の「あらゆる機会」での指導の一つであると捉えられ、子どもへの訓練を通して、個々人の行動化や習慣形成などの生活指導に主眼が置かれ過ぎたことによるものと考えられる。

　その後、1950年代の後半になると、教育界全体で「基礎学力の充実」や「系統性の重視」などが提唱され始め、保健においても、小・中・高の一貫性や系統性を重視した学習指導要領の改訂がなされるようになった。「生活経験主義」から「系統主義」へと"観"が移行していったのである。この背景には「高度経済成長」というものがあり、一言でいえば、効率良くある程度の知識を教え込み、ある程度の質をもった国民（労働者）を育成する必要に迫られたからであった。更に注意すべきなのは、ここで言う「系統性」が医学の系統性であって、必ずしも保健の科学の系統性ではなかった点である。したがって、その後に出版された中・高の保健教科書は、しばしば「医学の簡易版」と揶揄されることとなる。

⑶ 学習指導要領に対し、独自の保健教育を提唱した時代

①小倉学の5領域試案、社会科学的認識と自然科学的認識の統一

⑤この改訂（拘束化）は、民間教育団体に保健の教育内容の自主編成運動を引き起こし、小出達人は「結核の授業」(1960) を、斎藤具央（ともなか）は「加賀野の水」(1964) を、子どもが置かれた生活のなかから健康課題を見出し、科学として追究させる授業（単元学習）を実践している。

　1958（昭和33）年の学習指導要領改訂を契機に、民間教育団体では教科を軸とした教育内容の自主編成運動⑤が始まった。保健科教育では、小倉学を中心に教育内容の科学化や教材の構造化が目指され、本格的な保健科教育研究が開始されることとなった。小倉は1960（昭和35）年に5領域からなる保健授業内容の試案（のちに6領域試案、1974＝昭和49年）を発表する。「この試案は、（中略）疾病の診断・治療の医学とは観点を異にし、疾病予防、健康の保持増進を主眼とする保健の科学ないし保健学とも言うべき科学の成果を基本とすべきだという立場から構成が試みられた」[*8]提案であった。これは、保健の立場から「科学」と「教育」とを結合させようとした先駆的な研究であり、その後の保健科教育研究に多大な影響を及ぼしたのである。

　当時の時代的背景を述べるならば、「高度経済成長」路線を推し進めた結果、公害や労働災害に代表されるような、いわゆる社会のひずみ・ゆがみが顕在化したことである。これによって、国民にとって健康とは何か、が鋭く問われる状況下となっていたのである。

②保健教材研究会の「授業書」方式による保健授業

⑥斎藤喜博
　戦後を代表する教育実践家として、教育史に残る実践を多く生み出した。「教授学研究の会」を主宰して教授学の構築に尽力。アララギ派の歌人としても活躍した。

　このようななか、斎藤喜博⑥らの教授学グループの影響を受けた数見隆生を

中心とする『宮城保健体育研究会』が「生活課題の科学的追究」を掲げ、1973（昭和48）年に授業実践「鼻と健康」（小学校4年生）を公表する。また、1974（昭和49）年には森昭三を中心とした『岡山保健体育研究会』が結成される。更に、1975（昭和50）年には『保健教材研究会』（以下、教材研）が結成されて「保健教材づくりの試み」、更に翌年には「続・保健教材づくりの試み」の連載が雑誌『体育科教育』で始まる。これら一連の授業実践研究は、科学的認識を育てるという保健の授業観・学習観のもとで、現場教師と研究者が共同して分析検討を行うという授業づくり研究の幕開けとなっていった。

1979（昭和54）年、森が「『授業書』を使っての保健授業の試み」を発表する。更に教材研では、板倉聖宣の仮説実験授業[7]に学びながら「授業書」方式による教材づくりを通じて授業研究を開始。「授業書」（教案＋教科書＋ノート＋兼読物）という目に見える具体物は、保健の授業へのイメージを現実のものとした。教材研のメンバーによる授業書の作成が一気に進み始めたのである。1982（昭和57）年には「授業書による保健授業の試み」の連載が、雑誌『体育科教育』誌上で始まった。授業書方式の特長は、①教材や授業過程がイメージしやすいこと（伝達可能性）と、②授業運営法を提示していることから容易に追試ができること（再現可能性）にあった。保健授業への「授業書」の導入は、教材の量、質を飛躍的に高めた。

⑷ 実践力重視の『JKYB研究会』の発足と学習理論の進展

アメリカ健康教育財団が成人病の一次予防のためのライフスタイルの行動変容に有効な方法として開発した、ライフスキルの形成を基礎とする「健康教育プログラム（Know Your Body）」を日本に導入する目的で、1988（昭和63）年に『JKYB（Japan Know Your Body）研究会』が発足する。このプログラムは、セルフエスティームの維持、意思決定、目標設定、ストレス対処、コミュニケーションスキルの5つのライフスキルの形成を基礎とし、喫煙、食生活、エイズ、薬物乱用防止などの若者のリスクに関連したスキルの形成を具体的な授業目標としている。これらは、健康課題を解決するための「実践力」を育成するとして、保健の授業の一部分をはじめ、総合的な学習の時間、保健指導等において導入されていく。

一方で、教育界全体に目を転じれば、学習理論の進展に注目する必要がある。特に1980年代の前半から、波多野誼余夫や佐伯胖らによって、本格的に紹介される心理学のパラダイム転換（行動主義から認知主義へ）と、そこから提起される新たな（構成主義的な）学習観[8]の提唱は、1990年代に入ると「学び」論と呼称され、佐藤学による「学びの共同体」の理論的基礎となった。

佐藤の主張・批判は、教師や子どもの置かれた状況や文脈を捨象して、研究者が授業を技術やモデルの適用の一般化へ解消しようとすることや、授業を外から観察される単なる研究対象とすることに向けられていた。それは、保健の授業研究にも影響を及ぼし始め、保健の「学力」をどう考えるべきなのかの再定義をも含め、保健の授業研究方法のあり方に再検討を迫るものであった。

[7] 仮説実験授業
科学の最も基本的一般的な概念や法則を教えて、科学とはどのようなものかということを体験させることを目的とした授業理論。「問題―予想―討論―実験」のプロセスが組み入れられて授業は展開される。板倉聖宣が1963（昭和38）年に提唱した。

[8] 行動・認知・構成主義
行動主義・認知主義が、知識は客観的に捉えられるものであり、それを身に付けるプロセスとして学習を捉えていたのに対して、構成主義では学習者一人ひとりが意味を自ら構成していく過程として学習を捉える。また、他者との交流によって知識が社会的に構成されていくとする立場（社会的構成主義）もある。

4. まとめ――「新しい知の問い直し」の時代

　これまで見てきたように、1970年代以降、「生活」と「科学」あるいは「科学」と「教育」との統合を目指した様々な提言・実践がなされてきた。特に小倉学や『保健教材研究会』等においては、保健の科学的認識を重視する立場に立脚していた。一方、『JKYB研究会』などでは実際の生活において有益で役に立つもの、すなわち実践力を重視してきたということができる。ここでも、「科学（わかる）」と「生活（できる）」との間での往還が窺える。

　科学技術の飛躍的な発展を遂げたこんにち、「知（識）」の総量も激増した結果、真に学ぶべき「新たな知」が問い直されるようになっている。これに関連して、保健科教育においては、「健康リテラシー」（ヘルスリテラシー）という用語に関心が高まりつつある。しかしながら、この言葉の概念をどう定義するのか、また、健康リテラシーをどのように育成するのかについての研究が十分になされているとは言い難い状況にあり、保健科教育の喫緊の課題として意識される。

　更にまた、学校教育における各教科の議論が、これまで「何を知っているのか」といった「内容」をベースにしてなされてきたのに対し、こんにちでは、「何ができるのか」といった「資質・能力」をベースにして語られることが、国際的にも多くなってきている。すなわち端的に言うならば、「コンテンツベース」から「コンピテンシーベース」への変容である。

　2017（平成29）年の学習指導要領の改訂でも、こうした方向性が充分に意識されており、かつ、この2つを両立・統合しようとしたようにも見える。時代の変化に対応することは勿論重要ではあるが、変えてはいけないもの・変えるべきでないものもあるはずである。皆さんには是非、適切なる自らの「授業観・学習観」を早く構築し、たゆまずそれを検証し続けていってもらいたい。

(小浜　明)

[文献]

* 1　森脇健夫「授業研究方法論の系譜と今後の展望」、『講座 現代学校教育の高度化16 授業づくりと学びの創造』学文社、p. 41、2011
* 2　田中耕司「教育課程の思想と構造」、田中耕司ほか著『新しい時代の教育課程』有斐閣アルマ、pp. 141-152、2009
* 3　本節は、森昭三・和唐正勝編著『新版・保健の授業づくり入門』大修館書店、pp. 34-49、pp. 23-31（友定保博）、1987から多くの引用をした。
* 4　森昭三「わが国の保健科教育研究の歩み」保健教材研究会資料（未刊）1999
* 5　小浜明「保健授業研究の動向」、森昭三監修、野村良和・植田誠治編著『こころとからだを育てる保健学習』学事出版、pp. 148-149、1998
* 6　岡崎勝博「戦後保健科教育小史」、『保健科教育研究』1 (1)：2-13、2016
* 7　ドナルド A. ショーン、佐藤学・秋田喜代美訳『専門家の知恵』ゆみる出版、2001
　　<Donald A. Schön. (1991) The Reflective Practitioner: How Professionals Think in Action. Routledge.>
* 8　小倉学「保健教材論」、『雑誌教育』(255)：66、1970

第1章 保健科教育とは何か

第3節

諸外国の保健教育

1. はじめに

既に学んだように、我が国では「保健科」という教科名は存在しない。小学校では体育科の保健領域、中学校では保健体育科の保健分野、高校では保健体育科の保健科目というように、体育科との合科の形で保健の内容を学ばせることになっている。

では、他の国々の状況はどのようになっているのだろうか。表1に9つの国を挙げたが、このなかで日本と同じように体育科との合科の国は2つしかない。しかも、他の7つの国の保健教育のあり方は3つのパターンに分かれている。

すなわち、「保健科」という独立した教科がある国。そして、関連教科や特別活動のなかで実施している国。3つ目は、一つの国のなかで保健に関するいろいろな教科のある国である。

このように世界的に見れば、日本における保健の授業のありようが唯一絶対のものではない、ということがわかるだろう。ここでは、表1に示した4類型の観点から、諸外国の保健教育の状況を学ぶことによって、日本の保健教育の現状や課題を、客観的に見ることのできる力を培ってほしい。以下、4類型について順に概説していくこととする。

表1 各国の保健教育の類型

(1)体育科との合科：台湾、韓国
(2)保健科として独立：フィンランド、シンガポール
(3)関連教科のなかで実施：ドイツ、フランス、イギリス
(4)国内で多様な形態：アメリカ、中国

2. 国別で見た保健科の教科形態

(1)「保健科」という独立した教科形態の国

フィンランドとシンガポールがこれに該当する。フィンランドでは初等教育（小学校）は理科との合科形態、中等教育（中学・高校）は独立した教科となっている（フィンランドに関しては、あとに詳述する）。

シンガポールでは初等教育（小学校）で独立した教科である。しかし、中等教育以降には保健に関する教科はない。配当時間は各学年1コマ（30分）、年間約40コマ、初等学校での総コマ数は約240コマ（7,200分）である。

(2)「体育科」との合科形態の国

台湾と韓国がこれに該当する。台湾では、初等中等教育は「九年一貫課程綱要」（2003年実施）によって「健康と体育学習領域」に位置づけられている。

小学校1・2年生の「健康と体育」では各学年週20単位時間中10～15%（1単位時間40分、年間40週）で、3・4年生では各学年週25単位時間中10～15%、5・6年生では各学年週27単位時間中10～15%である。中学校1・2年生の「健康と体育」は各学年週28単位時間中10～15%（1単位時間45分、年間40週）、3年生では各学年週30単位時間中10～15%である。ただし、保健と体育のそれぞれの授業時数に関しては、学校の判断によって配当時間が選択されることになる。

一方、韓国の小学校の1・2年生では、道徳と社会を統合した「正しい生活」、自然と家庭科を統合した「賢い生活」、音楽と美術、体育を統合した「たのしい生活」の3科目が用意されており、それぞれの科目で健康に関わる教育内容が扱われている。3年生以上と中学校3年間、高等学校の1年生では、体育科のなかで健康に関わる内容が扱われている。

(3) 関連教科や特別活動のなかで実施する形態の国

ドイツ、フランス、イギリスがこれに該当する。ドイツでは、健康に関する教育内容が「教科横断的課題領域」として関連科目のなかで扱われ、小学校1年生（基礎学校）から高校1年生（ギムナジウム13年）にかけて位置づけられている。フランスでも、健康に関する学習は教科として位置づけられていない。様々な教科のなかに健康に関する教育内容が含まれている。

イギリスでは、健康に関する教育内容が、「人格、社会性と保健の教育」(Personal, Social and Health Education、以下「PSHE」と記す)に含まれている。PSHEは、自信や責任、健康で安全なライフスタイル、良い人間関係や多様性の尊重などについて取り扱う教科である。中等教育段階では、「Personal Well-being」と「Economic Well-being and Financial Capacity」の大きく2側面に分けた学習が実施されている。ただし、PSHEの実施は学校の義務ではない。PSHEは、児童生徒等のWell-beingの実現に向けて、学校全体で取り組む特別活動の一つとして位置づけられている。

(4) 国内で多様な教科形態の国

アメリカと中国がこれに該当する。アメリカは、健康に関する学習が州によって様々であり、更に州のなかの教育行政区（学区）単位でもかなりの違いがある。保健を教科として独立させて必修で実施している学区もあれば、体育との合科で実施する学区もあり、更にその隣の学区では保健という教科が無いこともある（アメリカに関しては、あとに詳述する）。

また、中国も健康に関する学習の形態は、省・自治区・直轄市及び県・市（区）の各レベルで多様である。これは、国（中央政府）が全国統一的な教育課程（国家案排課程）を定めてはいるが、各地方の経済、社会、文化的状況が大きく異なることを前提に画一的施行を求めず、地方が定める課程（地方案排課程）によってある程度弾力的に実施できるようにしているからである。

国家案排課程では、健康に関する内容は、小学校では体育、中学・高校では

「体育と健康」で実施することとなっている。ただし、北京や上海といった教育行政区では保健の授業が実施されているが、地方の省・自治区などでは実施されていないところが多い。このため、国内で多様な教科形態の国の保健教育を紹介する場合は、教育行政単位で紹介するのが適切となる。

＊

グローバル化した社会では、保健教育のカリキュラム改革が独立して実施されることはほとんどなく、様々な国々との相互関係のなかでその国の改革方針が選択されており、極めて動的である。このあとは、2004年以降、積極的に研究が公表されているフィンランドとアメリカ（カリフォルニア州ロングビーチ学区）の保健教育の動向を紹介する。

3. フィンランドの保健教育

ここでは、独立した「保健科」があるフィンランドについて、少し詳しく見てみよう。相当程度に充実していることがわかるはずである。

(1) 教育制度

フィンランドの基本的な教育体系は、就学前教育（保育園・就学前学級）、基礎教育（義務教育第1～6学年＝小学校、第7～9学年＝中学校）、後期中等教育（高等学校／職業専門学校）、高等教育（大学／高等職業専門学校[①]）と大まかに4段階に分けられている（図1）。

授業料は公立私立にかかわらず、就学前教育段階から大学院に至るまで全て無償である。1999年より義務教育は9年一貫の総合学校となり、98％の生徒が高等学校または職業専門学校へ進学する（任意で第10学年も用意されている）。

(2) 保健科のカリキュラム

フィンランドでは保健科と体育科は独立した教科であり、基礎教育の最初の6年間（第1～6学年）では合科的に理科に保健の教育内容が含まれている。表2は、教育課程における保健科の学年別配当時数を示している。現在、保健科は、第1～4学年では「環境と自然」の教科のなかで、第5～6学年では「生物と地理」と「物理と化学」の教科の中で実施されている。また、第7～9学年では、各学年38時間、全114時間が独立した教科として配当されている。更に、普通高校では必修1科目（保健1）と選択2科目（保健2、保健3）が、職業専門高校では必修1科目（保健1）が、各科目週1回、各36時間で独立した教科として配当されている。

表3は、現行の高校保健科の目標と教育内容である。特徴的なのは、保健の「学力」を基礎にした研究成果・結果の解釈や調査分析、及び患者の権利、批判的リテラシー等の「考える力」に関連する「能力」の育成を目標にした探究的専門科目「Terveystieto 3（保健3）」が設定されていることである。保健3は、

[①]高等職業専門学校

応用科学大学とも呼ばれ、職業に関わる実践的な教育が実施されている。入学選考は、通常入試、内申書、就業経験が考慮される。学位の取得には3.5～4年を要し、その後、最低3年の実務経験を経て、高等職業専門学校の修士号の課程に進学できる。

[②]Lasse Kannas（ラッセ・カッナス）

フィンランドの保健を教科として確立し、その後の発展に尽力した中心人物。ユヴァスキュラ大学スポーツ健康科学部学部長（専門：保健科教育学、大学入学資格試験評議会保健科専門評議員（2005～2011））。

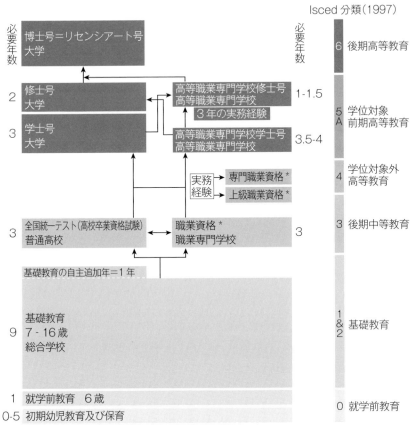

図1　フィンランドの教育制度

表2　フィンランドの教育課程における保健科の学年別配当時数

学年	教育課程の位置づけ	
10-12	【普通高校】保健は教科として独立しており、必修1科目（保健1）、選択2科目（保健2、保健3）があり、週1回、各36時間が配当されている。	【職業高校】必修1科目（保健1）、週1回、36時間が配当されている。
7-9	保健は教科として独立しており、必修3科目、各38時間、全114時間が配当されている。	
5-6	保健の教育内容は「生物と地理」「物理と化学」の教科に統合されている。	
1-4	保健の教育内容は「環境と自然」の教科に統合されている。	

（出典）Lasse Kannas[2]（前頁）「Health education as a new compulsory school subject in Finnish schools」より一部改変作成（小浜）

表3　高校における保健科の目標と教育内容

教科名	Terveystieto 1（保健1）	Terveystieto 2（保健2）	Terveystieto 3（保健3）
必選別	必修	選択	選択
テーマ	健康の基礎	若者の健康と日常生活	健康と調査
目標	・身体的、精神的及び社会的な実践的機能的な能力、職業や他の領域の安全に影響を与える要因と、自分自身のライフスタイルや環境における安全な状態を評価できる要因を理解すること。 ・個人と社会の観点から、国民病と最も一般的な感染症の予防の意義を理解し、そのような病気の予防に関連した社会を作り上げる判断を熟考することを学ぶこと。 ・健康格差の出現に影響する要因がわかること。 ・健康と疾病についての情報をどのようにして獲得、活用、評価するかを知り、健康の視点から健康文化と技術の発展に関連する様々な現象を省察できること。 ・主要な健康と社会福祉サービスを理解すること。	・大人や親になる観点から、自身の生活を分析的に学習できること。 ・健康と病気に関連する価値と評価を省察し、分析できること。 ・健康の視点から自分自身が選択した健康を説明でき、健康で良好なライフスタイルと環境の選択の意義を評価できること。 ・健康や健康問題、及びこれら多様な解釈の視点を説明し、その現象を表現できること。	・国家及び世界的な観点から、公衆衛生科学と予防医学に関する主な健康水準の傾向を省察できること。 ・健康と疾病の研究的で実践的知識を、どのように獲得し、評価し、解釈するのかを知ること。 ・自身で環境を学習するなかで、小規模な健康調査や保健行動調査を実施すること。 ・どのようにして医療機関を利用するかを知り、相談者と患者の権利を理解すること。 ・健康と安全に関する技術開発の意義を討議し評価できること。
主な内容	・実践的の機能的な能力及び安全に影響を与える要因：栄養、睡眠、休養及びストレス、運動と関連する健康、精神保健、社会的援助、労働福祉、労働安全、家庭と余暇の安全、環境衛生 ・性の健康、カップル関係、家族及び過去の世代の社会的な財産 ・関連リスクと保護因子を含む、国民病と最も一般的な感染症、及びこれらに影響を与える事項への対策 ・病気とケガへのセルフケア（自己対処）、応急処置と援助 ・世界的健康格差、健康格差に影響を与える要因 ・健康に関連した通信や広告、マーケティングの健康情報と批判的解釈を獲得する方法 ・公衆衛生分野での医療と社会福祉サービス、市民活動の利用	・自己認識、成長、家族と地域での社会的援助の意義 ・親になることや家族の生活のための準備 ・人生の楽しみ、精神の健康と精神的肉体的資源の保守、鬱病や危機への対処 ・健康に関連した、栄養の文化社会的意味、健康と関連した運動や体重のコントロールといった摂食障害 ・身体と精神の安全、非暴力的コミュニケーション ・健康な性 ・意味ある人生、ボディイメージやボディライン、享楽的日々の依存を含む健康問題とそれら文化的、心理的、社会的な現象の解釈や説明をするための導入的内容 ・個人や地域、社会、世界的観点からの喫煙・アルコール・薬物	・健康増進の方法、様々な時代に用いられた病気の診断と予防 ・保健行動と健康認識に関する研究（身体的・精神的・実践的機能的な能力の測定、人間工学的測定、仕事での良好な状態とそれに影響する要因） ・医療と社会的福祉サービスでの実践、相談者と患者の権利 ・メディアによって流される健康の情報とイメージを調査することに関連した批判的リテラシー（メディカライゼーション） ・健康習慣のアセスメントとモニタリング、実践的な調査プロジェクト

※National core curriculum for upper secondary schools 2003の「Health」を翻訳・作成（小浜）

大学入学資格試験で保健科目を受験する生徒のほぼ全てが履修する。

(3) 教科担当者ほか

　教育課程の上では、第1～6学年が学級担任、第7～9学年と高校が保健科教師となっている。しかし、保健科教員養成教育は2002年にユヴァスキュラ大学③を中心にして始まったばかりであり、保健科の免許を取得している教師数は圧倒的に少ない状況にある。フィンランド全体で必要な保健科担当教師は2,000人と見積もられているが、2013年3月現在で6～7％しか満たされていない。

　ユヴァスキュラ大学からは、健康学科定員20人の約半数の10人前後が保健科教師として卒業しているが、まだまだ不足状態にある。現実的には保健科教師養成は量的側面で過渡的な時期にあるため、第7～9学年と高校では、体育科教師の多くが保健科も担当している。保健科担当教師の増加対策としては、生物や物理、社会科、家庭科等の他教科教師が、ユヴァスキュラ、テゥルク、オウル、クオピオのオープン大学（夏季講習）で、保健科免許を取得可能にしている。また、ユヴァスキュラ大学スポーツ健康科学部では、2014年9月の入学生から、一時取得できなかった体育学科でも、保健科の免許を取得可能にしている。

　なお、2013年10月現在、フィンランドの高校の教科書は5社から出版されている。

③ユヴァスキュラ大学
　1863年に設立されたフィンランド初のフィンランド語教師養成学校（神学校）に由来する。1934年にユヴァスキュラ大学となり、現在は7学部に4研究センターと1部門が附置されている。フィンランド国内で体育科教師を養成する唯一の大学である。

4. アメリカ（カリフォルニア州ロングビーチ学区④）の保健教育

　ここでは、一つの国のなかでも多様な形で保健が扱われている国の代表として、アメリカの例を見てみよう。

(1) 教育制度

　アメリカ合衆国憲法には教育に関する規定がなく、教育の責任権限は州にある。しかし、実質的に初等中等教育を運営しているのは州ではなく、学区（school district）である。公立学校の教育財源の多くを地域の固定資産税（教育税）に依拠しているアメリカでは、公教育は学区を中心とした分権的システムで運営されている。

　こうした分権的システムは現在も維持されているが、1990年代以降、一定以上の教育の質の確保を目的として連邦政府・州が役割を強めている。その一方で、教育現場の多様な工夫と革新を促すための権限を各学区・学校に大きく与えている。この双方向からのアプローチが、こんにちのアメリカの教育改革の特徴となっている。

　ロングビーチ学区は、初等中等教育の修学年限が12年間で、うち義務教育が9年間である。就学年齢は7～16歳だが、就学開始は6歳から認められ、大多数の子どもは6歳から就学している。前期中等教育から後期中等教育への入学選抜試験は、公立学校では実施されていない。学校段階の区切りは、

④ロングビーチ学区はアメリカでも保健教育を積極的に実施している学区の一つ。

5-3-4制⑤であり、ミドルスクールを挟んで、4年制の後期中等教育（ハイスクール）へと移行する。

(2) アメリカにおける健康への様々なアプローチとHealth Education⑥の定義

アメリカにおいて、健康教育（Health Education）の意味するところは多様である。エイズ予防のためのプロジェクトに関わっている人には、エイズ予防教育がHealth Educationである。薬物防止に取り組んでいる人には薬物防止教育が、児童虐待防止に取り組んでいる人には児童虐待防止教育がHealth Educationとなる。また、医師や看護士がその家族にアドバイスするのも、学校カウンセラーが児童生徒にヘルスカウンセリングをしたり、個別の指導をしたりすることもHealth Educationと言う。

最も広い意味では、Health Educationと言えば、公衆衛生分野の教育的活動の総称となる。学校における健康教育も「広い意味でのHealth Education」の一部をなしている。したがって、学校における健康教育の対象は、学童期の子どもを含む社会全般の人々であり、活動の場は地域となる。そのためHealth Educationとは、学校がそのフィールドの一部という位置づけになる。例えば、暴力防止教育に取り組んでいる地域のプロジェクトのメンバーが教育活動の一環として学校に入り、暴力的な子どもへの対応と同時に、その子どもの仲間や家族も含めての問題解決に当たったり、また、地域の保健所の職員でHealth Educatorの資格をもつ人が、う歯予防の指導（授業）で定期的に学校を巡回したりしている例もある。

アメリカでは、Health Educationと言えば、主に学校を含む社会一般の人々を対象にした健康教育を指し、しかも近年ではこの国の公衆衛生上の課題別の教育活動（エイズ予防・性教育、薬物乱用防止、喫煙防止、暴力防止、生活習慣病予防など）を指すことが多い。

ところで、日本で言うところの学校健康教育のように、内容が保健全般にわたっているものを指して、Comprehensive Health Educationと呼んで、課題別のHealth Educationとは区別している。ところが、Comprehensive Health Educationは保健科とは同義ではない。前者は保健に関連する教科（Life Science、Health Science）や特設の教育活動など、全体で扱われる包括的なHealth Educationの意味である。保健科は、教科としての保健《Health (Education)》として、Comprehensive Health Educationのなかにあって、その主要な部分を担っている。

(3) 保健科のカリキュラムと教科担当者ほか

カリフォルニア州の小学校では、保健は教科として独立し、必修である。しかし、ミドルスクールやハイスクールでは、学区によって教科ですらない場合もある。ロングビーチ学区では、保健科が体育科から独立し、全ての学校種で必修となっている。配当学年は、K（幼）-7、9である。1年間は2セメスター

⑤アメリカでは、8-4制、6-3-3制、6-6制、5-3-4制などが一般的な学校制度である。最も伝統的なのが8-4制。都市部で発達したのが6-3-3制で、戦後日本の制度に導入された。1950年代後半にミドルスクール運動が活発になり5-3-4制、4-4-4制が出現した。

⑥アメリカの「Health Education」という単語の翻訳には注意が必要である。

表4　2006-07年、ロングビーチ学区の保健科の領域別配当授業時数（第7、9年生の場合・1セメスター）

学年＼領域	導入／個人の健康	消費者と地域社会の健康	傷害防止と安全	アルコール、たばこ、その他の薬物	栄養	伝染病と慢性疾患	家族生活	個人の発育発達	環境保健／まとめ	総授業時数
7	12	2	16	16	10	14	8	10	適時／2	90
9	12	適時	14	16	8	16	14	8	適時／2	90

に分かれ、1セメスターは20週である。1セメスター当たりの保健の授業時数は90時間配当されている。表4は、第7学年（ミドルスクール卒業条件）、9学年（ハイスクール卒業・大学入学条件）の領域別の配当時数である。

なお、教科担当者は、K（幼）と小学校が学級担任、ミドルスクールとハイスクールがLife Science（生命科学）の学位をもった教師となっている。教科書は、小学校とミドルスクールは州が、ハイスクールは学区が選考する。

5. まとめ

健康に関する指導を国別で見てみると、大きく分けて4つの形態があった。一つは「体育科」との合科形態の国であり、もう一つが「保健科」という独立した教科形態の国であり、三つめが関連教科や特別活動のなかで実施している形態の国であり、最後の一つが国内で多様な教科形態をとっている国であった。これらの形態が異なることの意味については、歴史や社会は勿論のこと、自然や神も含めて、様々の文化が異なっていることが背景にあることは容易に想像ができる。ただしあくまでも想像であり、これから保健科教育学を研究しようとする若い人たちは、まだ未解明な多くの部分が存在し、とてもチャレンジングな研究領域である諸外国の保健教育の内実を解明していってもらいたい。

（小浜　明）

[付記]
本節は、主に「保健のカリキュラム改善に関する研究―諸外国の動向」（国立教育政策研究所、2004）及びこの報告書以降に公表された研究を参考にした。

[参考文献]
*1　国立教育政策研究所「教科等の構成と開発に関する調査研究」研究成果報告書（17）保健のカリキュラム改善に関する研究―諸外国の動向、2004
*2　小浜明「カリフォルニア州ロングビーチ学区における保健科のカリキュラムについての事例研究」、第54回日本学校保健学会、303、2007
*3　小浜明「National Health Education Standards 2nd Edition公表後の米国の保健科カリキュラムに関する研究―カリフォルニア州ロングビーチ教育行政区を事例として―」、第56回東北学校保健学会、19-20、2008
*4　小浜明「フィンランドの大学入学資格試験における保健科の試験」、『体育学研究』59(2)、829-839、2013
*5　李師瑶「中国の教育制度と健康教育：日中の高等学校における保健認識に関する調査研究」仙台大学修士論文、pp. 23-34、2016

第2章

保健の授業をつくる

この章のねらい
これから現場に立つ若い先生には、ぜひ良い保健授業を展開して欲しい。こうした願いを込め、良い保健授業が実践できるようになるためのノウハウを手順を踏んで懇切丁寧に教える。

第1節 良い保健授業の姿をイメージしよう
【コラムⅢ】保健と体育が一緒になって教科となる

第2節 学習目標を設定しよう
【コラムⅣ】ヘルスリテラシーを高める

第3節 学習内容を理解しよう
【コラムⅤ】学習内容を構造的に把握しよう

第4節 教材を準備しよう

第5節 授業スタイルを考えよう
①授業スタイルのいろいろ
②授業スタイルをどう選ぶか
【コラムⅥ】養護教諭とティーム・ティーチング

第6節 指導の計画を立てよう

第7節 教授行為のテクニックを磨こう

第8節 評価を工夫しよう

第9節 模擬授業をやってみよう

第2章
保健の授業をつくる

第1節
良い保健授業の姿をイメージしよう

　この書籍は、現在の保健授業担当教員、あるいは将来、保健授業担当教員となりそうな読者に対し、「より良い保健授業を是非、実現して欲しい」との願いを込めて作られたものである。ここで問題となるのは、どのような授業を「より良い」とするのか、ということである。この点におけるズレが大きければ、当然のごとく議論は噛み合わない。そこで以下、「より良い（保健）授業」とは何か、「授業」の見方・考え方、いわば「授業観」[①]について述べ、一定程度の共通理解を得ておくことにする。

①授業観
　詳しくは第1章第2節②を参照。

1.これまでの保健授業の姿

(1)雨降り保健

　手元にある『現代保健科教育法』によれば、既に「アメフリ保健（rainy day lessons）」という言葉が出てくる[*1]。「保健の授業の現状」と題された項においてである。すなわち、晴れたら体育、雨が降ったときだけ保健、という当時の姿を端的に表現したものである。保健と体育とが合一教科とされている弊害がモロに出てしまった結果とも言える。この本の初版は1974（昭和49）年である。さすがに現在では、いわゆる「雨降り保健」は絶滅した、と言い切りたいところであるが、筆者の経験上、そうした保健の授業を受けてきた学生は、今もまだ存在する。

　「雨降り保健」の特徴は、教員も生徒もともに、本当はやりたかった体育の実技授業が雨のためできなくなり、止むを得ず仕方なしに保健の授業をする、というところにある。両者の指導・学習意欲が著しく低下している状態では、良い授業となるはずもない。1回の授業が低調となるのも困ったことではあるが、それ以上に問題なのは、「保健」という授業の意味・意義・重要性などが、まったくないがしろにされるということなのである。極論すれば、むしろやらない方がよかったともいえる授業なのではないだろうか。旧来の「雨降り保健」は、死語とすべき保健授業の姿である。

(2)暗記保健

　この言語は筆者による命名であって、既に発表されている文献によるものではない。しかし大学の授業において、中学・高校で自らが受けてきた保健授業

の振り返りをさせると、実際に相当数の学生から「教科書を読んでアンダーラインを引くだけ」「暗記のテストのためだけ」「プリントを配って穴埋めするだけ」の授業であった、等のコメントが返ってくる。このような暗記を中心とした、場合によっては暗記させることのみで成立している授業を、「暗記保健」と呼ぶことにしたのである。

こうした授業がまずい理由は後で詳述するが、簡単に言うならば、「テストの時まで覚えているだけで後はきれいに忘れ去ってしまい、結局、頭脳内には何も残らない」からである。学習指導要領上、中学校ならば48単位時間、高校ならば70単位時間を費やして行われた保健の授業は、いったい何だったのか、ということである。更にここでも、先に述べたことと同じ問題が生起する。すなわち、テストで言語の穴埋め的な問題をやらせ、教員も生徒も教えたつもり・学んだつもりになってしまう。こうして保健授業の意味・意義・重要性等が省みられることなく卒業に至る。「暗記保健」もまた、排除すべき授業の姿といえる。

2.授業がもつべき基本的機能

ここまでは、「良い保健授業の姿をイメージしよう」と言いながら、悪い保健授業の2つの姿を述べてきた。この後は、もう少しテーマに肉薄していきたい。

(1)授業を行う意味

そもそも授業は、何のために行われるのだろうか。教育学者の宇佐美[2]は、「授業は、授業のためにするのではない。授業は、授業が無くても学んでいける方向に学習者が進むのを助けるためのものである」[*2]と述べている。別の書籍では、「授業は病院の様な必要悪である。つまり、病院に入るのは、病院で暮すこと自体が望ましいからではなく、病院に来る必要が無くなるくらい健康になるためである。授業も、授業を不必要にするためにあるのである」[*3]と記述している。

逆説的ではあるが当を得ている。授業とは、望ましい方向に学習者を変容させ、やがては授業を必要としない人間を育てるために行うのである。これをやや大胆にかつわかりやすく言うならば、「授業とは、学習者を賢くさせるためにある」と言うことができる。これこそが授業の基本的機能（役割）だと考えている。1回ずつの授業であっても、全授業のトータルであってもこのことに変わりはない。日々、学習者を賢くさせることによって、将来、「自学自習」「自問自答」ができるような人間にすることが、授業の基本的機能（役割）だと言いたいのである。

(2)「賢い」とは何か

そうなると当然、「賢い」とは何か、が問われなければならない。難問である。『明鏡国語辞典』によれば、第一義として「知能・分別などが優れているさま。頭が良い」[*4]と書かれている。正しいかも知れないが、具体性に欠ける。そこで、

[2]**宇佐美寛**
うさみひろし、教育学者（1934年～）。千葉大学名誉教授。千葉大学教育学部長を歴任し、早くから「授業とは何か」を、論理的に追究し続けてきた。

```
           ┌─────────────────────────┐
           │       学習者を          │
           ├─────────────────────────┤
           │ 思考力・判断力が優れている │
           ├─────────────────────────┤
           │   多くの物事を知っている   │
           ├─────────────────────────┤
           │     状態にさせること     │
           └─────────────────────────┘
```

図1　授業がもつべき基本的機能（役割）

「知能・分別など」の中身を授業に引き寄せながら考えてみよう。すぐに思い浮かぶのは、学習指導要領[3]の文言としても馴染みのある「思考・判断[4]」などの能力であろう。いわゆる「考える力」とでも言うべきものであり、「賢さ」の中身としては極めて妥当なものである。

しかしながらここで留意すべきなのは、そうした力のよってきたる根源・ベースについての考察である。答えを言ってしまえば、それは知識（量）の多さである。つまり人間は、知っていることのみ考え語れるのであって、知らないことは考えられないし語れないという事実である。知識（量）の多寡を軽んじてはいけない。

結局「賢い」とは、「多くの物事を知っていて、思考力・判断力などが優れている状態」と規定することができる。(1)との関連において整理をするならば、授業がもつべき基本的機能（役割）とは、「学習者を、多くの物事を知っており、思考力・判断力等が優れている状態にさせること」と言えるのである（図1）。

3. 賢くさせるための方法論（認識変容の3つの型）

授業とは何らかの意味において、情報（刺激）の授受（やりとり）とみなすことができる。授業などで新たな情報がもたらされたとき、学習者の頭脳内では、およそ図2に示すような3つの変化が起こると考えられる。

一夜漬けで自らの脳に情報を入れようとしたり、無理やりの暗記を強要した場合には、一番上の「蒸発・即時消失型」になりやすい。すぐに忘れてしまい、学習する以前の元の自分に戻っているという事態になる。先に「暗記保健」の弊害を述べたが、まさにこの型になりがちであるがゆえに、問題なのである。

2番目は、いったん知識は定着し一時的に増えるものの、やがては忘れてしまうというパターンであり、これを「加算・一時定着型」と名づけた。「蒸発・即時消失型」よりはまだましかもしれないが、結局、認識の変容には至らないパターンである。

単位時間当たりに、できるだけ多くの知識を教える（伝達する）のが良い授業だ、という授業観をもつ教師は、決して少なくない。提供した知識がしっかりと学習者に伝わり定着し、それが新たな認識を形成するのに有益であるのならば問題はない。しかし実際にはそうはなりにくい。多くの場合、ただ単に断片的知識、より正確に言うなら"文言"が伝達され、生徒はそれらをテスト

---

[3] **学習指導要領**
全国のどの地域で教育を受けても一定水準の教育を受けられるようにするために、学校教育法等に基づき、文部科学省が定めた教育課程（カリキュラム）を編成する際の基準。小・中・高校ごとに、それぞれの教科の目標や大まかな教育内容が定められている。約10年ごとに改訂される。

[4] **思考・判断**
2008（平成20）年の学習指導要領（高校は09年）に改訂するにあたり、文部科学省が掲げた、育成すべき重要な学力要素の一つ。その3要素とは、①知識・技能、②思考力・判断力・表現力、③学習意欲。

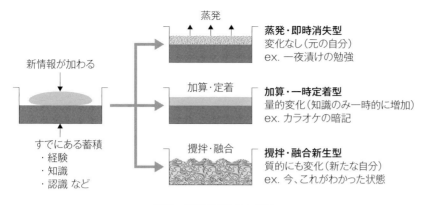

図2　認識変容の3つの型

の時まで暗記をして、終わればすっかり忘却してしまう。1番目は勿論のこと、2番目の「加算・一時定着型」も、短期記憶に留まり長期記憶に至ることには多くを期待できず、推奨しがたい授業像といえる。

一番下は、入ってきた新情報に対し深く思考し、これまでの自分自身の経験や知識や認識といった蓄積物と絡ませながら、自分なりに解釈（咀嚼・嚥下）した結果、「なるほど、わかった」となった状態である。その時には認識の変容（知識の組み替え）[5]が起こり、もはやそれまでの自分とは違う、新たな自分になるというものである。これを「攪拌・融合新生型」と呼ぶことにした。

授業で目指されるべき型が、この「攪拌・融合新生型」であることは言うまでもない。学習（授業）において「想念」と「情報」とを区別したのはJ．デューイ[6]であるが、彼は「情報は、子どもの生活・経験のなかから湧き出してくる想念と融合しなければ、しっかりとした知識として定着しない」と主張している。要するに、学習者たちの頭脳内にある経験・知識・認識等に働きかけ、彼らの想念を刺激しつつ新たな情報を提供し、知識を組み替えさせ新しい自己を形成させる方向で、授業を構想すべきだということになる。

4. 志向性から見た授業の3つの型

かつて藤岡[7]は、授業構想のモデルとして、「伝達」「触発」「追究」の3つのタイプを区別し得る、と述べていた[*5]。教師の「授業観」の類型と見ることができるので、より良い保健の授業をイメージしようとする時の参考になるだろう。

①伝達志向型：教師が教えようとする内容が、過不足なく子どもの認識内容となることを理想とする授業
　　　　　　（教師が、教育内容を、子どもに、伝達する）
②触発志向型：教師が問題提起し、子どもがそれに刺激されて自分の考えを作り思考を発展させる授業
　　　　　　（教師が、教育内容に関する、子どもの想念を、触発する）

[5]認識の変容
　例えば、飲酒運転が法律で禁止されているという事実を知っているだけの状態と、アルコールが脳に及ぼす作用を知り、禁止の理由を納得した状態とでは、認識が異なる。一般的に、新たな情報が加わることで知識の組み替えが行われ、より認識が深まることをいう。

[6]J．デューイ
　ジョン・デューイ（John Dewey、1859～1952年）。アメリカの教育思想家。問題解決的学習を紹介するなど、戦後の日本教育に多大な影響を及ぼした。

[7]藤岡信勝
　ふじおかのぶかつ、教育学者（1943年～）。授業を撮影したビデオを一時停止して、その授業場面に注目して議論する「ストップモーション方式」と呼ばれる授業研究法を開発。

③追究志向型：子どもが問題提起と解決の主体となり、教師は子どもを側面から援助する授業

（子どもが、教育内容を、追究するその手助けを、教師がする）

　伝達志向型の授業が最もシンプルであり、学校教育（特に高校・大学）においては、相当数の授業がこの型であることに気づくだろう。筆者は、いわゆる講義形式の伝達志向型の授業を全否定するつもりはない。一人の教師が学習者に対し、彼らの頭脳内にしっかりと定着するように、上手に教育内容を伝達できるならば問題はない。しかし繰り返すようだが、この型はしばしば、暗記をしてテスト終了後に全てを忘れるという、「蒸発・即時消失型」に陥りやすいのである。

　一方、触発志向型は、学習者の想念を刺激し彼らの思考を促す点で、優れている。伝達志向型が主に「覚える」ということに主眼が置かれ、結局忘れるという事態に至りやすいのに対し、触発志向型では、考えた結果「わかる」状態となり、忘れるということから逃れることができる。佐伯は、「覚える」と「わかる」の違いについて、大まかにいえば、「覚える」は、そのままほっておくと「忘れる」ものであり、忘れた状態になると、はじめの「知らない」状態と本質的に変わらない。一方、「わかる」においては、一度わかってしまえば元の状態に戻ることがない、と述べている*6。つまり「覚える」という言葉は可逆的であり、「わかる」という言葉は「非可逆的」であるという（図3）。授業においては、「理解（わかる）」をこそ優先させるべきであり、そのためには学習者の想念（内なる思い）を触発し、「考える」という行為を通すことが重要となる。

　追究志向型は、学習者が問いを立て、自ら調べ、考え、その問題を解決し自らが理解納得する、という授業モデルである。学習者のレベルが比較的高い場合には、極めて有効な授業となるだろう。しかし多くの場合、例えばグループで課題学習をさせた時、いわゆる「お荷物」と言われるような子どもが出現したり、発表しっぱなしで終わることがしばしばである。教師の手助けや援助の質と量が大いに問われる授業像といえる。

　感度の良い読者ならば、これが「アクティブ・ラーニング⑧」に極めて近い

⑧アクティブ・ラーニング
　学習者自らが主体的・能動的に学ぶ学習のあり方をあらわす用語。これからの時代の教育では単に知識を身に付けるだけではなく思考力や探究力の育成が重要とする考えに基づき、学習のあり方も、教師が教えることを学習者が受動的に学ぶパッシブ・ラーニングではなく、アクティブ・ラーニングが重視されている。

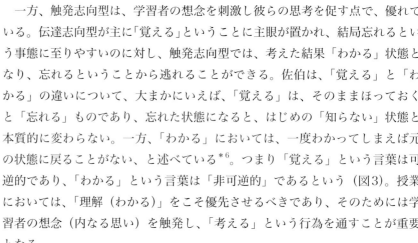

図3　「覚える」と「わかる」の違い（佐伯胖）

授業観であることに気づくだろう。山地は、「アクティブ・ラーニングを促進する授業とは、『思考を活性化する授業形態の総称』となる」と述べている[*7]。ここで重要なのは、「思考を活性化する」という点であって、学習者の具体的な動作・行動なのではない、ということである。換言すれば、子どもが学習の主人公になって活動することに異存はないが、要はその子どもが何を知り何を考えたのか、という吟味こそが大事なのである。

　「保健」の授業は、人や社会の健康に関する事柄を「素材」として扱う教科目である。面白くないはずがない。これまでのような、暗記を強いて覚えさせるだけの授業はやめよう。学習者に考えさせ、「なるほど、わかった！」と言わしめる授業をしよう。それができた時、教師も学習者もともに、「保健」の授業が大好きになるはずである。

（今村　修）

[引用文献]
* 1　和唐正勝「保健科教育の現状」、小倉学編著『現代保健科教育法』大修館書店、1974、p. 85
* 2　宇佐美寛『授業にとって「理論」とは何か』明治図書選書、1978、p. 181
* 3　宇佐美寛『授業の理論をどう作るか』明治図書、1986、p. 98
* 4　北原保雄編『明鏡国語辞典　第二版　大型版』大修館書店、2011、p. 322
* 5　藤岡信勝「授業構想の三つのモデル」、『教育』国土社、1987年4月号、p. 52
* 6　佐伯胖『「学び」の構造』東洋館出版社、1979、pp. 38-39
* 7　山地弘起「アクティブ・ラーニングとは何か」、『体育科教育』2015年7月号、p. 11

[参考文献]
* 天野直二「老いを迎えてのこころと脳」、『こころの科学』2010年3月号、p. 22
* 田中耕治編『よくわかる授業論』ミネルヴァ書房、2007
* 今村修『学校保健ハンドブック 第6次改訂』ぎょうせい、2014
* 鈴木宏昭『教養としての認知科学』東京大学出版会、2016
* J. デューイ・G. H. ミード著、河村望訳『学校と社会 経験と教育』人間の科学社、2000

column III

保健と体育が一緒になって教科となる

　既に学んだように（第1章第1節②）、保健体育科は保健と体育で教科の内容が構成されています。その教科名は小学校では「体育科」、中・高校では「保健体育科」です。身体活動を伴う技能が学習の中心となる体育と、汗をかくような身体活動をあまり伴わない学習を中心とする保健となっています。それぞれの学習対象は、体育が運動の技能とそれに関わる動き、保健が健康の保持増進に関わる原則や概念が主な内容となっています。平成10年の学習指導要領からは、「心と体を一体として捉え」という教科目標が示され、保健と体育を結びつける運動として「体ほぐしの運動」が位置付けられています。この他にも、「運動、食事、休養及び睡眠」が平成29年版小学校及び中学校学習指導要領で示されるなど、保健と体育の固有の内容構成となってきています。

第2章
保健の授業を
つくる

第2節
学習目標を設定しよう

1.保健の目標の特徴

(1)学習指導要領における目標

　18歳に選挙権が与えられる時代になった。大学（短期大学を含む）への進学率が50％を超えるとはいえ、高等学校を卒業すると若者の多くが社会参加するようになる。したがって、高等学校までの保健[①]の学習内容は、健康や安全に関して日本人として理解して欲しい内容、もしくは身に付けて欲しいヘルスリテラシー[②]であると換言できる。すなわち、高等学校保健体育（科目保健）の目標は、いわば日本人として身に付けておきたい健康および安全についての資質・能力であると言えよう。そのような視点から、改めて学習指導要領に示される保健の目標を確認してみる。

　高等学校学習指導要領における保健体育（科目保健）の目標は、「(1)個人及び社会生活における健康・安全について理解を深めるとともに、技能を身に付けるようにする。(2)健康についての自他や社会の課題を発見し、合理的、計画的な解決に向けて思考し判断するとともに、目的や状況に応じて他者に伝える力を養う。(3)生涯を通じて自他の健康の保持増進やそれを支える環境づくりを目指し、明るく豊かで活力ある生活を営む態度を養う」である[*1]。すなわち、高等学校卒業時には、個人や集団のみでなく社会全体の健康や安全の望ましいあり方について良くわかっていて、わかるだけでなく実践者として自らの健康を管理し改善できるような資質・能力が求められているのである。更に、高等学校を出口とすると、そこに至るまでの道筋である中学校及び小学校の目標については、どのように考えられているか比較してみよう。

　中学校学習指導要領における保健体育（保健分野）の目標は、「(1)個人生活における健康・安全について理解するとともに、基本的な技能を身に付けるようにする。(2)健康についての自他の課題を発見し、よりよい解決に向けて思考し判断するとともに、他者に伝える力を養う。(3)生涯を通じて心身の健康の保持増進を目指し、明るく豊かな生活を営む態度を養う」である[*2]。また、新学習指導要領では(1)知識及び技能、(2)思考力、判断力、表現力等、(3)学びに向かう力、人間性等に分けて目標が構成されている。その点での違いがあるものの、「個人生活」や「自他の課題」という表現から読み取れるように高等学校の「社会生活」よりも個人に視点が置かれている。

---

①**保健**
　小学校体育の保健領域、中学校保健体育の保健分野、高等学校保健体育の科目保健を指す。

②**ヘルスリテラシー**
　良い健康を促進し、維持する方法についての情報に接近し、認識し、利用する個人の能力と動機を決定するような認知的・社会的能力を示す。詳しくは52-53頁を参照。

更に、小学校学習指導要領における体育（保健領域）の目標（主として下線部分）は、「<u>体育や保健の見方・考え方を働かせ、課題を見付け、その解決に向けた学習過程を通して、心と体を一体として捉え、生涯にわたって心身の健康を保持増進し豊かなスポーツライフを実現するための資質・能力を次のとおり育成することを目指す。(1)その特性に応じた各種の運動の行い方及び身近な生活における健康・安全について理解するとともに、基本的な動きや技能を身に付けるようにする。(2)運動や健康についての自己の課題を見付け、その解決に向けて思考し判断するとともに、他者に伝える力を養う。(3)運動に親しむとともに健康の保持増進と体力の向上を目指し、楽しく明るい生活を営む態度を養う</u>」となっている[*3]。中学校と比較すれば「身近な生活」や「自己の課題」に視点が置かれている、ということができる。

(2)保健らしさとは

　小学校、中学校および高等学校の保健を通して共通する概念は何であろう。あるいは何が保健に値するのかという点について考えてみよう。

　勿論、健康や安全について取り扱い、大切にしている科目であるのは言うまでもない。ここでは、健康や安全へのアプローチ方法を、高橋の健康教育のUターン構造を参考にしながら考えてみたい[*4]。高橋は、児童生徒の生活や環境の実態から出発し、その実態を科学という領域にまで高め（aやb）、科学を児童生徒の生活（行動）へと返す（c）、という一連の流れがあってはじめて健康教育として価値があると述べている。a、bのみでは科学中心主義となり健康教育としては妥当ではないし、行動や環境の実態が好ましくないので、保健行動を変えましょうという働きかけ（例えば、インフルエンザが流行っているので、手洗いをしましょう）では科学としての高まりがなく躾になってしまう。

　勿論、健康教育と保健は異なるが、このような考え方を保健に援用して、保健の目標の特徴を解釈するのであれば、健康や安全に関する児童生徒の個人的・

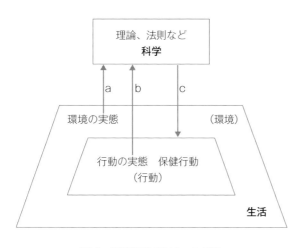

図1　健康教育のUターン構造

社会的な課題を、自然科学・社会科学問わず科学的に検証し、検証結果を日常生活に還元し、自己を管理・改善できるような資質・能力の育成という一連の流れを包括している学習と言える。

更に他教科の目標と保健の目標を比較し、保健の特徴を考えてみたい。例えば、理科とは何が違うのであろうか。中学校学習指導要領理科の目標は、「自然の事物・現象に関わり、理科の見方・考え方を働かせ、見通しをもって観察、実験を行うことなどを通して、自然の事物・現象を科学的に探究するために必要な資質・能力を次のとおり育成することを目指す（以下省略）」である[*2]。勿論、健康や安全に関わる内容も存在すると考えられるが、そもそも健康や安全に主軸を置いている教科ではない。また、保健は、歴史的にも科学的認識（わかる）を大切に扱ってきたが、科学のみに終わらずに、科学的な知見を日常生活へ適用できるような資質・能力（できる）を育成しようとしている点も大きく異なる側面である。

ただし、保健に関する歴史的な流れを見ると、戦後は行動に主眼が置かれ、次第に科学的な認知の発達に主眼が置かれるようになってきた背景もあり、わかる（認識論的目標観）とできる（行動論的目標観）の関係性をめぐって様々な議論がある[③]。

[③] 第1章第2節②を参照。

それでは、特別活動とはどう違うのであろう。中学校学習指導要領特別活動の目標は、「集団や社会の形成者としての見方・考え方を働かせ、様々な集団活動に自主的、実践的に取り組み、互いのよさや可能性を発揮しながら集団や自己の生活上の課題を解決することを通して、次のとおり資質・能力を育成することを目指す（以下省略）」である[*2]。特別活動は、「なすことによって学ぶ教科」とも表現されるが、集団活動を通しての実践的な活動を念頭にしている[④]。

[④] 具体的には、授業のなかで課題を見つけ解決策を検討し、自己の取り組みを決定し、実際の生活のなかで実践を試み、振り返りを行うところまで展開される。

保健の場合は、日常生活での実践的な活動[⑤]に関しては、必ずしも意図しておらず、あくまでも科学的な認識の深まりに基づく生涯にわたって健康を管理・維持できるような資質・能力を育成しようとしている点を改めて確認する必要があろう。理科とは異なる、特別活動とも違う、そして体育とも違う保健独自の面白さと魅力がそこには備わっているのである。

[⑤] 例えば、授業を受け家庭で毎日の生活習慣改善に取り組んだり歯磨きを実施したりするような活動。

また、高等学校学習指導要領保健体育の目標は、「体育や保健の見方・考え方を働かせ、課題を発見し、合理的、計画的な解決に向けた学習過程を通して、心と体を一体として捉え、生涯にわたって心身の健康を保持増進し豊かなスポーツライフを継続するための資質・能力を次のとおり育成することを目指す（以下省略）」である。体育・保健体育の目標の一つとして健康や安全が位置づけられているという教科としての共通目標もある。児童生徒の健康や安全に関する資質・能力の育成に向け、保健と体育という異なる学習内容から児童生徒にアプローチできるのも、体育・保健体育の魅力であろう。

しかしながら、必ずしも保健と体育が関連付けて実施されていないのではないかという指摘もある。教科としての独自性がますます問われるようになってきている昨今、保健の独自性を明確にしていく一方で、保健と体育が両方ある

良さについても私たち自身が考えていく必要があるだろう。

2. 小・中・高等学校における系統性と個別性

(1)学習内容の系統性

　保健は、児童生徒の健康や安全に関する身近な生活経験や環境について科学として検証し、その検証した結果や問題解決方法を将来的に児童生徒の身近な生活経験に当てはめられるような資質・能力を育成しようという教科である点は先ほど述べた。保健は児童生徒の科学的な認識の発達を大切に扱ってきた教科なのである。

　科学は、時代とともに新しい知見が発見され、常に変化を遂げる。10年前に論文として掲載されたiPS細胞は、既に臨床に応用されようとしている。保健も健康や安全に関する課題、科学や医療の進歩や変化に合わせて内容が大きく変化し続けている。最近話題になる内容は、がん（教育）や精神疾患⑥であり、少し前は医薬品の利用やHIV/エイズであった。昨今の中央教育審議会をめぐるディスカッションでは、コンテンツ（内容）に加えてコンピテンシー（資質・能力）に力点が置かれるようになっているものの、時代の変遷に伴って変化する健康や安全の課題を引き取り貢献してきたのも保健らしさと言えるのである。

　したがって、児童生徒が何を学ぶかという内容論も保健にとっては重要な要素であると理解しておかなければならない。学習指導要領に示される学習内容、

⑥がん教育、精神疾患
　がん教育については、2013（平成25）年度の（公財）日本学校保健会における「がんに関する検討委員会」を経て、2014（平成26）年度より文部科学省で「がん教育」の在り方に関する検討委員会とモデル事業を展開している。精神疾患については、2014（平成26）年度に（公財）日本学校保健会において、現代的な健康課題対応委員会（心の健康に関する教育）であり方を検討している。

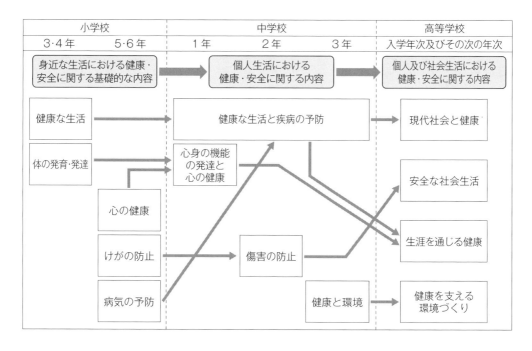

図2　保健の学習内容の系統性

いわば児童生徒が学ぶべき内容は、児童生徒の発育や発達の実態に合わせて系統的に考えられている。これが保健における学習内容の系統性である。すなわち、学習内容は図2に示されるように児童生徒の発育や発達段階に合わせて系統的に配列されている[*5]。

例えば、性に関連する内容に着目しても、早い児童では初経が生じる小学校第4学年の段階で、思春期に生じる体の変化（初経や精通）や心の変化などを取り扱う。初経や精通が突然きて児童が困らないように配慮されているのである。更に、中学校第1学年では、内分泌の働きによる生殖に関わる機能成熟や適切な行動を取り扱う。思春期を迎えている生徒に、より科学的な側面から自身の身体に生じている現象を理解させるのである。高等学校では、思春期における性成熟と自分の行動への責任や異性の尊重等、結婚生活と健康（受精・妊娠・出産）、家族計画や人工妊娠中絶、周囲の支援や保健・医療サービスなどを扱う。すなわち、より広い学習内容を、より深く扱うようになるのである[⑦]。

⑦詳細については第3節を参照。

現在、新しい学習指導要領が提示されている。特に中学校では、健康な生活と疾病の予防が第1学年から第3学年にわたって取り扱われるとともに、がんについて取り扱うように内容の取扱に明示されている。また、健康と環境を第3学年で扱うように変わった。高等学校では、学習内容が3領域から4領域に変更されるとともに、精神疾患が新たに加わった。児童生徒の学習状況や社会的背景により、児童生徒が学ぶべき内容も精査され、変化している。

(2) 学習内容の個別的段階性

保健は、児童生徒の発育や発達段階に合わせて、学校段階のそれぞれで大切にしている側面もある。保健の個別性である。

児童生徒の科学的な認識の高まりを共通に大切にしながらも、小学校体育（保健領域）では、身近な生活を想定したり、実践的に理解したりする点に重点が

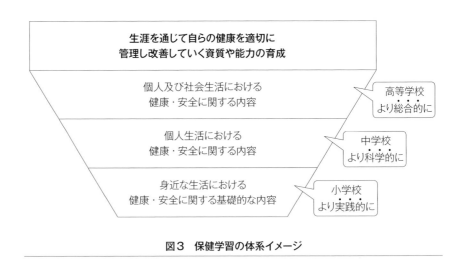

図3　保健学習の体系イメージ

置かれている。中学校保健体育（保健分野）は、個人の生活や科学的に理解するという点がフォーカスされている。更に、高等学校保健体育（科目保健）では、個人および社会生活を社会的な要因を含んで総合的に理解するという点、すなわち個人や集団の健康だけでなく、それを支えているシステムや世の中の仕組みを取り扱うのが高等学校の特徴なのである。このように、児童生徒の発達段階に合わせて、保健の学習内容や学習内容の捉え方の特徴が形成されている（図3）。

3.学習者の実態と目標設定

(1)学習者の実態

　保健の目標については、先述した。次に児童生徒が学ぶべき保健の内容、すなわち学習内容に関しては、学習指導要領に示されており、日本であれば沖縄から北海道まで地域を問わずどこでも共通であると言える。しかし、児童生徒の発育や発達段階は千差万別であり、同一クラスの中でも誰一人として同じ人間はいない。
　特に現在は、教員が何を教えるのかではなく、児童生徒がいかに学ぶのかを教員が考える時代である。したがって、授業は学び手である多種多様な児童生徒の実態を踏まえずには成立しないのである。更に言うならば、個々の学習者が主体的に取り組める授業をデザインし、創り出すのが教員の力量なのである。
　児童生徒の特性は、小学校や中学校であれば、家庭や地域の特性、そして児童生徒自身の個人特性、あるいは児童生徒や教員によって醸成されたクラスの特徴と言える。また、高等学校であれば、小学校及び中学校の特性に加えて、その高等学校の特性が影響を及ぼす場合もある。まずは学習者あっての授業と認識し、児童生徒の実態を把握しよう。

(2)学習目標の設定

　児童生徒が自発的に学べるような良い授業を実践するためには、教員は児童生徒にとって適切な学習目標を設定する必要がある。学習目標は、最終的には1単位時間において児童生徒が学ぶべき内容に対して取り組んでいる姿を資質・能力として具体的に表した一文、すなわち、本時の目標として表現される。しかし、本時の学習目標がいきなり設定されるわけではなく、順を追って設定されるのである。
　学習指導要領に示される保健の目標があり、児童生徒が学ぶべき学習内容がある。教員は学習指導要領を読みとき、1年にわたって継続的に学習できるように年間の指導計画を立てる。そして年間指導計画を踏まえ、児童生徒の実態を把握しながら、単元の目標を設定し、単元計画を作成する[8]。
　単元の目標とは、単元（児童生徒にとっての学習内容のまとまり）から児童生徒が何を学ぶかを端的に示した目標である。つまり、単元において児童生徒

[8]第2章第6節「指導の計画を立てよう」を参照。

にどのような学習内容を学ばせ、どのような資質・能力を育成するのかを明確に指し示す必要がある。単元の目標を記載するに当たっては、「知識及び技能」「思考力、判断力、表現力等」「学びに向かう力、人間性等」という3つの観点から、児童生徒が目指す姿を記載する。

文部科学省の資料にある中学校保健体育（保健分野）における「傷害の防止」を参考に、単元の目標を設定してみよう[*6]。学びに向かう力、人間性等は、「応急手当について関心をもち、学習活動に主体的に取り組もうとすることができるようにする」と記載できるし、思考力、判断力、表現力等は、「応急手当について、課題の解決を目指して、知識を活用した学習活動などにより、科学的に考え、判断し、それらを表すことができるようにする」と示せる。そして、知識及び技能は、「応急手当について、課題の解決に役立つ基礎的な事項及びそれらと生活との関わりを理解し、身に付けることができるようにする」と表現できる。

このように、学びに向かう力、人間性等は、「主体的・意欲的に〜しようとしている」、思考力、判断力、表現力では、「考え、分析し、判断し」と思考・判断が表出した状態として表す。知識及び技能については、「〜について理解する」「〜について身に付ける」という動詞で引き取るようにする。特に新しい学習指導要領では、観点として技能が加わったので、今後、どこを技能として取り扱うかの検討が必要となる。

次に本時の計画があり、展開例の冒頭に本時の目標を示す。これは文字通り本時（1単位時間）において児童生徒の目指すべき姿を表現した一文である。これもまた単元の目標と同様に3つの観点から示すが、単元の目標と異なる点の一つは、観点の数が2観点までであるという点である。つまり、教材や学習活動、作成したワークシートなどを踏まえて授業展開を総合的に考えながら、目標をしぼって表記する必要がある。これは、評価とも関連するが、あくまで学習目標や評価は、授業をより良く実践したり、授業改善をしたりするために実施するのである。目標や評価を盛り込み過ぎるために評価のための評価、あるいは評価のための授業にならないようにする意味もある。

ここでも単元の目標と同様に、文部科学省の資料を参考に考えてみよう。知識及び技能は、技能を中心にするのであれば「応急手当を身に付けるようにする」と書ける。学びに向かう力、人間性等では、「傷害の防止について、課題の解決に向けての話し合いや意見交換などの学習活動に主体的に取り組もうとする」と示せる。単元の目標よりもより生徒の具体的な姿で書かれているのがもう一つの特徴であるといえよう。このように学習内容に対する児童生徒の具体的な行動を資質・能力としてあらわすのが、本時の目標である。

本時の目標があり、そして本時の学習課題が設定され、児童生徒の学習活動が展開されるのである。更に学習目標は、授業開始当初において、児童生徒にとって、学習目標に到達するための課題、いわゆる学習課題（めあて）として確認される。そして、その学習課題に沿って学習活動が展開される。更にこの学習課題は、前時に児童生徒によって見つけられている場合もある。例えば、

小学校体育（保健領域）におけるケガの防止に関する学習を事例にすると、1時間目の授業で身近な安全について学習するなかで「小学生の死亡事故って何が多いの」という児童の問題提起から、「2時間目は交通事故について勉強しよう」という次回のめあてが発生し、2時間目に交通事故について学ぶなかで、「安全な環境ってどうやって整備されているのだろう」という疑問が児童のなかからわき上がり、3時間目のめあてが、「安全な環境にするためにどうやって環境を整えているのか」となれば、より望ましいと言えよう。

しかし、実際の授業では児童生徒のなかから自然発生的に次回の学習課題が発生するような授業をデザインするのは難しいので、まず教員が学習指導要領の学習内容と児童生徒の実態、単元目標を踏まえた本時目標を設定し、学習課題を児童生徒に提示するのが良いであろう。

(物部博文)

[引用文献]
* 1　文部科学省『高等学校学習指導要領解説　保健体育編 体育編』東山書房、2019
* 2　文部科学省『中学校学習指導要領』2017
* 3　文部科学省『小学校学習指導要領案』2017
* 4　高橋浩之『健康教育への招待』大修館書店、1996
* 5　文部科学省『高等学校保健教育参考資料「生きる力」を育む高等学校保健教育の手引き』2015
　　http://www.mext.go.jp/a_menu/kenko/hoken/1371839.htm（2016.8.24）
* 6　文部科学省『中学校保健教育参考資料「生きる力」を育む中学校保健教育の手引き』2014
　　http://www.mext.go.jp/a_menu/kenko/hoken/1354075.htm（2016.8.24）

[参考文献]
* 森昭三・和唐正勝『保健の授業づくり入門』大修館書店、1987
* 文部科学省『小学校保健教育参考資料「生きる力」を育む小学校保健教育の手引き』2013
　http://www.mext.go.jp/a_menu/kenko/hoken/1334052.htm（2013.8.24）
* 衞藤隆編『学校保健マニュアル 改訂8版』南山堂、2010
* 教育課程部会　体育・保健体育、健康、安全ワーキンググループ

ヘルスリテラシーを高める

リテラシーとは何か

「リテラシー」(literacy)とはごく簡単に言えば、「読み書きができること」を言います。私たちは生まれた時から親をはじめとする周囲の大人たちとのやりとりや子ども同士のつながりのなかで「言語」という「記号」を身に付けていきます。「記号」とは地図記号が代表的なように、何かの意味をあらわすもの全てを指します。「青信号」がほとんどの場合に「進め」を意味するように、それを見れば何を意味するかがわかるものを記号といいます。

言語という記号は、例えば日本語で「いぬ」「イヌ」「犬」とあらわせばそれを知っている人は、脊椎動物のほ乳類ネコ目イヌ科イヌ属の動物を思い浮かべます。けれども、イヌを意味する記号は文字で「イヌ」とか「犬」というように書きあらわさなくても、手の親指と中指、薬指の3本を合わせ人差し指と小指を立ててもそれを見る人に「イヌ」をイメージさせることができます。記号としての言語は「イヌ」「犬」のように文字であらわされる「文字言語」、日本語で"inu"という音であらわされる音声言語に大別されます。多くの場合、音声言語は通常の発達をとげる過程で自然に獲得されますが、文字言語はほとんどの場合に音声言語に対応する文字を「学習」するという行為を経てはじめて身に付けられます。

文字言語を視覚的に認識することを「読む」と言い、それを何らかの手段(多くの場合、筆記用具を用いて)で表記することを「書く」と言い、この2つの行為ができることをリテラシーがある、あるいは「リテレイト」(literate)と言います。その反対はリテラシーがない、あるいは「イリテレイト」(illiterate)と呼びます。日本語ではこれを識字能力と呼び、国民のなかで主として母国語(その国の言語)を読み書きできる人口の割合を識字率と言い、国家の文化的成熟度の目安とされてきています。

拡がるリテラシーの概念

20世紀後半に入ると、科学技術の進歩や文化の進展によって、様々な知的資源から発信される情報量がそれまでとは格段に増大することによって、「知識爆発」(knowledge explosion)と呼ばれるような大量情報伝達社会があらわれました。それにより、それまで知識人と呼ばれていた高度な読み書き能力によって獲得された文学や哲学、芸術などの古典的教養を身に付けた人々(日本では「インテリゲンチャ」と呼ばれました)を含めて、単に読み書きができるというだけではそうした増大する情報量を適切に処理して自分に必要な情報を体系的に理解して、様々な意思決定に適用することが難しい状況になりました。

そこで、現代社会に対応する読み書き能力として、リテラシーの概念は、拡張的に用いられるようになり、「ある分野で用いられている知識の体系を系統的に理解し、意味づけ、自らに必要とされる情報を有意義に活用する能力」をも意味するようになってきました(例として「コンピューターリテラシー」などがあります)。そしてまた、「言語」(ことば)の概念も「話す」言語や「書かれた」言語に限らず、多様な記号様態(コンピューターのコマンドなどの人工言語)があらわれ、それを伝えるメディアも多様化してきました。リテラシーはこうした状況に対応するための「情報(記号体系)を適切に読み取り、分析し、適切にその媒体を用いて記述・表現できること」を指すようになってきています。

こうしたリテラシーに関する考え方の変化は、一つには古典的な読み書き能力のみをリテラシーと考えることへの批判とともに、そうした読み書き能力によって獲得されてきた文学や歴史、哲学によって象徴される古典的教養への潜在的な批判も含まれていることに注意すべきです。

健康のリテラシーの誕生と普及

こうしたリテラシー概念の多様化の過程で「ヘルスリテラシー」の概念が生まれました。ただし、ヘルスリテラシーの出現は、いわゆる読み書き能力に象徴される古典的リテラシーの意義と関連があります。UNICEF(国連児童基金)が報告しているデータに明らかなように、女子の識字率の高さと乳児死亡率や5

column IV

歳未満の幼児の死亡率の低さには正の相関があるとされ、読み書き能力の高さは健康水準と有意な関連があることは既に知られていた事実です。こうした事実から世界的な保健戦略では、国際的な健康水準の底上げにはいわゆるプライマリヘルスケアと言われる基本的な保健医療サービスの提供と同時に健康に関する基本的な読み書き能力の向上が必要であることが認識されてきました。

その後、国際的な公衆衛生の動向がヘルスプロモーションと言われる健康への主体的努力とそれに対する社会の環境的支援を重視する方向性を目指すようになると、ヘルスプロモーションの成果の一つとして、人々の健康に関するリテラシーの向上が重要性をもつと考えられるようになりました。このことをいち早く提唱したオーストラリアの公衆衛生学者ナットビーム（Nutbeam, D.）は、ヘルスリテラシーを「個人が良好な健康を増進し、維持するための手段として、情報を獲得し、理解し、活用するための能力や動機づけを決定する認知的、社会的技法」(Health literacy represents the cognitive and social skills which determine the motivation and ability of individuals to gain access to, understand and use information in ways which promote and maintain good health.) と定義しています。また、彼はヘルスリテラシーを、①機能的(functional)ヘルスリテラシー：古典的な読み書き能力をもとに日常生活における健康情報を効果的に取得する能力、②相互作用的(interactive)ヘルスリテラシー：より進んだ、日常の社会的活動に積極的に参加して、種々のコミュニケーションによって情報を取得したり意味を理解したりして、環境の変化に対して新しい情報を適用する能力、③批判的(critical)ヘルスリテラシー：情報を批判的に分析し、この情報を日常の事象や状況をより広範にコントロールするために活用できる能力、に分けています。

更に、ザーカドゥーラス（Zarcadoolas, C.）は、ヘルスリテラシーの概念を社会や文化との関連にもとづいて、①基本的リテラシー（fundamental literacy）：古典的リテラシー、②科学的リテラシー（scientific literacy）：科学の基本的知識、科学技術水準の理解能力、科学の不確実性への理解など、③市民リテラシー（civic literacy）：健康に関する社会的な問題を認識し、市民社会における民主的な意思決定過程に参加する能力、④文化的リテラシー（cultural literacy）：自己が属する文化の固有性に立脚した上でそれまで獲得したリテラシーを調和的に適用できる能力、に分けて考えました。

ヘルスリテラシーと健康教育

保健の授業が学校における重要な健康教育の機会であることを考えると、保健の授業の一つの目標が子どもたちのヘルスリテラシーを高めていくことにあることは言うまでもありません。しかし、これまで見てきたようにヘルスリテラシーとは、単に健康に関する情報を多く身に付けて、それを使うということにとどまるものではありません。ナットビームやザーカドゥーラスが考えているように、高度なヘルスリテラシーとは、ある意味でこれまで学んだことが「本当にそうだろうか」と批判的に考えることを含むものです。

つまり、真のヘルスリテラシーとは、健康に関する知識や情報が生み出される過程やその生み出した人々が実は隠している意図や目的までをも批判的に理解し、そうした状況を転換して人々の生活そのものを自分たちがより良いものにしていくことへと結びつけていくことを目指すものなのです。そのためには、実は逆説的ですが、現代のリテラシーがある意味で批判的に捉え、人間や社会について根源的に考えることを私たちに求めてきた古典的教養が不可欠なのです。

（瀧澤利行）

文献
*1 Nutbeam, D. (1996) Health outcomes and health promotion: defining success in health promotion. Health Promotion Journal of Australia, 6, 58-60
*2 Zarcadoolas, C., Pleasant, A. F. & Greer, D. S.: Advancing Health Literacy: A Framework for Understanding and Action. San Francisco, CA: JOSSEY BASS, 2006.
*3 プラトン（藤沢令夫訳）『パイドロス』岩波文庫、1967年

第3節
学習内容を理解しよう

　小学校・中学校・高等学校で受けてきた保健の授業で印象に残っている内容を思い出して欲しい。例年、筆者の勤務する大学で尋ねると、「たばこ」という回答割合が高く、次に「覚えていない・やっていない」、更に「男女に分かれての性教育」（回答内容からすると正確には保健指導のようである）と続く傾向にある。周知のように日本人の成人喫煙率は年々低くなっている[①]が、保健の授業内容でたばこ（の害や喫煙防止）のことが印象に残っているという事実は、他の要因も多々あるにせよ、日本人の喫煙率の低下に一定の役割を果たしているのではないだろうか。

　保健の授業で児童生徒の印象に残る内容を増やせば、望ましい健康行動に一定の役割を果たす可能性が大である。読者のみなさんが行う保健授業の内容が児童生徒の印象に残り、児童生徒の望ましい健康行動、健康な社会づくりへの参画に結びついていくことを心から願いたい。

　本節では、保健の学習内容の理解を深めることを目標とする。ここでの学習内容の理解とは、指導する校種での内容に加えて、他校種とのつながりを理解しているレベルのことである。

[①]厚生労働省の国民健康・栄養調査によれば、2017（平成29）年調査で「現在習慣的に喫煙している者」の割合は、男性29.4％、女性7.2％であり、男女ともにこの10年間で減少傾向にある。

1. 学習指導要領解説に示された保健の内容

(1) 保健内容の全体像

　まず、学習指導要領解説[*1・2・3]（以下：解説）を用意して欲しい。全文が文部科学省のサイトでも公開されており、手元にない場合は入手可能である。更に、2017（平成29）年3月に告示された中学校学習指導要領保健体育、小学校学習指導要領体育では、保健の指導内容が「ア　知識」または「ア　知識及び技能」と「イ　思考力、判断力、表現力等」に分けて記述されている。「イ　思考力、判断力、表現力等」については、単元を通して身に付けることができるようにと示されている。図1は「ア　知識」または「ア　知識及び技能」に示された内容にもとづいて校種ごとの内容項目を一覧にしたものであり、47頁の図2をもう少し詳しくしたものである。中学校の「健康な生活と疾病の予防」の内容が全ての学年で取り扱われるように振り分けられたこと、技能が明確に位置づけられたことが前回からの大きな変更点といえる。図1は、小学校で5つ、中学校で4つ、高等学校で4つの単元があり、校種が進むと内容

が充実していく。保健の授業時数を見ても、小学校3年生及び4年生で8単位時間程度、小学校5年生及び6年生で16単位時間程度、中学校の3年間で48単位時間程度、高等学校の入学年次及びその次の年次で2単位と時数が漸増していることからも内容の充実がわかるだろう。図中に示されている矢印から、前と後の校種との内容のつながり（＝系統性）が見てとれるが、保健においてはこの系統性を踏まえた指導が非常に重要である。

(2)内容の系統性

保健では、生涯を通じて自らの健康を適切に管理し改善していく資質や能力を育成するため、小学校、中学校、高等学校を通じて系統性のある指導を行うことが必要となる。中学校と高等学校の解説の例示では共通のものが多くあり、名称だけを見ると校種が違っていても同じ授業が繰り返し行われてしまう可能性がある。指導する校種での内容だけではなく、前後の校種の内容との系統性

図1　保健の内容項目一覧

を確認し、同じ内容の授業が繰り返されないように努めなければならない。

　保健の内容は、小学校を出発点に高等学校の内容を帰着点として、図1のように整理することができる。内容のまとまりや時数が各校種で異なるため、やや複雑な図となっているが、発達の段階を踏まえて、内容の体系化が図られている。図1の小学校に着目して欲しい。小学校から6種の矢印が出て、それが後の校種につながっている。この矢印を小学校で登場する順に並べると、(1)健康増進と疾病の予防、(2)健康と環境、(3)発育・発達、(4)精神の健康、(5)傷害の防止、(6)保健・医療機関と保健活動、と整理することができる。これらの名称は、本節において内容の系統性を捉えるための便宜的なものであるので、解説で正式な名称や詳しい内容を確認しながら読み進めて欲しい。

　続いて、これら6つの内容のまとまりのポイントを説明する。

2.保健の学習内容

(1)健康増進と疾病の予防

　ここには非常に多くの内容が含まれるが、大きく2つを取り上げる。まず、生活習慣病と健康行動についてである。解説の該当部分を見ると、小学校では健康な生活と病気の予防から、中学校では健康の保持増進から、高等学校では生活習慣病の予防から構成されている。健康のためには適切な運動、食事、休養および睡眠が必要であることは共通しているが、中学校では、運動、食事、睡眠と休養を扱った上で生活習慣病の予防につながる内容を学習し、高等学校では、生活習慣病として悪性新生物、虚血性心疾患、脂質異常症、歯周病などを取り上げ、それらの疾病が日常の生活行動と関わりがあることを理解できるようにする。つまり、指導する順序や相互の関係の取り上げ方が異なる。なお、がんについて中学校でがんの予防が新設されたこと、高等学校で内容の充実が図られたことを付記する。

　次に感染症の予防について説明する。小学校、中学校、高等学校とも感染症の内容があり、予防の原則については共通であるが、扱われる疾病と指導内容や扱い方が異なる。特に、高等学校では、「感染症の発生や流行には、時代や地域によって違いが見られること。その予防には、個人的及び社会的な対策を行う必要があること」を指導することになる。すなわち、高等学校では、新興感染症を取り上げ、感染症の発生や流行、時代による違い、感染症に対する個人的な対策に加えて社会的な対策、例えば空港での検疫や集会の中止などを指導することになる。また、中学校と高等学校では性感染症を扱う。小学校において、感染症の例の一つとしてエイズを取り上げることがあるが、性感染症として扱うのは中学校からである。更に、中学校では個人の予防方法を理解できるようにするが、高等学校では社会的な対策とともにそれらを前提とした個人の取り組みが必要であることを理解することができるようにするのである。

(2) 健康と環境

　環境については、小学校で身の回りの明るさの調節や換気などについて学び、健康な生活の一部としての位置づけとなる。中学校では適応能力と環境として、身体の適応能力とその限界について、熱中症や遭難などを具体例として取り上げることなる。更に、飲料水、空気、廃棄物といった個人生活を中心とした内容では、生活に密着した水道水と生活排水、ごみの処理を、更に環境汚染についても扱う。このように、中学校では個人生活を中心とした内容について科学的に理解できるようにするのである。高等学校では、大気汚染、水質汚濁、土壌汚染など環境汚染とそれを防ぐ取り組みなどまで範囲を広げ、更に食品環境も加わる。個人生活だけではなく社会生活と関わる内容となっている。環境は、社会科や家庭科でも取り扱われるが、保健で学習する際には、健康との関わりを明確にすることがポイントである。環境保護や環境問題そのものを扱うのではなく、健康の保持増進や疾病の予防という視点から理解させることになる。なお、内容の取り扱いにおいては、公害が見られる地域にあっては、空気の衛生的管理と生活に伴う廃棄物の衛生的管理の内容と関連させて、その公害と健康との関係を具体的に扱うことにも配慮が必要である。

(3) 発育・発達

　小学校では、体の発育・発達と個人差、思春期の体の変化、体をより良く発育・発達させるための生活を理解できるようにする。中学校では、小学校の内容から進めて、多くの器官の発育と様々な機能が発達する時期があること、思春期には生殖に関わる機能が成熟することを扱う。高等学校では、思春期の心身の発達や健康課題について理解できるようにする。発育・発達については、小学校で身長と体重が変化すること、中学校では骨や筋肉、肺や心臓などの器官の発育と呼吸器、循環器系などの機能が発達することを扱うことになる。そして、これらには個人差があることを理解できるようにする。

　性機能に関しては、小学校では初経、精通、変声、発毛が起こること、中学校では、生殖器の発育とともに生殖機能が発達し、射精、月経が見られ、妊娠可能になることが示されている。更に、高等学校では、生涯の各段階の健康として、思春期から中高年期の健康、受精、妊娠、出産とそれに伴う健康課題も扱う。これらの指導に当たっては、発達段階を踏まえること、学校全体で共通理解を図ること、保護者の理解を得ることなどに配慮することが必要である。学校全体での共通理解を図るためには、年間指導計画の立案時に、関連する教科、特別活動、総合的な学習の時間の内容と調整することが肝要である。また、保護者の理解を得るためには、授業の様子を学年通信や学年懇談会で知らせたり、親子講演会を開催したりすることが考えられる。

　高等学校の「生涯を通じる健康」において、「労働と健康」の内容がある。労働災害や働く人の健康の保持増進に関する内容であるが、近い将来に社会に出て働く人になるということを生徒に意識づけて指導に当たりたい。

(4) 精神の健康

小学校の体育科と中学校・高等学校の保健体育科の目標には「心と体を一体として捉え」という表現が用いられており[3]、精神の健康は、今後も引き続き重視される内容である。厚生労働省の患者調査によると、精神障害（心の病気あるいはこれらによる障害をあらわす）での受療率[4]は、最も高い高血圧性疾患に次いでおり、しかも年々増加している。

このような背景もあり、保健においても、ストレスへの対処についての内容の充実がなされている。具体的には、小学校では不安や悩みへの対処、中学校ではストレス対処についての技能の内容の改善を図ることとされている[5]。なお、当該内容については、小学校で「不安や悩み」、中学校で精神の健康における「ストレスへの対処」、高等学校で「精神疾患の予防と回復」となっている。小学校ではストレスではなく不安や悩みとされており、相談すること、遊ぶこと、運動をしたり音楽を聞いたりすることなどが対処の方法として挙げられている。運動では、特に体ほぐしの運動が有効な対処の一つであることもポイントである。中学校では、コミュニケーションの方法を身に付けること、趣味をもつことなど自分自身でできること、友達や周囲の大人などに話したり、相談したりするなどいろいろな方法があり、自分に合った対処法を身に付けることが大切であることを理解できるようにする。高等学校では、精神疾患の予防と回復が新設され、精神疾患の特徴や対処を扱う。

(5) 傷害の防止

応急手当については、小学校ではすり傷や鼻出血などの簡単な手当てを学習し、中学校と高等学校では応急手当の意義と方法を理解することになる。今後、応急手当については、小学校ではケガの手当てに関する基礎的な技能、中学校では応急手当に関する基礎的な技能の内容の改善を図ることとされている[5]。

交通安全の内容では、小学校では歩行者を中心に、中学校では、自転車乗車中の事故、高等学校では二輪車及び自動車を中心に交通社会で必要な資質と責任などを取り上げる。この背景には、中学生の交通事故負傷者は大部分が自転車乗車中であることや通学に自転車が使われること、高等学校では、自動車や二輪車の免許取得可能な年齢に近づくことなどがある。小・中学生には、被害者とならないように危険予測・危険回避の能力を身に付けることが必要であることを理解できるようにする。これに対して、高校生は運転免許取得可能年齢となり、多くが運転者として交通社会の一員になることから、加害事故を起こさない努力が必要であるという視点や安全な交通社会づくりについて学ぶ機会となる。指導の際には、このような背景を授業の導入に用いて関心をもたせたり、授業のまとめで意識づけたりすることが重要である。

交通安全以外での安全に関する内容では、小学校で身の回りの生活の危険が原因となって起こるけがの防止、中学校では自然災害による傷害の防止、高等学校では交通安全を中心に自然災害についても必要に応じて関連付けて取り扱

---

[3] 1998（平成10）年に告示された小学校の体育と中学校の保健体育、1999（平成11）年に告示された高等学校の保健体育の学習指導要領の目標の冒頭に登場した。

[4] 受療率
受療率とは医療機関で治療を受けた外来及び入院患者の、人口10万人当たりの割合のことである。

[5] 「次期学習指導要領等に向けたこれまでの審議のまとめ（11）体育、保健体育」を参照のこと。
http://www.mext.go.jp/component/b_menu/shingi/toushin/__icsFiles/afieldfile/2016/09/09/1377021_1_5.pdf

うものとすることが示されている。これらの内容を中心に、小学校では身近な内容を実践的に理解する、中学校では個人生活に関する内容を科学的に理解する、高等学校では個人に関わることや安全な社会づくりなど社会生活に関わる内容を総合的に理解することがポイントとなる。

(6)保健・医療機関と保健活動

　小学校では、病気の予防の内容に地域の様々な保健活動の取り組みがあり、保健所や保健センターでの活動などを理解できるようにする。中学校では、保健・医療機関を有効に利用することが加わり、更に医薬品に関する内容が示されている。高等学校では、生涯を通じて健康を保持増進するために保健・医療機関を適切に活用することが重要であることを理解する。児童生徒の関心の低い内容であることから、例えば、学校生活において児童生徒の身近にある保健室で行っている病気の予防や健康のための活動を取り上げるなどの工夫が必要である。また、高等学校では、「生涯を通じる健康」という単元であること、社会生活に関する内容を扱うことを踏まえ、地域の医療機関や保健・医療サービスを適切に活用していくことが必要であることを理解できるようにする。高等学校における様々な保健活動や対策の具体例として、国民の健康の保持増進のために我が国の重要な健康課題に関する目標が設定されている「健康日本21」（第2次）の取り組み[6]や世界保健機関（WHO）による国際的な取り組み[7]について取り上げることが考えられる。国内外で行われている様々な保健活動や対策について理解し、「一人一人が生涯の各段階でそれらを理解し支えることができること」につなげることが求められる。

3.まとめ

　各校種での学習内容を系統的に理解することができれば本節の目標は概ね達成されたことになる。小学校では保健の入口として身近な生活に関する内容を実践的に理解できるようにすることが目指される。高等学校では出口として個人及び社会生活における内容を総合的に理解できるようにすることが目標である。そして、小学校と高等学校の間にある中学校では、個人生活に関する内容を科学的に理解できるようにすることを授業で実現していきたい。

　ここでは、保健の学習内容について、学習指導要領（解説）に準拠して、小・中・高の全体を俯瞰的に解説してきた。言うまでもないことではあるが、1単位時間ごとの授業レベルにおいても、「何を教えようとしているのか」を鮮明にしておかなければならない。すなわち、「本時の内容（目標・ねらい）」の明確化は、各授業の成否において決定的に重要であることを付言しておく。

(杉崎弘周)

[6]健康寿命の延伸及び健康格差の縮小の実現に向けて、生活習慣病の発症予防や重症化予防を図るとともに、社会生活を営むために必要な機能の維持及び向上を目指し、関係機関や団体、国民全体が生活習慣の改善及び社会環境の整備に取り組むものである。

[7]WHOの国際的な取り組みとして、世界各国の保健活動に対する技術協力、感染症対策（新型インフルエンザやエイズなど）、疾病の撲滅のための研究（天然痘撲滅やポリオ撲滅計画など）、適正な医療・医薬品の普及（必須医薬品リストなど）、国際的な基準の策定等が行われている。

[参考文献]
* 1 文部科学省『小学校学習指導要領解説　体育編』東洋館出版社、2017
* 2 文部科学省『中学校学習指導要領解説　保健体育編』東山書房、2017
* 3 文部科学省『高等学校学習指導要領解説　保健体育編・体育編』東山書房、2019
* 4 文部科学省『中学校保健教育参考資料「生きる力」を育む中学校保健教育の手引き』2014
* 5 文部科学省『高等学校保健教育参考資料「生きる力」を育む高等学校保健教育の手引き』2015

column V

学習内容を構造的に把握しよう

　本コラムでは、強調されてきた保健の系統性を確認するため、各校種の学習内容を整理する演習を行います。パソコンソフトで表1と同じ体裁の表を作成し、3種類の学習指導要領解説の用意ができたら、以下の手順で進めてみましょう。
①55頁の図1（＝第2章第3節）から学習内容と前後のつながりを確認して記入する。
②学習指導要領解説で学習する学年を確認して記入する。
③学習指導要領の内容（四角囲み部分）を確認して転記する。
④学習指導要領解説に示された学習内容（四角囲み部分以外で文末が「理解できるようにする」や「触れるようにする」などの部分）を確認して転記する。
⑤内容の取り扱いに該当があれば記入する。

　表1には、「精神の健康」の一部を記入した例を示しました。これを参考に、任意のあるいは全ての内容で作業を行い、第2章第3節を再確認するなどして活用して欲しい。なお、本演習において部分的に援用した「単元構造図」の詳細は参考文献を参照のこと。

表1　保健の学習内容の確認

校　種	小学校	中学校	高等学校
①学習内容	(1) 心の健康 　ア　心の発達 　イ　心と体の相互の影響 　ウ　不安や悩みへの対処	(1) 心身の機能の発達と心の健康 　ウ　精神機能の発達と自己形成 　エ　欲求やストレスへの対処と心の健康	(1) 現代社会と健康 (オ)精神疾患の予防と回復
②学習する学年	第5学年	第1学年	第1学年
③学習指導要領の内容	心の発達及び不安、悩みへの対処について理解できるようにする。 　ア　心は、いろいろな生活経験を通して、年齢に伴って発達すること。　…以下略…	学習指導要領の内容（四角囲み部分）	
④学習指導要領解説の内容	心は、人とのかかわり、あるいは自然とのふれあいなどいろいろな生活経験や学習を通して、年齢に伴って発達することを理解できるようにする。　…以下略…	学習指導要領解説の内容 （理解できるようにする、触れるようにするなどの部分）	
⑤内容の取り扱い	(5) 内容の「G保健」については(1)及び(2)を第5学年、(3)を第6学年で指導するものとする。	内容の取り扱い（該当するものがあれば記入する）	

参考文献
* 1　杉山正明「高等学校の保健学習の『単元計画の構造図』づくりに挑戦してみよう―作成意図とその具体―」、『保健体育教室』2010年3号、大修館書店、2010年、pp. 14-21
* 2　佐藤豊「単元構造図を活用して指導計画を作成する」、『中学保健体育科ニュース』大修館書店、2014、pp. 4-6

第2章 保健の授業をつくる

第4節 教材を準備しよう

　教育実習に行くと、指導教員から「教材研究が足りない！」との叱責がしばしば飛んでくる。準備不足のまま実習に臨んだ場合、この言葉の真に意味するところが理解できないまま、実習を終える可能性すらある。すなわち、「もっと狙いを吟味しろ」と言っているのか、または「もっと授業のやり方を考えろ」と言っているのか、あるいは……。ここでは、「教材」とはいかなる機能をもち、どのような形式があり、実際に「教材」をどう作るのか、について解説する。指導教員から「教材研究が足りない！」と言われないように、しっかりと実力を培って欲しい。

1.教材とは何か

　言うまでもないことであるが、「教材」という概念[1]は、授業内において単独で存在しているわけではない。むしろ、本章の第2・3節で述べた「学習目標」や「学習内容」との関係性や文脈のなかでこそ語られるべき概念である。

　柴田らによれば、「教科内容というのは、各教科において教授—学習の目標とされ、生徒が身につけるべき知識（概念・原理・法則など）や技能をさす」と規定されている[*1]。

　またそれに続けて、教材については、「そのような教科内容の習得のために授業において使用され、教授—学習活動の直接の対象となるものが教材である」と説明されている。的確な定義づけではあるが、今ひとつわかりにくい。そこで、こうした関係を料理になぞらえて説明してみる。

```
◎外国からお客さんが来る          ＝学習者
  ・そこで……
◎料理人となってもてなす          ＝教師
  ・その時に……
◎和食の良さをわかって欲しい、と願う ＝内容（中身）
  ・そのために……
◎てんぷらを揚げ、すしを握る      ＝教材
  ・その材料として……
◎例えば、海老や穴子を選ぶ        ＝素材
  ・そのプロセスとして……
◎衣をつけ、あるいは蒸す          ＝教材化
```

[1]教材の定義については最近では、益子典文『未来を拓く教師のわざ』一莖書房、2016年、pp. 25-27が参考となる。

すなわち、学習者に身に付けて欲しい何らかの知識（概念・原理・法則など）や技能があるとすると、それが「内容」であり、限りなく教師の「ねらい」や「願い」に近い。実際の教育現場においては、いわゆる「中身」と表現することが非常に多い。

　その「ねらい」「願い」あるいは「中身」、つまり「内容」を学習者に習得させるために提供する具体的な道具・手立て・仕掛けが「教材」である。また「素材」とは、「教材」＝"料理の品々"を作る時の材料となるものである。更に、「素材」から「教材」に加工していく過程・プロセスを「教材化」と呼ぶ。料理に置き換えれば、「下ごしらえ」や「調理」の部分に当たる。この関係性を図に示せば、図1のようになる。

　ここで反論が聞こえてきそうである。すなわち、「内容」は学習指導要領や同解説に書かれているし、「教材」は教科書があるのだから、教師の授業準備や工夫などほとんど不要ではないかと。しかし、厳しいようだが実際の教育現場においては、それではほぼ通用しない。

　そもそも、指導要領等に記載されている「内容」の理解・吟味が教師自身において曖昧であることが多いし、また後述するように、教科書の本文は「教材」といい切るほどには具体的ではない。教科書をただ読ませ、重要語句にアンダーラインを引かせ、簡単に解説をし、試験に出すから暗記せよと脅す。日本の中学・高校の保健の授業で日常的に目にする光景である。だがこうした授業では、本当にはわかった状態にはつながらず、暗記した事柄はほどなくしてほぼ全て忘れるのである。

　結局、「内容」とは、授業を通して学習者に理解・獲得されるべき知識（概念・原理・法則など）や技能の総体であり、その理解・獲得を可能ならしめるためには、教科書だけでは不十分で、「素材」に手を加えて加工を施し、具体的な"料理の品々"とも言うべき「教材」を用意することが必要不可欠なのである。

　冒頭の「教材研究が足りない！」という指導教員の真意は、「教科書以外になんらかのネタ・手立て・仕掛け等を、もっとしっかり準備して授業に臨め！」ということだったのである。

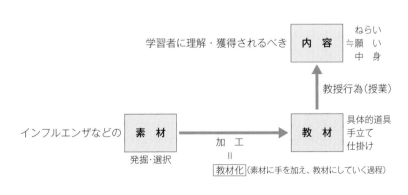

図1　授業における内容・教材・素材の関係性

2. 教材の3つの形式

　藤岡は、教材（化）には4つの形式があると述べている[*2]が、その説を援用しつつ、ここでは筆者なりに整理した「問題教材」「文章教材」「具体物教材」の3つの形式に関して、それぞれの教材形式の概要と、その教材の作り方について解説をする。

(1)問題教材

①問題教材の概要
〈学習者が思わず自分で考えてみたくなるような形式をもったもの〉

　「問題」という形・形式をもつものであり、教授行為のレベルでいうならば、「発問」と言っている教材のことである。通常は言葉によって発問されるが、それは図表を用いても、あるいは実験を使っての発問でもよい。学習者の既成概念や固定観念などに、いわゆる「揺さぶり」をかけ、彼らの思考を強く刺激しうる、極めて重要な教材形式である。

　詳しくは原典[*3]に当たって欲しいが、中学生を対象にした応急手当についての問題教材の具体例[②]を以下に挙げておく。

　　　　　　　＊　　　　　　　＊

[問題1] ちょっとしたかすり傷の時、つばをつける程度で血が止まり、いつの間にか治ってしまうことがよくあります。このとき、出血はどのようにして止まるのでしょうか。

　〈予想〉
　　ア．傷口付近の血管が収縮する。
　　イ．傷口付近の血液が凝集する。
　　ウ．血液が血管の傷口をカバーする。

[お話1] 上の3つの全てが正解です。この3つの働きが、……（以下略）。

　　　　　　　＊　　　　　　　＊

　この後、2つの問題教材をはさみ、結局、成人男子では2000ml（ペットボトル大1本）の出血で、極めて危険な状態になり、それゆえ、迅速な止血がいかに重要であるのかを理解させる展開となる（実際の授業では、2000mlのペットボトルに、絵の具を溶かした真っ赤な水を用意し、それを血液に見立てて提示している。学習者からは、当然、相当な反応がある）。

②問題教材の作り方
〈まずは、「問題」を作る〉
ア．"これは！"と思うような「素材」を探す。
イ．その「素材」について、自分で疑問に思ったことを記憶・記録しておく。
ウ．他者と話すなどしながら、面白そうな"疑問"を「問題」にしていく。

　　　　　　　⇩

②引用文献3以外にも、大修館書店発行の『小学校「授業書」方式による保健の授業』（2002年）や、『最新「授業書」方式による保健の授業』（2004年）は、問題教材作りにおいて、大いに参考となる。

形式（聞き方や選択肢など）を整えて、「問題教材」に仕上げる。

〈次に、作成した「問題教材」を、以下の観点[3]からチェックする〉

ア．具体性　できるだけ学習者の知識や経験等と関わっているようなもの。彼らの頭脳内に蓄積されているものとリンクしないことを聞いても考えようがない。例えば中学生に「恒常性とは何か」と聞くべきではない。蓄積された知識や経験に基づいて、彼らが具体的に考えることができるということが重要である。

イ．意外性　できるだけ学習者の思考能力を強く刺激するようなもの。全員が正解してしまうような問題教材の連発は避けるべきである。できれば、発問自体も正解もともに意外であることが望ましい。例えば小学生に「野生のライオンは肉食だが、偏食とは言われないのはどうして？」という問題教材は面白い。ライオンは草食動物の内臓（胃袋）を食べているから、というのが正解である。

ウ．検証可能性　できるだけ学習者に事実に基づいた正解が示せるようなもの。通常、発問し学習者に考えさせ、その後正解を述べていくわけであるが、その正解の示し方は、検証可能であることが望ましい。例えば、「健康とは何か」と発問し、その正解が「空のごとく無である」などと言われても、全く納得できないだろう。手品で言えば、種明かしは鮮やかでスッキリしていなければならない。具体的なデータ、あるいは実験などで、説得力のある正解を示すべきである。

[3] 藤岡信勝『教材づくりの発想』（日本書籍、1991年、pp. 44-49）において、藤岡は「良い問題の4つの基準」に言及しているが、本稿ではそれを参考にした。

(2) 文章教材

① 文章教材の概要

〈学習者が読んで印象深く感じ、考えさせられるような形式をもったもの〉

「文章」という形・形式をもつものであり、文章は具体的な記述があるならば、論説文でもよいし小説でも詩でも、あるいは新聞記事でもよい。「教科書」の本文は典型的な文章「教材」と考えられがちであるが、実は相当程度に「内容」である。学習者に理解・獲得されるべき知識（概念・原理・法則など）を直接的（ベタ）・簡潔に記述している場合が多いからである。

ただし念のために付言するが、それは教科書の一つの限界性を示すものではあるかも知れないが、決してその信頼性を揺るがすものではない。要は、その使い方の問題である。

実際に筆者は、中学生・高校生を対象にした「交通事故」の項目において、文章教材を多用する。確かに教科書には、事故の要因の考え方や死亡者数、事故件数などの客観的記述はあるが、それだけでは彼らの実感になかなか迫れない。そこで、交通事故で身内を亡くした遺族の手記や、理不尽な交通事故事例の新聞記事、あるいは交通事故に関する法律改正の記事などを読ませる。そうすることによって、少しでも実感を伴った理解を彼らに促そうとしている。

②文章教材の作り方
〈まずは、「文章」を探す〉
ア．とにかく普段から様々な文章を読んでおく。
イ．"これは！"と思う文章を、切り抜いたりコピーしたりして保存しておく。
ウ．それを一定の形式（例えばB5やA4判用紙など）にし、原版を作る。

〈次に、作成した「文章教材」を、以下の観点からチェックする〉
ア．見やすさ　文字の大小や印字の鮮明さ、あるいはレイアウトの適切性などの観点である。これが損なわれていれば、学習者は"見る"気力すら起こしてくれない。読んでくれなければ文章教材として失格である。また、1枚の用紙に多くの内容を同時に盛り込んだものも散見されるが、お薦めしない。彼らの思考を散逸させないためにも、贅沢と言われようとも、1枚にはできれば一事のみとすべきである。
イ．読みやすさ　文章の質と量の観点である。極めて難解な文章では、学習者は辛い。また、単位時間（通常は50分）内に読ませるわけであるから、あまりにも多過ぎるのは不可である。基本的には、対象者に見合った質と量の文章教材を用意すべきだということである。
ウ．興味関心　学習者の興味関心に関わる観点である。学習者は、年齢・性別・学力などに応じて、様々な興味関心を抱くものである。文章教材として用いるからには、やはりそうした彼らの興味関心を大切にし、それに引っ張られて読み込めるような文章教材にしたい。
エ．情動・思考　学習者の感性と思考を刺激するか否かに関わる観点である。文章教材の概要に、「学習者が読んで印象深く感じ、考えさせられるような形式をもったもの」と書いた。まさにこの要件を欠いていては、ほとんど文章教材とは言えない。「なるほど」と、彼らが深く感じ考えることができる内容をもったものが望ましい。

　なお文章教材における、小さいかもしれないが重要な留意点を述べる。それは、いわゆるプリント配布に関することである。授業の最初に、用意したプリントを全て配ってしまうという教師が多いらしい。時間の節約という意味があるようだが、これはまずい。学習者は、"その"プリントを見て頭脳内の思考を働かせているのである。彼らの思考の自然な流れに沿って、そのつど"適時"、プリントは配布されるべきである[4]。

[4] 詳しくは、第2章 第7節「教授行為のテクニックを磨こう」を参照。

(3)具体物教材

①具体物教材の概要
〈学習者が見たり、聞いたり、触れたり、嗅いだり、味わったりできるような形式をもったもの〉
　「具体物」という形・形式をもつものであり、何らかの実物、模型、掛図、視聴覚教材の類などを言う。五感を刺激しつつ実感を伴ったリアルな理解・納

得に至らしめやすい。しかし、3つのいずれの教材形式にも言えることであるが、とりわけこの具体物教材は、教材作りに夢中になりやすく、ややもすると「内容」との関係性の吟味が疎かになりがちである。すなわち、見せられた「もの」だけが印象に残り、何のためにそれが用いられたのかがわからなくなることが多い。授業のねらいに合致した、具体物教材の提示前後におけるしっかりとした学習指導が重要となる。

　実際に筆者は、様々な授業で具体物教材を多用する。例えば「O157」に関する授業では、肉の表面を焼いているのになぜ「O157」が多発するのかを、木でできた1cm角の立方体をたくさん積み重ねたものを提示し、その1つの立方体を赤く塗っておき（「O157」のつもり）、それが中の方まで入ってしまうことをまず示す。こうして、サイコロステーキなどのように細切れの肉をプレスしてステーキに見せかけているものでは、容易に内部まで「O157」病原性大腸菌が入り込んでしまい、深部までしっかりと焼かないと非常に危険であることを、実感させている。

　また、先の「問題教材」のところで述べたが、応急手当の指導場面での血液に見立てたペットボトルも、立派な具体物教材なのである。

＊

　なお読者の混乱を避けるために、「具体物教材」と「教具」との違いに言及しておく。「具体物教材」とは、その授業における「内容」と不可分の「もの」であって、「それ」がなければ「その授業のねらい」が達成できない、あるいは「それ」があれば「その授業のねらい」がよりいっそう達成しやすいような「もの」である。

　一方「教具」とは、「その授業のねらい」に大きくは関わらずに、どのような授業においても必要、またはあると便利、といった「もの」である。例えば、黒板、チョーク、黒板消し、あるいはホイッスル、ラインカー、得点板などは「教具」ということになる。

②具体物教材の作り方
〈まずは、授業で使えそうな「具体物」をイメージする〉
ア．とにかく普段からアンテナを高くし、頭脳内にアイデアを蓄積しておく。
イ．"これは！"と思うものが閃いたら、それをどう調達するかを模索する。
ウ．実際に、入手・作成に行動を移す。

〈「具体物教材」の入手・作成には、主に以下の3つの方法がある〉
ア．既製教材の利用　市販されているビデオ、模型、掛図等を探し購入する。
イ．教材として利用できる物品の探索　様々な店を実際にめぐったり、ネットで検索して購入する。
ウ．自分で作成　イメージする具体物がない場合には、自分自身で作成する。

　以上、3つの教材形式を紹介した。どの形式が優れているか、ということで

はない。あくまでも授業内容に応じて、かつ学習対象者をよく見極めた上で、この3つの教材を縦横無尽に駆使して欲しい。そのような授業は間違いなく、"深い学び"が保障され、学習者から大歓迎されるはずである。

(今村　修)

[引用文献]
＊1　柴田義松・滝沢武久編著『発達と学習の心理』学文社、2002、p.143
＊2　藤岡信勝『教材づくりの発想』日本書籍、1991、p.43
＊3　今村修『新版「授業書」方式による保健の授業』大修館書店、1999、pp.95-96

[参考文献]
＊今村修『学校保健ハンドブック　第6次改訂』ぎょうせい、2014
＊今村修「保健認識を深める学習における教師力を考える」、『体育科教育』2007年8月号
＊今村修「プロフェッショナル保健教師像の輪郭」、『体育科教育』2012年4月号

第2章 保健の授業をつくる

第5節 授業スタイルを考えよう

①授業スタイルのいろいろ

1.はじめに

　現場の先生方から「学ぶ意欲をどうしたら高められるのか？」といった悩みをよく聞くことがある。子どもたちが「もっと学びたい」と思えるような、保健授業の魅力（効果）を高めるためには、どのような工夫が必要なのだろうか。

　授業の魅力（効果）を高めるには、授業の「ねらい」の明確化と学習内容（教材）の深い理解と工夫が必要である。とともに、多様な学び方（学習方法）を活用することで、授業の魅力（効果）は更に高まるだろう。

2.多様な学びのスタイル
　　──子どもが主人公の授業をつくる

　学びの主人公は子どもである。そして、子どもの学びは学習集団の中においてより深化し、形成されるものである。授業での学びは、学習プロセス（過程）を通じて教師、子ども同士の学び合いの相互作用により触発され、自分自身を再発見する機会となる。したがって、より深い学びを促すためには、学習集団を効果的に設定することが必要である。

　一斉学習では思考の順序に沿った良い学びの筋道を、小集団（グループ）学習では思考の多様性や豊かさを、そして個別学習においては思考の個別的な深化・再構成をねらいとしている。子どものより良い保健科学的思考力や実践力を育むためには、こうした学習集団のそれぞれの特性を生かし、授業計画、授業展開において有機的に組み合わせることが必要である。

(1)学習集団別にみた指導上のポイント

①一斉学習──「発問」が鍵を握る

　保健の学習内容（教材）は体系的な系統性・順次性をもっているので、一斉学習①では学習集団における子どもたちの思考は、教材がもつ順次性に沿って筋道だった展開をすることになる。そのため教師主導による方向づけられた授業展開となることが多い。

　そこで、子どもを主人公にした一斉学習では、教師と子どもたちの間に、対話（問答）による双方向交流が必要となる。この対話（問答）による一斉学習では、授業の「ねらい」へ到達するために、思考の順次性に沿った「発問」（問

---

①一斉学習
　一斉学習とは、従来から日本の学校教育において多く見られる一人の教師が学級集団全員に対して同一の学習内容、進度で授業が展開される学習形態。

　基礎的な知識・技能を伝える際には、教師から学習集団に学習内容の説明・指示などによって働きかけ、効率的である。一方、子どもが受け身となりがちで、個々の児童生徒の興味、関心、個人差には対応しにくく、教師からの一方的な注入型授業になりやすいという点もある。

題教材)の工夫が必要である。教師の「発問」の善し悪しが授業の成否を決めると言ってもよい。

「発問」を通じて学ぶ対象との対話、子ども同士の話し合いを通じての対話を促すことにより、学習集団がもつ相互作用が活発となり、授業への意欲を高めることになる。このように、一斉学習の成否は、教師の授業力(授業を構成する力)に深く関わってくるのである。

②協同学習(グループ学習)——「ルールの共有」「役割分担」で学びを深める

「三人寄れば文殊の知恵」と言われるように、一人では気づかないことも力を合わせれば、新たなアイディアが浮かぶこともある。

小集団による協同学習(グループ学習)[2]では、自由に多様な考え方を出し合い、練り合わせ、思考の豊かさを形成することができる。保健授業では、同世代の発育発達段階にある子どもたちの健康課題に対して、協同学習(グループ学習)を通じて情報や課題を共有したり、不安の解消や課題解決の手立てを見つけたりする上で効果的である。

また、子どもたちが互いに健康について学び合い、深め合うグループ活動を通じて、健康の価値を創造し合う共同体として将来、個人や社会の健康へ貢献する意識を育てることが期待できる。協同学習(グループ学習)を効果的に実践するには、生徒の実態に応じて「学習人数」「話し合いのルール」「役割分担」など、授業をデザインすることが必要である。

③個別学習——「ワークシート」を工夫する

学びは本来、個人的な思考作業である。授業を通じて学習内容(教材)と向き合い、既知の知識を再構成し、学び合いを通じて対人関係を再構築し、自分自身への問いを内面に向けていく。そこに学びの本質がある。それゆえ一斉学習での思考の順序に沿った良い学びの筋道を、個別化したより深い自己への学びへとつなげていく。そのための学習形態が個別学習[3]である。

実際の授業において、これをどのように保障したらよいであろうか。その一つの手立てとして「ワークシート(学習プリント)」の作成がある。教師から投げかけられる「発問」や学び合いのなかで触発され、自分の思考を膨らませる。その思考の過程や結果を「見える化」するためには「ワークシート」が効果的である。教師は「ワークシート」の記述内容から、子どもの思考過程を見取り、子どもへのフィードバックを可能にし、新たな学びへの入口を示すことができる。

タブレット型端末などの個人用のデジタル機器(ICT)の活用などにより、効果的な個別学習の可能性が広がりつつある。今後、授業においては「個」と「集団」での学びの組み合わせを効果的に活用することが重要となる。

(2)魅力(効果)を高める学習方法のいろいろ

保健学習の指導に当たっては、知識の習得を重視した上で、「知識を活用す

---

②協同学習(グループ学習)

協同学習とは、学習集団をいくつかの小集団(グループ)に分け、小集団を活用した教育方法で、子どもがともに学習課題に取り組む過程において、自分の学びと互いの学びを最大限に高めようとする学習形態。少人数での学習のため、子ども一人ひとりが学習活動に参加しやすくなり、互いの考えを深められ、主体的に活動に参加しようとする意欲が生まれる。

実施に当たっては子ども同士の人間関係の問題や、一部の子どもへの過重負担、傍観者が生じる可能性があり、子どもの実態に応じた充分な指導計画を立案することが必要となる。

③個別学習

個別学習とは、子ども一人ひとりの能力や興味・関心に応じて、主体的に学習活動に取り組むよう支援する学習形態。児童生徒の主体的な学習意欲を引き出すための学習課題の設定、学習計画の立案が鍵となる。

④知識を活用する学習活動
　知識を活用する学習活動とは、「習得・活用・探究」という学びの過程において、保健授業で習得した概念（知識）を日常生活において活用したり、身に付けた思考力を発揮させたりしながら、知識を相互に関連付けてより深く理解し、健康課題の解決に向かう実践力（資質・能力）を高める学習活動。

る学習活動」④を積極的に行うことにより、思考力・判断力等を育成することが求められている。それには、多様な学習方法を取り入れ、地域や学校の実情に応じて養護教諭や栄養教諭、学校栄養職員などの専門性を有する教職員の参加・協力を求めることが必要である。

　多様な学習方法を取り入れ実践するに当たっては、それぞれの学習方法の特性を理解した上で活用することが重要である。大切なことは、その学習方法を通じて子どもに「何を学ばせたいのか？」を明確にすることである。授業スタイルの特性等については次の②に詳述されているので、以下に、実施上のいくつかの留意点の概略を示す。

【一般的留意点】
・どのような力を身につけさせたいのかを明確にする。
・授業展開のどの場面で活用すると効果的かを考慮する。
・子どもに目的やねらい、実施の仕方を具体的に説明する。
・授業前・中・後の発問・学習プリント等を工夫し、学習効果を高める。

(a)授業書方式（仮説実験授業）
　仮説実験授業とは1963年に板倉聖宣により開発され、「科学上の最も基本的な概念や法則」を教えることを意図した科学教育のための授業理論である。仮説実験授業では、「問題―予想―討論―実験（検証）」の授業展開を中心に構成され、「授業書」と称する一種の指導案、教科書、ノート兼用の印刷物を中心にして展開される⑤。

⑤授業書方式の授業展開においては、従来からの保健授業の授業観（「わかる授業（知識注入・解説型）」）から新たな授業観（「楽しく・わかる授業（発見・触発型）」）への転換をもたらし、授業改善への方向性を示し、授業づくり、教材づくりへ多くの示唆を与えた。
　特に、教材・発問づくりにおいては「意外性」「揺さぶり」といった子どもの思考を働かすキーワードが示され、生徒の主体的な授業参加を追求した（第1章第2節参照）。

(b)問題解決型学習
　自分の設定した課題、または与えられた課題を調べ、解決していく過程で、情報収集・処理力、分析力など、様々な能力を育成する学習活動である。

【配慮点】
・課題追求への学習過程の具体的に提示する。

【具体的な活用例】
・健康に関わる様々な要因からのテーマ設定。
・身近な健康課題からのテーマ設定など。

3. 新たな保健授業スタイルの創出に向けて
　　――ティーチングからラーニングへ

(1) 能動的な「深い学び」をデザインする――アクティブ・ラーニング

　2016（平成28）年12月の中教審答申では、アクティブ・ラーニングを「主体的・対話的で深い学び」とし、「何を学ぶか」という知識の質や量の改善は勿論「どのように学ぶか」という学びの質や深まりを重視しており、アクティブ・ラーニングは知識・技能を定着させる上でも、学習意欲を高める上でも効果的だとしている。

従来の保健授業においては、「コンテンツ（教科内容）」の理解（わかる）を重視した知識解説―伝達型の授業展開を中心に実施されてきた。これからの保健授業においては、「コンピテンシー（資質・能力）」の育成（できる）を重視した課題発見―解決型の創意工夫を生かした授業づくり・授業改善が求められている。子どもにとって「楽しく・わかって・できる授業」はとても魅力的であるとともに、教員にとっても究極的な目標である。

　魅力（効果）ある授業デザインにおいて、「主体的・対話的で深い学び」の過程を通じて、子どもたちが、習得した知識（概念）や思考力等を手掛かりとして活用・発揮させながら学習活動に取り組み、そのなかで資質・能力の活用と育成が繰り返される「学び」のサイクルを回していくことが重要である。

⑵情報通信技術（ICT）の活用――求められる「ICT活用指導力」

　授業手段（ツール）としての情報通信技術（ICT）である電子黒板やタブレット型端末などの機能を活用し、双方向でのコミュニケーションや、生徒同士での学習内容の共有などがより容易になりつつあり、子どもの主体的な学習活動への参加や学習意欲、思考力、判断力などの向上につながることが期待されている。

＊

　保健授業では子どもの思考力・判断力、実践力の育成を目指し、授業改善に取り組んできた。授業における「不易と流行」を捉え、「ティーチングからラーニング」への新たな学びの創造（授業づくり）への挑戦が求められている。

（長岡　知）

［参考文献］
＊文部科学省『高等学校学習指導要領解説　保健体育・体育編』東山書房、2009
＊小倉学編著『現代保健科教育法』大修館書店、1974
＊保健教材研究会『続「授業書」方式による保健の授業』大修館書店、1991
＊高橋浩之『健康教育への招待』大修館書店、1996

第2章 保健の授業をつくる

第5節 授業スタイルを考えよう

②授業スタイルをどう選ぶか

　保健授業の魅力を高める上で、様々な授業スタイルを活用する必要があることを学んできたが、そもそも実際の保健授業は、いったいどのような授業スタイルで行われているのだろうか。

1.保健の授業スタイルは画一化している

　保健授業の担当者に対して行った筆者らの実態調査[*2]によれば、小・中・高の校種により多少の差は見られるものの、高校の保健授業の担当者は、「小・中学校で学習してきた内容を踏まえた授業」「正しい情報を判断することができるような授業」を重視していた（図1）。その一方で、「ブレインストーミング」や「ロールプレイング」「実習・実験」「仮説検証・解決型の授業」の実施率は、

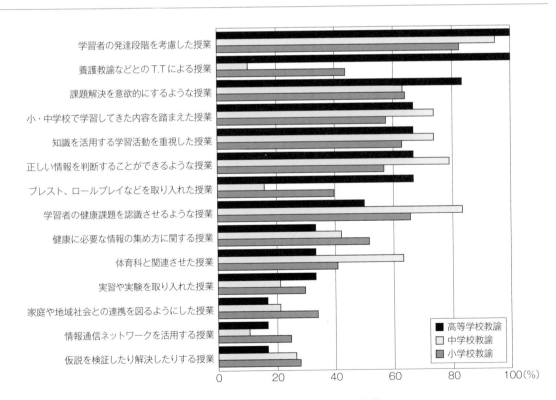

図1　保健科教育担当者の授業スタイルの実態

残念ながら低調であるという実態が把握された。また、校種が上がるにつれて授業スタイルは単調になる傾向があることもわかった。

学習指導要領解説保健体育編の内容の取り扱いには、ディスカッション、ブレインストーミング、ロールプレイング、実習や実験、課題学習などの多様な学び方（授業スタイル）を積極的に活用する旨が示されているが、これらの授業スタイルの実施率は低く、むしろ画一化しているのが現状である。背景には、教師が授業スタイルの種類を知らなかったり、学習者の実態や授業目標・内容に合わせたスタイルを活用していなかったりすることが考えられるが、いずれにしても画一化された授業スタイルから脱却し、授業スタイルのレパートリーを増やすことが保健科教育の喫緊の課題であると言える。

なお、新学習指導要領では、全ての教科でアクティブ・ラーニングを積極的に取り入れて授業を行う方向性が打ち出されている。このアクティブ・ラーニングは、授業者が主体的に学べる授業スタイルという意味で大変重要であるが、これを唯一絶対の授業スタイルであると思い込んではならない。その日の授業の目標、取り扱う単元内容、学習者の健康課題などの条件によって、一斉指導が必要な場合もあるし、グループワークの方が適している場合もある。繰り返すが、教師はその時々に応じて、最適な授業スタイルを選択すべきなのである。

以下では、主な授業スタイルの特性や活用する上での留意点を述べていくことにする。

2.授業スタイルの特性

前項「授業スタイルのいろいろ」では、様々な授業スタイルが挙げられているが、いずれのスタイルも一長一短があるため、学習目標や内容、活動に要する時間、学習集団などに応じて長所を十分に活かせるように選択をしなくてはならない。

このことを考える上で、表1に示す日本学校保健会作成の分類[*3]と西岡の論考[*4]は大いに参考になる。

(1)ディスカッション(討論)

ディスカッションとは、集団学習や集団思考のための構成員による話し合いを指す。具体的には、メンバーが課題に対する自分の知識や考えを伝え合い、相互にそれらを賛成、補足、批判、修正などし合いながら思考を深めたり、共通理解をしたり、課題を解決したりする。ディスカッションの種類は多く、バズセッション、パネルディスカッション①、シンポジウム②、ブレインストーミングなどがある。これらのうち、保健の授業で使用しやすいバズセッションとブレインストーミングについて説明する。

①バズセッション

バズ（buzz）とはハチのブンブンという音を意味しており、いくつもの小グループでの話し合いがハチの巣をつついたような様子であることからこの呼

①パネルディスカッション
ある問題について対立意見をもつ数人の代表者が聴衆の面前で討論を行い、のちに聴衆の質問や意見を求める討論会の形式（『明鏡国語辞典』）。

②シンポジウム
特定のテーマに関して複数の講演者が意見を述べ、それに基づく質疑応答や討論を参会者とともに行う形式の公開討論会（『明鏡国語辞典』）。

表1 授業スタイルの特性

指導方法	機能等	活用の例	期待される効果等	通常の活動規模
ブレインストーミング	あるテーマについて、様々なアイデアや意見を出すための活動	・課題学習での課題発見 ・喫煙、飲酒、薬物乱用の害 ・喫煙、飲酒、薬物乱用のきっかけ ・リラクセーションの方法	思考力の形成 活発な意見交換	小集団
事例による学習（ケーススタディ）	日常起こりやすい状況を取り上げ、状況に関わる心理状態や対処法等を検討するための活動	・喫煙、飲酒、薬物乱用に誘われた場合の対処 ・性的接触を求められた場合の対処 ・交通事故の例	現実的な問題に関する思考力、対処能力の形成	個人 小集団 全体
ロールプレイング	ある役割に必要な能力や技術を習得したり、それについて理解するための活動	・喫煙、飲酒、薬物乱用に誘われた場合の対処 ・救急車の呼び方 ・悩みについての相談の仕方	現実的な問題への対処能力（特に技術）の形成	小集団 全体
ディベート	あるテーマについて、肯定側と否定側の2つのチームが、ルールに従って議論を行い、その結果を審判が判定する活動	・違法廃棄に対する厳罰適用の可否 ・たばこやアルコールの自動販売機の撤去の可否 ・自転車乗車時のヘルメットの全面的な着用の可否	思考力、判断力、表現力などの形成 活発な意見交換	全体
実験	ある仮説を実証的に検証するための活動	・精神と身体の相互影響 ・エタノールパッチテスト	思考力や判断力の形成、対象への直接的関与	個人 小集団
実習	技術を習得するための活動	・簡単な応急手当 ・心肺蘇生法 ・体ほぐし運動	特定課題に対する能力や技術の習得	個人 小集団
実地調査 アンケート インタビュー	現地に赴いたり、対象者に質問したりすることにより、実態等を把握したり問題を探ったりするための活動	・生徒の生活実態 ・生徒のストレスの状態 ・地域の保健医療機関	思考力、表現力の形成、対象への直接的関与	個人 小集団
コンピュータ	情報収集、双方向の意見交換、情報や資料の整理、発表のための図表等の作成などの活動	・国内・国外における環境対策 ・国内・国外におけるたばこやアルコールに関する対策 ・身近な保健医療機関	多様な情報の入手 興味・関心、情報処理能力、表現力、思考力、判断力などの形成	個人
多様な教職員や外部講師の参加	専門家による専門的な情報等の提供、複数教師による綿密な支援などの活動	・種々のグループワーク ・課題学習	思考力、判断力などの形成	全体

日本学校保健会（2001）を西岡（2005）[4]が一部修正

び名がついている。

【留意点】

　小グループでの討論であるため全員に発言の機会があり、参加意識が高められる。また素直な意見が出てくる。その一方で、軌道に乗るまでに時間がかかり、専門的な内容の討論には向いていないことがある。また、各グループから出された意見をまとめるのにはある程度の技量が必要となる。

【応用例】

　グループごとに課題について話し合った後、メンバー一人ひとりが他のグループのメンバーと新たなグループをつくる。新しいグループでは、最初のグ

ループで話し合った内容を発表し（1人2分以内）、他のメンバーは発表を聞いた後で質問や反対意見などを述べる。その後、初めのグループに戻り新しいグループで話し合った内容を伝える。このように、他のグループとの交流機会を設けると、グループでの結論内容が深まる。

②ブレインストーミング

　ブレインとは脳（Brain）、ストーミングとは嵐（Storming）、つまり頭の中を嵐のようにする状態を指す。新しい発想やアイディアを導き出して問題解決につなげるために、小集団において全員が限られた時間に、ある課題について多くの考えや意見を出す。

【留意点】

　1回に要する時間は3分から10分程度がよい。あまりに長く時間をとっても逆にあれこれ考え過ぎてしまうため、意見が滞りがちになることがある。

【他の授業スタイルとの組み合わせ方】

　ブレインストーミングは様々な学習スタイルと組み合わせやすい。例えば、友人から危険ドラッグの使用を勧められた場合の対処法について、ブレインストーミングでアイディアを出す。ここで学習者は様々な対処法があることに気づき、そのなかから自分に適した選択肢を選ぶ。選んだ選択肢についてロールプレイングを行う。これ以外にも、ブレインストーミングで出されたアイディアのなかから一つを選択し、各自で調べ学習を行う。調べてきた内容をグループ内でシェアする、などが考えられる。

(2)実習(ロールプレイングを含む)

　実習とは特定の技術や技能を習得するための活動であり、ロールプレイングは実習の一部として捉えられることがある。ロールとは役割、プレイングとは演じるという意味であり、役割演劇とも称される。状況を設定し、役割を決めて演じ、それらを通して対人関係能力を高めたり、問題点や解決法を考えさせたりする。演じた時の気持ちなどを話し合うことで演じた人物についての理解を深めることもできる。

【実習の留意点】

　学習内容がストレスに対処するためのリラクセーション法やケガの手当ての仕方、喫煙・飲酒・薬物などの断り方など、内容によって進め方が異なる。練習させるだけでなく、どうしてできないのかを考えたり、振り返ったりする必要がある。

【ロールプレイングの留意点】

　授業時間があれば学習者が小集団で話し合ってセリフを考えることが望ましいが、45分や50分の授業ではセリフをつくって、演技し、感想を述べ合うことは困難である。そのため授業は、2時間構成で行うか、あらかじめセリフを作成しておくなどの工夫が必要である。

　また、演技をしていない学習者が、単なる傍観者にならないように配慮する必要がある。そのため、演技の良かった点や問題点を挙げるなどの課題を出す

必要がある。

加えて、ロールプレイングに至るまでの基礎的な学習内容（薬物の危険性や依存性など）や、演技をする必要性（薬物のきっかけは人から勧められることが多いなど）についての指導をしておく必要がある。

【他の授業スタイルとの組み合わせ方】

実習やロールプレイング前にブレインストーミングをしたり、実施後に工夫点や困った点、それに対する改善案をディスカッションしたりする、などが考えられる。

(3) 課題解決学習（実験を含む）

学習者が問題を発見し（あるいは自分のものとし）、解決の方法を考え、解決していく授業スタイルであり、「課題の発見・設定」→「課題の追究（仮説の設定と検証）」→「まとめ（発表）」といったプロセスを経る。実験とは、ある見通しのもと、人為的に条件を制御して事象や現象に働きかける活動である。

【課題解決学習の留意点】

探究に力点を置くあまり、深く狭くなってしまうことを避ける。そのため、課題別に結論をもち寄って討論することで総合化を促すことができる。

保健授業における課題解決学習は、生活の上で必要とされる知識や技能を授業者によって一方的に与えられるのではなく、学習者が課題の解決を図ることで培われることを理解しておく必要がある。

【実験の留意点】

実験前に結果の予想（仮説の設定）をし、実験後には予想の当否の確認、働きかけ方や制御された条件と結果の因果関係の検討、その結果が得られた理由などを考えさせる必要がある。

【他の授業スタイルとの組み合わせ方】

実験後や課題解決学習のまとめの段階で、ディスカッションを行うことで、課題解決は深められ広げられる。また、そのなかで新たな課題を発見することにつながり、自分の感じたことを他者に伝え、共感することができる。例えば、「若者においては、自転車での交通事故における加害者と被害者になる確率が高い」という課題に対して、どのような対策が考えられるのかを各自でインターネットを使ったり専門家にインタビューしたりして資料を集め、その後グループ内で集めた情報を交換して具体的な対策を考える、などが考えられる

3.授業スタイルを決める上での留意点

(1) 授業者側の視点

授業を実施する上では、授業を取り巻く時間や場所等の外的な条件の整備と、授業の目標・内容・方法・評価等の内的な条件の充実・強化が肝要である。これらのうち内的条件に目を向ければ、目標を受けて内容が決定され、授業内容

を効果的に学習者に学ばせるために授業スタイルが選択され、最後に授業の目標が達成されたか否かが評価される、といった一連の流れに沿って授業は計画されなくてはならない。つまりは、授業のスタイルが先にあるではなく、授業の目標や内容に合わせて授業スタイルを決めていく必要がある。

　その具体的な方法として、まずは授業の目標をより具体的かつ明確にすることが有効である。例えば、「学校内で起こる傷害事例から、どのような時にどのような場所でケガが起こるのかを調べ、調べた項目同士を見比べることで傷害の発生要因が人的要因と環境要因に大別できることを理解できるようにする」のように目標を具体的に設定すれば、授業場面がイメージできる。このように学習指導案に示される目標を、子どもに身に付けさせたい知識や授業方法等も入れて書くことで、どのようなスタイルで授業を展開するのかを明確にすることができる。

(2)学習者側の視点

　授業スタイルを多様化することのメリットは学習者側にもある。学習者の中には、一斉指導による講義形式の授業が得意な者もいれば、発問に対する思考を好む者、グループでの意見交換を好む者、ロールプレイングやプレゼンテーションなど人前で発表することが得意な者もいる。このように多くの授業スタイルを併用することで、個々の学習者のやる気を高めたり、クラス全体の積極性等を高めたりするなどの効果も得られることが期待される。

　　　　　　　　　　　　　　　　　　　　　　　　　　　（山田浩平）

[引用・参考文献]
* ＊1　長谷川悦示「わが国の学習指導法の展開と学習指導モデル論の概要」、体育科教育学研究31巻2号、33-41、2015
* ＊2　田中滉至・山田浩平他「保健学習における小・中・高等学校教諭の意識」、東海学校保健研究40巻、75-88、2016
* ＊3　日本学校保健会『実践力を育てる中学校保健学習のプラン』2001
* ＊4　西岡伸紀「Ⅳ章　新しい学習指導の方法」、『新しい学習指導要領とこれからの保健体育』大修館書店、2002
* ＊5　大津一義『楽しみながら実践力が身につく学習指導法』大日本図書、2001

column VI

養護教諭とティーム・ティーチング

　ティーム・ティーチングとは、複数の教員がチームを組み、それぞれの特性を生かしながら一つの児童生徒集団を対象に、協力して指導に当たる授業組織のことを言います。保健学習や保健指導では、多様な健康課題について専門的な知識・技能をもち、児童生徒の健康課題を学校全体として把握している養護教諭と協力して授業に当たることによって、専門性に裏付けられた授業を実施できるとともに、児童生徒の個に応じた指導を行うことが可能になります。

養護教諭とティーム・ティーチングを行う意義

　養護教諭は児童生徒の健康について高度な知識・技能をもっていることに加え、日々の執務のなかで様々な健康情報を収集し、日々の健康観察、健康相談、保健指導を通して児童生徒の健康課題や実態、多様な事例などについて、たくさんの情報と経験を有しています。例えば、定期健康診断の結果は、発育発達に関わる内容や歯と口の健康をはじめ、具体的な健康データとして活用できます。保健室の来室記録や健康相談の実態を通して児童生徒に健康課題を考えさせたり、応急手当の処置記録などを紹介しながら、ケガの原因と手当てについて考えさせたりすることができます。保健室の設備や備品を活用し、応急手当や環境衛生検査などの実習を通して理解を深めることも有効です。生活行動が原因となった体調不良の事例や、生活習慣の改善によって健康状態が改善した事例は、健康と生活行動の因果関係を子供に気付かせる上で良い題材になります。このように養護教諭の専門性を生かした授業の工夫により、児童生徒が自らの問題として健康課題を捉え、課題の解決方法を検討し、健康な生活を実践しようとする児童生徒の意欲の向上につながります。

　また、複数の教員により児童生徒の言動に目を配ることができ、個に応じた丁寧な学習支援ができることも重要な利点です。その他、担任や教科担当教員が専門的な視点から児童生徒の健康の実態を見直すきっかけとなり、教員としての気付きや指導力の向上につながることが期待できます。養護教諭にとっても、学級内での児童生徒の様子を理解し、子どもとの信頼関係を築くことで、その後の継続指導へとつなぐことができます。

養護教諭とのティーム・ティーチングを有効に進めるために

　養護教諭とのティーム・ティーチングを有効に進める上で、次のポイントを押さえておくことが大切です。
- チームとなる担当教員と養護教諭が一緒に指導計画を立案します。
- 指導方法、役割分担、発問など、授業の流れについて一緒に検討します。指導分担（Ｔ１、Ｔ２）としては、例えば、クラスの実態や特徴を把握している学級担任や教科担当教員が授業の進行やクラスの実態に応じた指導・支援を担当し、養護教諭が専門的な内容の指導を担当するなど、チームとなる教員の特性を有効に発揮できるよう、導入・展開・まとめにおける役割などを決めておくことが大切です。
- 教材・教具等の収集・作成を一緒に進めます。
- 指導後に一緒に授業を振り返り、授業の反省、評価を行い、指導法の改善に役立てます。

　このように、授業づくりの各段階を共同で進めるとともに、教員同士が授業に対して充分な共通理解をもつことが大切です。

保健室のバックアップ体制と柔軟な指導計画

　養護教諭が授業に参加する際には事前に校内の共通理解を図り、養護教諭不在時の保健室の利用や緊急時の対応について全職員で確認し、バックアップ体制を整える必要があります。また、緊急な事故対応などにより養護教諭が授業に参加できなくなる可能性を踏まえ、柔軟な指導計画を用意しておく必要があります。

（戸部秀之）

第2章 保健の授業をつくる

第6節 指導の計画を立てよう

　教師は、学習者が授業を通して学習目標に到達することができるよう、いつ、何を、どのように学ばせるかを計画しなければならない。これが指導計画である。指導計画には、年間レベルで内容とそれをいつ学ぶかについて計画する「年間指導計画」、一定のまとまりある内容について計画する「単元計画」、1時間の授業展開について計画する「指導案」[1]がある。

　もしこうした計画がなければ、授業は行き当たりばったりのものとなり、意味のある学習活動は期待できない。「雨降り保健」は完全な無計画授業であり、そこには生徒の成長を望む教師の存在はない。また、テスト前だけ実施するような「暗記保健」は、成績をつけるだけが目的と指摘されても否定できないだろう。

　更に言えば、たとえ計画が立てられているとしても、そこに保健授業を通して学習者に何を学ばせ、どう行動変容させたいのかという教師の願い（目標）がなければ、その計画は形式として存在するだけの無意味なものとなる。

[1] 指導案は、「時案」や「授業案」ともいう。

1. 年間指導計画を立案する

(1) 年間指導計画の立て方

　年間指導計画の作成は、「健康・安全について理解する」「生涯を通じて心身の健康の保持増進を目指し、明るく豊かな生活を営む態度を養う」（中学校）という保健の目標を達成するために、「何（学習内容）を、どの学年で、どの程度の時間をかけて学ばせるか」を検討するところから始まる。

①学習指導要領に示されていることを押さえる

　学習指導要領は、各学校で教育課程（カリキュラム）を編成する際の基準として文部科学省が定めたものであり、そこには目標や内容、内容の取り扱い、指導計画の作成に当たっての配慮事項などが示されている。教師は、学習指導要領に示された配当学年[2]や配当時間などのポイントをしっかり把握した上で、自校生徒の3年間の成長を見通した、偏りなくバランスのとれた年間計画を立案する必要がある。したがって、学習指導要領になにが書かれているかを教師が理解していなければ話にならない。

1）配当時間と学年　中学・高校では保健授業を何時間行うことになっているか、知っているだろうか。学習指導要領には、中学校保健分野の授業時数は3学

[2] 配当学年
　例えば、中学校では「心身の機能の発達と心の健康」は第1学年、「健康と環境」は第3学年、「傷害の防止」は第2学年、「健康な生活と疾病の予防」は全ての学年で取り扱うものとすることが示されている。

年間を通して48単位時間程度を適切に配当することになっている。また、高等学校では科目保健に１単位が配当され、原則として入学年次及び次年次の２ヶ年にわたり履修させることになっている。すなわち、年間35週の学校であれば35単位時間の授業数（２年間で70単位時間）となる。

2) **指導の時期**　中学校は高等学校とは異なり、保健授業を年間通して毎週１回継続的に実施することができない。そのため学習指導要領では、中学校の保健分野については、効果的な学習が行われるよう適切な時期にある程度まとまった時間を配当すること、体育分野の指導と関連を図って指導する配慮を求めている[3]。これは例えば、水泳の授業がある時期に応急手当に関する内容を指導することや、気温が高くなってきた時期や夏休みの前に環境に対する適応能力に関わる内容を指導し、熱中症について取り扱うことなどを意味している[4]。すなわち、季節への配慮が重要となる。

②他教科や特別活動などとの関連を考える

保健は学際的であり、また生活に密接に関係している教科でもある。そこで、理科や技術・家庭科などの関連教科は元より、特別活動、総合的な学習の時間、運動部活動などの学校教育活動全体と関連を図り、日常生活における体育・健康に関する活動が適切かつ継続的に実践できるよう考慮して、指導計画を作成する必要がある。当然ながら、体育祭や修学旅行、校内マラソン等、学校行事への配慮も重要である。

(2)年間指導計画作成上の配慮事項

年間指導計画の作成に当たっては、上述のように学習指導要領を踏まえること、学校教育活動全体との関連を考慮することを基本としつつ、下に述べる諸事項にも配慮する必要がある。

①現行の年間指導計画を見直す

新設校でない限り、学校では現在まで保健教育が行われている。それゆえ、現行の計画を見直しその改善を図ることは、現実問題として重要なことである。具体的には、これまでの年間指導計画によって保健の目標が十分に達成できていたかどうか、各単元に割り振られた授業時数は学習内容を身に付けるために充分であったかどうか、単元の配列や学習時期は適切であったかどうか、更には学校生活や家庭生活で起きた健康問題や、学校行事・学年行事と保健授業の関連などをも検討することにより、改善すべき課題が明らかになってくる。

②学校保健活動との関連を図る

保健体育教師は養護教諭とともに、生徒の体力向上や健康の保持増進、安全な学校生活に関わる中心的な存在である。そのため、様々な学校保健活動との関連を図って、保健体育科の目標がより効果的に達成できるように年間指導計画を作成しなければならない。

③学習方法も考慮する

テーマを設定して課題学習を行う場合、学習指導要領では、課題を追究したり調べたりする時間を十分確保するため、次の保健授業の実施までにゆとりを

---

[3]中学校学習指導要領が授業時数について、３学年間で体育分野267単位時間程度、保健分野48単位時間程度と、若干の幅をもたせているのはこのためである。

[4]体育の「体ほぐしの運動」と保健の「心の健康」を関連させて取り扱うのもその一例である。

もたせるなどの工夫も効果的であると推奨している。
④地域・学校・生徒の実態を考慮し、弾力的に取り扱う

　生徒に問題行動が見られる場合などでは、当然その問題に重点を置き、関連する内容に時間をかけて扱うことになる。その分、他の学習内容の扱いは軽くせざるを得ない。このような場合、学習指導要領に記載されている指導の順序や内容の区分に縛られて指導計画を作成する必要はなく、学校や生徒の実態に即し、学習内容を精選し⑤、弾力的に運用する必要がある。

(3)年間指導計画の例

　表1は、中学校の年間指導計画例である。4つの内容を学習指導要領（2008年版）の推奨する通り、第1学年では「心身の機能の発達と心の健康」、第2学年では「健康と環境」及び「傷害の防止」、第3学年では「健康な生活と疾病の予防」を学習するよう立案している。また時間数は、学習内容の量に合わせて第1学年は12時間、第2学年は2つの単元を各8時間、第3学年は20時間を配当している。実施時期については第1、2学年時は1学期と3学期、第3学年はすべての学期に実施するよう配置した。

　さて、この中学校には毎年喫煙する生徒が複数在籍し、保護者の喫煙率も高い地域であったとしよう。保健授業で「喫煙と健康」を扱う場合、何学年で実施するのが望ましいだろうか。若年ほど喫煙の害が大きいことを考えるならば、第1学年のしかも早い時期に実施すべきであろう。しかし、学習指導要領に示された順序に従い、形式的に年間指導計画を作成してしまうと、それが不可能になる⑥。

　要は、既に述べたように、年間指導計画の作成に当たっては必ずしも学習指導要領に示された順序で内容を配列置しなければならないということはなく、学校や生徒の実態に即して弾力的に取り扱うことが重要ということである。学習指導要領をよく理解し、生徒のことを第一に考えれば計画できる。教師を目指す学生はぜひこのことを頭に叩き込んでおいてもらいたい。

⑤ここに「教科書の学習項目は全て教えるべきではないのか」という疑義が生じるが、文部科学省は教科書改善に関する通知のなかで、そうした従来の教科書観を「個々の児童生徒の理解の程度に応じて指導を充実する」等の観点から転換していく必要があるとしている（文部科学省「教科書の改善について（通知）」2009＝平成21年3月30日）。

⑥2008（平成20）年版の中学校学習指導要領では「喫煙と健康」は第4単元の「健康な生活と疾病の予防」の内容であり、第3学年で教えることになっている。2017（平成29）年3月に改訂された中学校の学習指導要領では、「喫煙と健康」は第2学年で教えることになった。

表1　中学校年間指導計画（保健分野）例

	1学期													2学期														3学期							
月	4月			5月				6月				7月			9月			10月				11月				12月			1月			2月			3月	
週	1	2	3	4	5	6	7	8	9	10	11	12	13	14	15	16	17	18	19	20	21	22	23	24	25	26	27	28	29	30	31	32	33	34	35
第1学年								心身の機能の発達と心の健康（6時間）																					心身の機能の発達と心の健康（6時間）					
第2学年				健康と環境（8時間）																									傷害の防止（8時間）					
第3学年				健康な生活と疾病の予防（8時間）												健康な生活と疾病の予防（6時間）											健康な生活と疾病の予防（6時間）							
学校行事	始業式 入学式	健康診断	スポーツテスト	1年校外宿泊研修	3年修学旅行		中間テスト			合唱コンクール			期末テスト	球技大会 終業式	始業式	防災訓練	体育祭			中間テスト		文化祭	2年進路説明会			期末テスト 生徒会選挙 終業式	始業式				マラソン大会			卒業式	終了式

2.単元計画を立案する

(1) 単元の意味

学習指導要領や解説書⑦に「単元」という言葉は全く見られない。「単元」とは何であろうか。まず、学習指導要領に示された内容の構造を見てみよう。

前述のように、中学校保健分野の内容は「心身の機能の発達と心の健康」「健康と環境」「傷害の防止」「健康な生活と疾病の予防」の4つで構成され、更にこの4つの内容それぞれに、下位の構成内容が示されている。例えば、「心身の機能の発達と心の健康」の下位に、「ア 身体機能の発達」「イ 生殖にかかわる機能の成熟」「ウ 精神機能の発達と自己形成」「エ 欲求やストレスへの対処と心の健康」の4つの内容が示されているという具合である。

次に、高等学校の科目保健を見ると、内容は「現代社会と健康」「生涯を通じる健康」「社会生活と健康」の3つで構成され、これを構成する下位の内容が示されている。ここまでは中学校と同じだが、高校が中学校と異なるのは、解説書で更に1段階下位の内容までも示されているということである⑧。

単元とは、こうした学習内容のまとまりを言うが、今見てきたように、そこには階層がある。どの階層におけるものを「単元」と表現するかは人や場合によって様々だが、数単位時間程度の内容のまとまりを言う場合が多い⑨。

(2) 単元計画作成の意味とポイント

単元計画は、年間指導計画で割り当てた時間数を踏まえ、その時間にどの内容を扱うかを計画するものである。子どもたちが授業を通して健康や安全に対して「わかる・できる」となってもらうためには、1時間の保健学習だけで達成することは困難である。学習内容が1時間ずつ分断されているものではなく、連続していることで効果的な学習となる。更に計画がなければ後に教師が学習の成果を振り返ることもできず、修正することさえ困難となる。また計画があることで、その単元の最終目標が設定されるため、学習進度の確認や遅れた場合でも調整がしやすくなる。

(3) 単元計画例と作成上の配慮事項

立案に当たっては、年間指導計画の場合と同様、学習指導要領に示されている事項を基本とすべきであることは間違いないが、指導の順序や内容の配列などについては、弾力的に取り扱えることを考慮に入れておく必要がある。

表2を例に考えてみよう。これは、高等学校第1学年で「現代社会と健康」を毎週1回で35週、つまり35回の保健授業を実施する計画である。「現代社会と健康」を構成する下位の内容は、「ア 健康の考え方」「イ 健康の保持増進と疾病の予防」「ウ 精神の健康」「エ 交通安全」「オ 応急手当」の5つである。その一つ「ア 健康の考え方」について、解説書では「(ア)国民の健康水準と疾病構造の変化」「(イ)健康の考え方と成り立ち」「(ウ)健康に関する意志決定や行動

---

⑦文部科学省では、学習指導要領とは別に、各教科の内容を具体的に解説した著作物を著している。中学校でいえば『中学校学習指導要領解説 保健体育編』が、高等学校でいえば『高等学校学習指導要領解説 保健体育編・体育編』がそれである。

⑧17頁の表6を参照。

⑨規模の大きい上位階層の内容のまとまりを「大単元」、その反対を「小単元」と呼ぶこともある。

表2　高等学校単元計画例①（健康の考え方）

単元名	「健康の考え方」			
単元の目標	・健康の考え方について、課題の解決に役立つ基礎的な事項およびそれらと生活との関わりを理解することができるようにする（知識・技能）。 ・健康の考え方について、課題の解決を目指して、知識を活用した学習活動などにより、総合的に考え、判断し、表現することができるようにする（思考力・判断力・表現力）。 ・健康の考え方について関心をもち、学習活動に意欲的に取り組むことができるようにする（主体的に学習に取り組む態度）。			
授業回数（4回）	第1時（本時）	第2時	第3時	第4時
題材名	健康の考え方と成り立ち	国民の健康水準と疾病構造の変化	健康に関する意思決定や行動選択	健康に関する環境づくり
○主な学習内容、◆主な学習活動	○健康の考え方（概念）は個人によって多様な考え方があること。 ○健康の考え方には、「生活の質」や「生きがい」を重視するものがあること。 ○健康の成立には主体要因と環境要因が互いに影響し合っていること。 ◆健康とは何かについて描き、それに基づき話し合う。 ◆自分の健康の考え方の特徴を分析する。 ◆健康を成り立たせるために必要な要因について具体例を挙げ、分析する。	○科学技術の発達や社会の発展に伴って健康水準が向上してきたこと。 ○科学技術の発達や社会の発展に伴って疾病構造が変化してきたこと。 ◆我が国における健康水準の向上について、各種の健康指標を整理する。 ◆健康水準向上の背景について話し合う。 ◆疾病構造が変化し、生活習慣病が増加していることや心の健康など、新たな健康課題が増加していることを知る。	○健康を保持増進するには、適切な意思決定や行動選択が必要であること。 ○それらには個人の知識、価値観、心理状態、及び人間関係などを含む社会環境が関連していること。 ◆健康を保持増進する際の意思決定や行動選択に関連している要因について具体例を挙げ、分析する。 ◆健康を保持増進する上で、適切な意思決定や行動選択を行う過程について、分類、整理し、発表する。	○ヘルスプロモーションの考え方に基づき、健康を保持増進するには、環境づくりが重要であること。 ○健康な社会には、一人ひとりが主体的に環境づくりに関わることが必要であること。 ◆健康を保持増進するために必要な社会環境づくりにはどのようなものがあるかについて話し合う。 ◆今後、自分たちがどのように健康に関する環境づくりに関わっていくことができるかを考え、整理し、発表する。

選択」「(エ)健康に関する環境づくり」の4つの下位内容を示している。表2の単元計画は、この4つの内容を4回の授業に分けて実施するものであるが、生徒の実態を考慮して、解説書に示された内容の順番を変えている。

3.指導案を作成する

(1)指導案作成の意味とポイント

　指導案は、1時間の授業のいわば「設計図」である。したがって、指導案を見れば他の人でも授業が再現できるほどに、学習活動や教師の指導をはじめ、授業の全ての要素について丁寧に記載されていることが求められる。

　そのためには、その1時間の授業で子どもたちにどのような力を身に付けてもらいたいかという願いが明確にあり、その願い（目標）を達成するために必要な教材が準備され、より効果的に学習を進めていくための内容配列や指導手順が考えられていなければならない。ポイントは、教師自身に子どもたちの学

習の様子が鮮明にイメージできていることである。その学習内容の習得に適しているのは問題教材か視聴覚教材か、また学習形態はグループ学習か個人学習かなど、授業を進めていく上での必要事項を思い描く必要がある。それゆえ、指導案の作成は子どもを見詰め直す機会になり、子どもに対する理解が更に深まるという副次的な効果がある。

指導案は授業の設計図であるので、実施した授業を評価する手がかりともなる。授業後に、授業中の生徒の反応や教師の指導を振り返り、明らかになった課題を踏まえて次の授業に臨むことで、教師の授業力は高められていく。

⑵指導案の書き方(例)

⑩指導案の様々な形式については、第3章を参照されたい。

年間指導計画や単元計画と同様、指導案に決まった形式はない[⑩]。つまり大学の授業で書いた指導案の形式が、そのまま教育実習校で使えるとは限らないので注意が必要である。ここでは1ページ目に表紙を、2ページ目以降に本時の展開を、最後のページに板書計画をまとめた形式の研究授業用の指導案例をあげて解説するが、普段の授業においては日常の案（略案）が用いられることが多い。

1) **本時の題材名（授業タイトル）** 学習指導要領や解説書、また教科書にある通りに記載してもよいが、授業者の思いを込めたタイトルとしてもよい。
2) **単元名** 本時の授業に関連する一連のまとまりを記載し（学習指導要領や解説書を参照）、本時の位置づけを明らかにする。
3) **本時の目標** ここでは「知識・技能」「思考力・判断力・表現力」「主体的に学習に取り組む態度」に分けているが、一つの文章にまとめて書く場合もある。その場合「(学習内容)を(生徒の学習活動)することにより、(身につけたい力)を育てる（もしくは、できるようにするなど）」と記述する。
4) **生徒観** 題材（学習のテーマ）に対する生徒の認識や学習経験、学習意欲などについて、教師の視点で具体的に記述する。教師の生徒観があるからこそ、授業目標も明確になる。教育実習が始まったばかりの学生にとって、生徒観はほとんど無であるため、生徒の実態に合わせた目標設定はできず、形式的になりやすい。そこで、教育実習期間中は自ら積極的に清掃活動や部活動に参加し、生徒と接する機会を増やすことも大切である。また、可能であれば事前にアンケート調査を実施し、その結果を活用してもよい。
5) **題材観** 生徒における本題材のもつ意味、扱うに当たって踏まえておくべき観点、学習により期待される効果などを記述する。学習指導要領解説に記載されている単元の意味やねらいを十分理解していなければならない。
6) **指導観** 生徒観と題材観を踏まえて、有効な学習指導法や学習活動について考え、重点を置くポイント、指導上の留意点や工夫などを記述する。「生徒の実態はこうであるので、この題材を扱い、わかりやすく指導するために、このような点を配慮する」という流れの記述となる。

*

指導計画を立てる際には、生徒の実態をしっかりと把握し、いつ、何を、ど

中学校「保健体育科保健分野学習指導案」

> 1行目に置く。高校なら「保健体育科科目保健学習指導案」。

> 右寄せ。教育実習では指導教諭名も。捺印することも多い。

> 研究授業は普段の教室以外で実施することもあるので、正確に記述する。

授業者　○○　○○○　印
指導教諭　○○　○○○先生　印

日　時	平成○年○月○日（○）	○時間目		○時○分〜○時○分
対　象	中学1年生○組	38名（男子20名　女子18名）	授業場所	1年○組教室
題材名	喫煙と健康「たばこは百害あって一利なし」	単元名	喫煙、飲酒、薬物乱用と健康	
本時の目標	●ニコチン・タール・一酸化炭素の体への悪影響と、成長期から喫煙することがより悪影響を及ぼすことを理解し、家族にも説明することができる（知識・技能）。 ●慢性閉塞性肺疾患の呼吸困難状態を疑似体験し、その怖さを知り、将来、正しい行動選択ができるよう考えたり判断したり表現したりすることができるようにする（思考力・判断力・表現力）。 ●喫煙と健康について関心をもち、学習活動に主体的に取り組むことができるようにする（主体的に学習に取り組む態度）。			
生徒観	未成年者の喫煙率は年々減少していることが、平成19年度厚生労働科学研究費補助金「未成年者の喫煙・飲酒状況に関する実態調査研究」で報告されている。この地域の小学校では喫煙防止の保健学習を実施している学校も多く、健康への悪影響についての知識を有する生徒は多い。しかし、保護者喫煙率が高い地域でもあり、中学1年生でありながら喫煙経験のある生徒が存在している。何となく喫煙が体に悪いということは知りながらも、好奇心や仲間意識の強い時期もあるため、友達や先輩から勧められたら断れず喫煙してしまうケースが少なくない。			
題材観	たばこの煙の中にはニコチン、タール、一酸化炭素など有害物質が多数含まれ、喫煙開始年齢が早いほどニコチンによる影響で依存性が強くなり、将来、様々な健康問題が発生するリスクが高まる。環境的に喫煙するきっかけの多い本校生徒に正しい知識を身に付けさせ、喫煙は「百害あって一利なし」とする強い意思決定と、正しい行動選択ができることをねらいとする。			
指導観	はじめに喫煙にかかる経費が多額なことに気づかせ、そのお金で病気を買っていることと同じであるという切り口から、有害な作用について視覚教具を用い、実感を伴う理解や納得を促したい。ストローを使い、全員が呼吸困難な状況を疑似体験し、苦しさも味わうことで身近な大人や先輩も吸っているから大丈夫という意識をぬぐい去りたい。喫煙は他人に迷惑をかける行為であることを認識させ、将来、社会全体のためにも喫煙行動を阻止するようになってもらいたいと考えている。			
本時の位置	「喫煙、飲酒、薬物乱用と健康」（全4時間） ○　第1時「たばこは百害あって一利なし」 　　第2時「未成年者の飲酒禁止と急性アルコール中毒」 　　第3時「身近に潜む危険ドラッグと反社会勢力」 　　第4時「喫煙・飲酒の誘惑に対して正しく対処しよう」			
授業準備物	8万円分偽紙幣、経費計算貼り付け用紙、タバコ実物、タバコフィルター台紙6枚、ウサギイラスト、透明コップ＋黒水、汚れた肺の写真、酸素・一酸化炭素（5）、指先血流量減少写真、ストロー（38）、スワンゾウポスター、スズランテープ（7m）			

> 本時の授業が単元計画の何時間目に位置するのかを明確に示す。ここでは各時間の題材名を挙げている。

> 本時の学習活動に必要な教材・教具を全て（数量も含め）記載する。

図1　指導案例

	学習内容・学習活動	○指導上の留意点、◆評価
導入 15分	はじめの挨拶・出席確認 本時のテーマ「たばこは百害あって一利なし」 　　テキストボックス(吹き出し)に教師の活動を書く。発問は話し言葉で書いておくとよい。 1. 喫煙にかかる経費 [発問] 先生は最近、宝くじが当たって8万円もらいました。拍手─！ このお金でパソコンを買い替えたいと思っています。みなさんだったら、何に使いますか？ 隣の人と相談してもかまいません。ただし、ゲームと貯金はなし、更に1回で8万円全てを使います。どこかの1列を当てるので、前の人から順番に答えてもらいます。では今から1分間、ヨーイはじめ！ 〈予想される生徒の答え〉 スマホ、自転車、旅行、洋服、レストラン	○一人ひとり、ゆっくり視線を合わせるように出席番号順に呼名し、欠席者を確認する。 ○授業テーマは黒板左隅上部に板書し、この授業時間中、消さず最後まで残しておく。 ◆友達と楽しそうに話をして授業に参加しようとしているか（主体的に学習に取り組む態度）。 ○参加できない生徒がいれば近くに寄り部活や趣味を聞き出してあげる。

図2　本時の流れ

のように学ばせることが必要かを真剣に考え、生徒をより良い方向へ導いていきたい、という教師の願いがあることが大切である。

(3) 指導案例

　　図1・2参照。

（加藤勇之助）

[引用・参考文献]
*1　文部科学省『高等学校保健教育参考資料「生きる力」を育む高等学校保健教育の手引き』2015年、p.24を改変、一部内容加筆。
*2　同上書p.34を改変、一部内容加筆。

第2章 保健の授業をつくる

第7節

教授行為のテクニックを磨こう

　学習目標と内容をしっかりと把握し、優れた教材を用意し、周到な授業の計画を立案すれば、自ずと良い保健授業が展開されるわけではない。その教材の面白さを学習者に効果的に味わわせ、授業をより有意義なものとするための教師の働きかけが重要になる。授業中に教師が意図的に行う働きかけのことを、一般的に「教授行為」と呼んでいる。本節では、そのなかでも特に説明、板書、ノート指導、資料配付、机間指導といった基本的な教授行為の技術（テクニック）を解説していく。

　なお近年、パワーポイントが普及し、電子黒板やネットワーク、タブレット端末などのICT環境の整備[1]が急速に進んだことによって、デジタル機器を活用してよりわかりやすい授業を心がけようという考え方が教育界で広まってきた。だからといって、板書や机間指導をはじめとする基本的な教授技術がおろそかになってよいわけではない。むしろ、これら基礎・基本の技術がしっかりと身についているという前提があって、それに加えてデジタル機器を活用すると考えるべきであり、そうなればまさに「鬼に金棒」である。

1. 説明（話術）

(1) 良い話術とは

　通常の授業中、教師が最も多くの時間を用いている教授行為は、おそらく「説明」であろう。「説明」は、教師から発せられる音声言語によって担われるわけであるが、本項では、教師の教授行為に主眼を置いて論述するので、「説明」の内容（中身）にはほとんど立ち入らない。また「発問」や「指示」といった教授行為も、教師の音声言語によってなされることを考えれば、ここでは、「話術」と言い換えて解説した方がより適切だと思われる。

　「話術」は教師にとって必須の技術である。実際の授業は、教師の説明や発問、指示等によって進行していくことが多いので、その巧拙は生徒の集中力や学習意欲、理解度に直接的に大きく影響する。

　最初に触れたように、説明や発問等は教師から発せられる音声言語によって成立するのであるから、当然のことながら最優先で配慮すべきなのは、生徒にとっての「聞き取りやすさ」である。教室の最後列まで行き届かない声は論外、ごにょごにょと口ごもる、メリハリ（抑揚）のない発声、滑舌が悪すぎるのも、

[1] ICT環境の整備

　社会の情報化が急速に進展し、今後もさらなる情報コミュニケーション技術（ICT）の発展が予想されている。学校においても、授業のなかでICTを効果的に活用し、児童生徒の学力向上につなげていくことが重要であると考えられるようになり、そのためのICT環境の整備が国家戦略として進められている。

"NG"である。

次に考慮したいのは、いわゆる「口調」である。それは大きく2つに分けられる。大学の授業で多いのは「講義口調」であり、この特徴は、語る相手＝対象者が念頭にないことである。無機質・無味乾燥的に、ただ一方的にしゃべるだけの授業となりやすい。もう一つは「語り掛け口調」とでもいったらよいのだろうか。語る相手＝対象者を明確に意識して、彼らに向かって語り掛ける・しゃべり掛けるような口調であり、勿論こちらの方が"オススメ"である。

端的に言えば、生徒にとって聞き取りやすく、かつ聞きたくなるような語り方・しゃべり方が良い話し方（話術）である、ということに尽きる。

(2) 話し方の留意点

話をする上での具体的な留意点・ポイントを、以下に簡単に述べる。
① 早口は"NG"。ややゆっくりと、全員に聞こえるように丁寧に発音する。
②「しかし」「したがって」「なぜならば」など、接続語を明確に使うとともに、語尾まで明瞭に発音する。
③ 話すスピードや声の大小・高低でメリハリ・抑揚をつける。
④ 時には意図的に間をとり、生徒の思考や発言を待ったり促したりする。
⑤ 立つ位置は意図的に変える。全く動かず同一場所で話し続けるのは"NG"。
⑥ 視線や顔の向きも重要。板書を示しながら説明するときには半身（間違っても、黒板に向かって話をしない）、それ以外の時には教室全体をまんべんなく見る。特定の生徒だけを見たり、左右どちらか一方に偏って話すのも"NG"。
⑦ 笑いや冗談は必ず織り交ぜる。テレビのコマーシャル同様、約15分に1回は笑わせるくらいの意気込みが欲しい。
⑧ 表情、身振り・手振り、ジェスチャーなど、いわゆるノンバーバル・コミュニケーションも大事。特に「目線・目力（めぢから）」は重要で、まさに「目は口ほどに物を言う」のである。音声言語を大いに補ってくれる。

(3) 話術の鍛え方

大学の教職課程において、話し方の指導はどの程度なされているのだろうか。ほとんどの学生はそうした教育を受けてきていないものと思われる。話術を鍛える前にまず必要なのは、いわゆる発声練習・ボイストレーニングであるが、それには触れず、ここでは主に話術の鍛え方について述べることにする。

比較的簡便な方法は、ボイスレコーダーで自分自身の声を録音し、何度も聞き直してみることである。自身の未熟な話し方を注意して聴くのは、そう気持ちの良いものではないが、発音、口癖、曖昧な言語使用、冗長に過ぎる説明など、改善すべき多くのポイントが客観的に把握できる。それによって自己の話術の改善が図られ、力量を高めていくことができる。

また、落語を鑑賞することも"オススメ"である。長年の伝統と修行によって話術を芸術の域にまで高めたのが落語である。寄席などに行って実際の落語

家の話を聞かなくても、まずはYouTube、CD、DVD等で落語を視聴してみよう。ちなみに筆者は、大学3年次のゼミの授業において寄席に連れて行ってもらい、落語を生で聞いたことがある。落語家の声色、表情、視線、間のとり方、落語全体の構成など、ただ単に「話す」という行為のなかにも、実に奥深いものがあるのだということを痛感させられた。

更に付言するならば、落語における「マクラ[2]」は、授業においては「導入」であり、いわゆる"つかみはOK"であると、その後の本題に入っていきやすい。また、落語の「オチ（サゲ）[3]」は、授業の「整理（まとめ）」に相当しており、これが上手く決まると、教師にとっては"快感！"、生徒にとっては"納得！"となる。

このように、落語と授業とは非常に似た構造を有しており、話術以外の部分においても大いに参考となる。

2. 板書

(1) 板書の特性とその機能

「説明」等が聴覚に訴え掛ける音声言語であるのに対し、「板書」は、視覚に訴える文字言語・図表・絵などから成立している。このことから、板書において決定的に重要なのは、とにかく生徒にとって見やすい・読みやすい、ということである。そのためには、教師自身にとって見やすい・読みやすい講義ノートを作成しておくことが絶対的条件となる。

板書がもつ（パワーポイントにはない）特性を整理すれば、およそ次のようになるだろう。
① 授業の全体像が、一目で構造的に把握できる。
② 加筆や消去が、必要に応じて簡単にできる。
③ 消さない限り、前段での指導内容の振り返りが容易にできる。
④ 少なくとも教師が板書をしている間は、生徒の書写時間を保障できる。

また、板書がもつ機能に着目すれば、下記のごとく主に5つに整理できそうである[*1]。
① 意識集中機能：クラス全員の生徒が同時に学び合える良さがある。クラスのどこからも見え、教師の説明を確認し、生徒自身も参加して授業や板書に集中することができる。
② 情報伝達機能：学習に関する内容や情報を板書し説明をすることにより、生徒は、今学習していることや、これから学ぶことについて、文字言語によって把握することができる[4]。
③ 理解深化機能：文字や図などを駆使して、子どもの理解を深めることができる。
④ 構造整理機能：学習のねらいに向けて学習事項などを整理しながら板書するとともに、子どもたちの理解や発言に応じて内容を整理し、構造的に示すこ

---

[2] マクラ
　落語は通常、いきなり本題に入らず、世間話や時事の話題から始まる。これをマクラと呼ぶ。マクラには、本題に関連した話で笑わせてお客の心をほぐしたり、本題を理解する上で必要になる予備知識をさりげなく解説したりして、お客を落語の世界に引き込む役割がある。

[3] オチ（サゲ）
　落語の話の締めくくりの一言をオチ（サゲ）と言う。落語はマクラ＋本題＋オチ（サゲ）の3つで構成されており、「オチ」というフレーズは現在でも日常語として一般に用いられているが、落語では「サゲ」と言うこともある。

[4] 文字言語による理解
　音声言語のみだと、誤解が生じかねない。例えば、体温の測定箇所の話で、「したのした」（舌の下）と言った時、「では上の舌はどこにあるの？」と聞かれたことがある。「舌の下」と板書すべきであった。

⑤要点強調機能：色チョークなどを使いながらポイントを強調して、重要なところを示したり、確認をしたりすることができる。

ここで、中学や高校時代の保健授業を思い返して欲しい。そこでは、どのような板書がされていたであろうか。教科書を読んで要点をまとめ、指導ノートの穴埋め問題を解いて答え合わせをするような授業であれば、板書は要点整理と穴埋め問題の答えをチョークで書くだけで終わってしまう。残念ながらそうした板書では、「板書」の意味をなさないばかりか、生徒の学習意欲を低下させてしまう。

そうではなく、その日の授業が終わり、生徒が自分のノートを見返した時、「ああ、今日はこんなことを学んだんだ」と、学習過程・内容の全体を一目で俯瞰できる板書が良い板書である。そのような分かりやすい板書を目指して、ぜひ板書計画⑤を立てて欲しい。

(2) 板書の留意点

分かりやすい板書のために心がけるべきことを以下に挙げるが、教育実習などに行く前には、実際に黒板に文字や図表を書(描)いてみるなど、十分な準備・練習をしてもらいたい。

① 体の向き：教師の体で黒板が隠れてしまわないように、また、生徒の方に顔を向けやすいように半身の姿勢をとるのがよい。
② 採光・照明：黒板が光って板書が見えづらくなる場合がある。その場合はカーテンを閉めたり、照明の光量を調節したりして、見やすくする必要がある。
③ 座席と板書する位置：特に両脇の前列は角度があって、黒板が見づらい。授業中に生徒に確認したり、事前に座席に座ったりして確認しておくとよい。また、黒板の特に中心の下端は、生徒から見えないことが多いため、その位置への板書は避ける。
④ 色チョークの活用：重要語句やフレーズを示すのに、色チョークを使うとわかりやすい。だからといって、色チョークを何色も使うのは好ましくない。様々な色チョークを使ってカラフルな板書にしてしまうと、かえって読みづらく内容の把握を妨げることになる。2〜3色程度でシンプルにまとめるのがよい。
⑤ 板書スピード：生徒がノートをとりやすいように、板書のスピードを調節する。小学生と中高生では当然板書のスピードも変わってくる。生徒全員がまだノートをしている最中に説明を始めるのは、できれば避けたい。
⑥ 内容の精選：板書量が多過ぎると、生徒は板書を写す作業に没頭せざるを得なくなるので、発達段階に応じた板書量にする。また、何を書いて何を書かないか、板書計画の段階であらかじめ決めておくことになるが、生徒の思考の余地を残した板書にするのがポイントである。
⑦ 意見のピックアップ：板書は教える側だけのものではない。生徒の発言や意

---

⑤板書計画
どの時点で、何を、どの位置に、どれくらいの大きさで、何色のチョークで書くかなどといった板書の計画は、授業の始まりまでに立てておく必要がある。

見を活かし、思考を深化・焦点化させる機能を果たすためにも、面倒がらずに生徒の声を板書しておくとよい。そうすることで生徒は自分の意見が大切にされていると感じることができ、他者の考えを知ることにも役立つ。

板書は、生徒がそれをノートに写すという行為を前提とした営みである。見やすく、読みやすいということにも充分な配慮をすべきである。

3.ノート指導

(1)ノートに書く意味

最近、ノートを取らない大学生が増えてきた。こちらが黙っていると、板書をスマートフォンのカメラで撮っているだけという者もいる。彼らもこれまでの学校教育において、折に触れてノート指導を受けてきたと思うが、最近の様子を観察していると、ノートの取り方がほとんど身についていないか、面倒くさがってやめてしまっているように思える。

ノートを取る意味は主に次の3つに整理される。

①記録・備忘：知りえた情報を忘れないようにノートに書き残す。授業の内容を理解し、短期記憶として一度頭に入れることになるが、容量には限界があり忘れてしまうことはよくあることである。その時にノートは、備忘録の役割を果たす。

②知識の定着：板書内容を写すだけがノートの役割ではない。わかったこと、考えたことをノートに整理することで、それが記録されるだけでなく、書くという作業を通して知識が定着しやすくなる。

③理解の深化と知識の再構築：わかったこと、考えたことをノートに整理していくなかで、混沌としていた自分の考えがまとまってきたり、仲間の意見に触発されて新しい考えが生まれたりする。これは、単に「覚える」という意味を超えて、知識を再構築する過程において重要な役割を果たす。

(2)ノート指導の留意点

①資料を貼ったり、自分の考えを書き足したりするなどノートには余白が多くあった方がよい。

②板書と同じように1時間（1単元）見開き1枚という使い方が一番良さそうである。

③ときどきノートを提出させ、コメント等を書いてあげると教師と生徒との間に交流が生まれ、生きたノートとなるだろう。

④ノートを取る時間を一定程度保障する。そうしないとノートを取ることがいい加減になり、授業に集中しなくなる。

⑤「§」「☆」「◎」等の記号や、「Ⅰ」「Ⅱ」……、「1」「2」……、「①」「②」……等の数字が、一つのまとまり（カテゴリー）として、論理的に整理でき

ているか否かを見るとよい。
⑥高等学校では、保健授業の目的の一つに、健康情報を集めて取捨選択し、自分の健康問題に対処できるようにすることが挙げられるが、この目的を果たすためにも「知識の再構築」としてのノート指導を心がけたい。

4.資料配付

(1)資料の役割

　保健の教科書の内容は、学習指導要領の趣旨を具体化して、児童生徒の発達段階に応じて示されているが、あくまで一般的な内容に留まっており、目の前の生徒の実態に応じて作成されているわけではないし、時事の話題を取り上げることも難しい。

　資料はこのような時、教科書の内容をより具体的に理解できたり、とっつきにくいテーマを身近な問題として把握できるものになったりと、理解を深めるための補助的・補完的役割を果たすことができる。例えば新聞記事を導入場面で活用して、生徒にとって身近な話題を提示するなども良い試みである。

　また、教科書に掲載されている情報を最新情報にアップデートするのも、資料の役割である。教科書の統計資料⑥のデータが古くなっていたり、教科書に記述のない新しい用語が登場したりした時は、新しい情報を学習者に提示するように心がけたい。更には、教科書で述べられていることの裏付け（エビデンス）として資料を提示することが有効な場合もある。

　上手に資料を選び、提示できれば、学ぶ必要性が理解でき、自分でも調べてみようとする主体的な学習にもつながるだろう。

⑥**教科書の統計資料**
　保健の教科書には、多くの統計資料が示されている。常にアンテナを張っておき、「国民衛生の動向」などの最新版が出ていれば資料として活用することを心がけたい。

(2)資料配付の留意点

　資料は、クラスの人数分コピーして配付すればよいというものではない。効果的な学習を展開するためにも、次の5点に留意して配付したい。

①生徒がノートに貼った時に収まるサイズがよい。A4サイズなどの大きい資料だと、ノートに挟んだ際にはみ出てしまい、縁が切れてボロボロになり、結局は捨てられてしまう。ノートの規格にもよるが、B5サイズがちょうどよい。

②しかし、やむを得ず大きなサイズになってしまうことがある。そのような場合は、ノートからはみ出さないよう、きれいに折って貼り付けるように指導したい。

③資料には日付や出典をしっかりと明記する。

④生徒の実態に応じて、身近でわかりやすい資料を見つけたい。時には自分で加工して提示することが望ましい。

⑤資料は、それを参照するタイミングで配付する。例えば、授業始めに複数の資料をまとめて配付してしまうことも考えられるが、これはやってはいけな

い方法である。授業中に学習者が「よそ見」をする原因を作っているようなものである。手元の資料が気になって下を向かれてしまうと、せっかく板書計画を立てて、発問を練ってきたのに、それらの努力が空振りになってしまう。

5.机間指導

(1)机間指導の意味

「机間指導[7]」とは、教師が学習者の側まで近寄っていき、個々の学習の進み具合に応じて行う指導のことである。授業のねらいに向かって取り組めているか、一人ひとりの学習活動を観察し、つまずいている生徒や遅れがちな生徒へ働きかけたり、良い取り組みをしている生徒を積極的に賞賛したり、生徒から質問を受けたりするだけでなく、グループ学習であれば学習者同士の話し合いを促し、個々の思考をつなげて深めていく。勿論、クラス全体への目配りも忘れてはならない。

また、生徒にもそれぞれの事情がある。その時の状態によっては思うように集中できずにいる生徒や、良い意見をもっていて発表したいのにできないでいる生徒などを支援し、全員参加の雰囲気を醸し出したい。

[7]以前は「机間巡視」「机間巡回」などと言われていたが、現在は「机間指導」が一般的である。

(2)机間指導の留意点

①ただ漠然と席を回っていては、机間指導の目的を果たせない。限られた時間のなかで個々の活動を把握するために、あらかじめ席を回るルートや観察の視点を決めておくとよい。
②全ての生徒に声をかけようとする必要はない。個々の生徒の思考を妨げたり、集中力を途切れさせたりすることのないように留意する。
④声の大きさを考える。小さな声で行うことが基本になるが、他の生徒のヒントになったり、クラス全体で共有すべきことは、周囲に聞こえるように行う方が良い場合もある。
⑤意見を発表させる際に、指名する生徒の目星をつけておくと授業の流れを良くすることにつながる。

(菅沼徳夫)

[引用文献]
＊1 「子どもの学びを助け、学力を伸ばす板書をしよう！」東京都教育会HP
http://www.t-kyoikukai.org/teigen/teigen49.html

第2章 保健の授業をつくる

第8節

評価を工夫しよう

教育実習において、実習生は指導計画づくりと授業実践に一生懸命取り組む。その一方で、実習中に評価の実際を経験することはほとんどない。ところが、その経験の有無にかかわらず、卒業後教育現場に立つと、学習評価を行い、指導要録[1]や通知表を記載しなければならなくなる。間違えてはならないが、評価の第一義は、指導要録や通知表を記載することではない。評価は、生徒が学習の結果、指導の目標を実現できているかどうかを見るために行われるものである。保健の授業で評価をどのように行っていくとよいのであろうか。ここでは、保健の評価の基本的な考え方、評価の方法、評価の実際の進め方について見ていくことにする。

1. 評価の考え方

(1) 学習評価と授業評価

一般に「学習する」という語の主語は生徒である。「授業する」の主語は教師である。このことからもわかるように、学習評価の基本は、生徒が学習した結果、準備された指導の目標に達しているのかどうか、あるいは指導の目標にどの程度達しているのか、あるいは達していないのかを評価することにある。この場合の評価は、生徒に焦点が当てられているというわけである。生徒のための評価と言うこともできる。

「確かな学力」を重視する方向への教育政策[2]が展開されて以降、この学習評価のあり方についての検討が進められてきた。

最近では、学習指導要領の改訂に向けての基本的な方針を定めた中央教育審議会の答申「幼稚園、小学校、中学校、高等学校及び特別支援学校の学習指導要領等の改善及び必要な方策等について」(2016＝平成28年12月21日)において、目標に準拠した評価[3]を実質化することや、教科・校種を超えた共通理解に基づく組織的な取り組みを促す観点から、小・中・高等学校の各教科を通じて、学習評価を「知識・技能」「思考・判断・表現」「主体的に学習に取り組む態度」の3つの観点[4]に整理することが述べられている。また目標について、「何ができるようになるか」という育成を目指す「資質・能力」が強調され、それに準じた評価については、「何が身に付いたか」を見ていくことが示されている。

---

[1] 指導要録
　生徒の学籍や指導、あるいは指導の結果の要約などを記録して証明などに役立たせるための原簿のこと。生徒の卒業後20年間学校が保管する。

[2] 「確かな学力」を重視する方向への教育政策
　日本では1999(平成11)年の「学力低下」論争以後、いわゆる「ゆとり教育」から、「確かな学力」を重視する方向へ教育政策が転換されてきた。

[3] 目標に準拠した評価
　生徒が目標をどの程度達成したのかを評価する。いわゆる絶対評価。

[4] 「知識・技能」「思考・判断・表現」「主体的に学習に取り組む態度」の3つの観点
　2016(平成28)年12月に中央教育審議会の答申「幼稚園、小学校、中学校、高等学校及び特別支援学校の学習指導要領等の改善及び必要な方策等について」で示された。それまでの保健は「関心・意欲・態度」「思考・判断」「知識・理解」の3つの観点であった。

すなわち、保健においては（全教科共通であるが）、学習評価を行う際に、「知識・技能」「思考・判断・表現」「主体的に学習に取り組む態度」の3つの観点から資質・能力が身に付いたかどうかを見ていくことが必要となっている。

一方、授業評価は、教師が自分の指導を、生徒の学習の習得状況に基づき評価することが基本となる。この場合の評価は、生徒を踏まえつつも、教師に、あるいは教師の指導に焦点が当てられているということになる。授業評価は、教師が進める指導のための評価ともいうことができる。そして教師は、自分の指導を省察しその改善を図る[5]。このように授業評価は、指導計画、指導方法、教材、学習活動、そして場合によっては、目標を振り返り、より良い指導に役立つようにするために行われる。

(2)指導と評価の一体化

評価が重要なことは言うまでもない。しかし、当たり前のことであるが、授業は評価をするために行うものではない。ましてや成績をつけるために行うものでもない。また、評価にエネルギーを注ぎ過ぎてしまって、授業がつまらないものになってしまっても本末転倒である。

教師が、「知識・技能」「思考・判断・表現」「主体的に学習に取り組む態度」の3つの観点から資質・能力を生徒が身に付けたかどうかを評価する場合、そこでの指導は、生徒が生き生きと学び、準備された目標や内容を確実に習得し、自ら学ぶ意欲や課題解決する力を高められるものである必要がある。

更に、学習評価を行い、もし生徒が目標に達していない場合は、新たな手立てで、生徒を支援していくことも必要になる。

これらからわかるように、指導と評価は表裏一体をなすものであり、指導と評価を一体化して質的向上を図ることが重要である。

(3)診断的評価、形成的評価、総括的評価

保健の授業では、次の3つの局面で評価が行われる。
①学習指導の前に、生徒の特性を把握する局面──生徒の既習事項の習得状況、興味、関心、それまでに経験している学習形態等を把握することが評価の中心となる。それによって指導の計画を立てることになる。この局面での評価は、一般に「診断的評価」と呼ばれる。
②学習指導の途中に、生徒の学習の習得状況を把握する局面──指導が最も効果的なものとなるように、生徒の学習の習得状況、学習活動が目標とかみ合っているか、生徒が主体的に学習に取り組んでいるか、次の指導へのレディネスができているか等を把握することが評価の中心となる。それによって、次の指導のあり方を考えたり、修正を図ったりすることになる。この局面での評価は、一般に「形成的評価」と呼ばれる。
③学習指導が内容のまとまりで一段落した時点で、生徒の学習の習得状況を把握する局面──学期末や学年末に行われる。生徒が学習した結果として、準備された指導の目標に達しているのかどうか、あるいは成果を上げているの

[5]生徒の学習の習得状況を踏まえて、自分の指導を省察しその改善を図る
中央教育審議会答申では、「カリキュラム・マネジメント」のなかで、学習評価の改善を、授業改善及び組織運営の改善に向けた学校教育全体のサイクルに位置づけていくことの必要性も述べられており、学習評価は、授業評価だけではなく組織運営の改善のための手段ともなるものといえる。

かどうか等を把握することが評価の中心となる。この局面での評価は、一般に「総括的評価」と呼ばれる。

2. 評価の方法

(1) いろいろな評価方法

保健の授業において、とりわけ生徒の学習状況を把握する評価を行う場合、いろいろな評価の方法を用いることが望まれる。それは、生徒の「知識・技能」「思考・判断・表現」「主体的に学習に取り組む態度」の3観点をまんべんなく評価するためである。逆に、全ての観点を満遍なく評価することのできる万能な方法はないので、いろいろな評価の方法を用いることが必要になると言うこともできる。

保健の授業に用いる評価の方法には次のようなものがある。

①筆記テスト

生徒に、一定の時間で問題を解答させることによって「知識」や「思考・判断・表現」といった観点を評価する。筆記テストの形式をまとめると図1のようになる。

保健の筆記テストの場合、再認形式や記述形式(再生形式)の客観的テストでは、「知識」を把握するテストの客観性が高くなるものの、例えば、教科書にある語句や内容の暗記によって良い点数が取れてしまうというように、テストの質によってその把握に限界があることも少なくない。記述形式の論文体テストでは、分析・総合・評価[12]といった総合的な認知機能を評価できることから、「思考・判断・表現」を把握することができる一方で、採点が主観的になりやすい。これらの特徴を踏まえた使い方が必要となる。

②ワークシート

授業内容に関わる設問により記述させたり、学んだことに関して考えたり判断したことを自由に書かせることによって評価する。「思考・判断・表現」や「主体的に学習に取り組む態度」などを評価できる。評価は、あらかじめ教師が設定した評価規準[13]に照らして行う。ワークシートを書く作業は、授業中に行わ

---

⑥真偽法
　正しければ○、間違えていれば×をつける形式。いわゆる○×式。

⑦多肢選択法
　多くの答の中から正答を一つ選ぶ形式。選択肢を多くすると、当て推量を防ぐことができる。

⑧組み合わせ法
　一定の関係をもつものを結びつける形式。

⑨簡易再生法
　記憶内容の簡単な再生を求める形式。

⑩完成法
　空欄を埋める形式。

⑪訂正法
　誤りを訂正する形式。

⑫分析・総合・評価
　かつてブルーム(Bloom, B. S.)らは、認知的領域の教育目標を、レベル順に、知識、理解、応用、分析、総合、評価に分類した。分析・総合・評価は高いレベルの教育目標である。

⑬評価規準
　「概ね満足できる」生徒の学習状況を表現したもの。

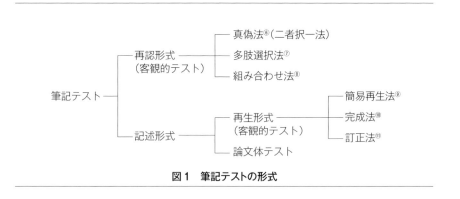

図1　筆記テストの形式

れることが一般的である。

③レポート

　何らかの課題を生徒に与えてレポートを書かせる。授業時間外に取り組ませることが多い。「主体的に学習に取り組む態度」を生徒が自己評価したり、記述形式の論文体テストと同様に、分析・総合・評価といった総合的な認知機能を評価でき「思考・判断・表現」を把握することができる。その一方で、採点が主観的になりやすい。

④観察

　生徒の学習の様子を観察によって評価する。「主体的に学習に取り組む態度」の評価が中心となる。あらかじめ教師が準備しておいた評価規準に照らして行われるが、次のような生徒の様子を積極的に評価する。

- 「〜に気づいている」
- 「〜に疑問をもっている」
- 「〜に好奇心をもっている」
- 「〜に注意している」
- 「〜について観察している」
- 「〜について質問している」
- 「〜について調べている」
- 「〜に好意をもっている」
- 「〜の価値を認めている」
- 「〜を楽しんで行っている」
- 「〜を自分から進んで行っている」
- 「〜について目標を高くもっている」
- 「〜を我慢してでも行っている」
- 「〜を最後まで行っている」

⑤実演

　実際に演じさせることによって、あらかじめ教師が準備した評価規準に照らして評価する。「技能」を評価することができる。ワークシートの記述や観察などの方法を組み合わせて、実演にいたる過程や背景も把握する。

⑥ポートフォリオ

　学習した記録を生徒がまとめたファイルを利用して評価する。ファイルには、ワークシートとその記録、収集した様々な資料（新聞記事や雑誌の切り抜きやインターネット情報のプリントアウト等）とそれに対するコメント、レポートなどが含まれる。そして、次のような規準で評価する。

- 「配布されたものがファイルされていない」（レベル1）
- 「配布されたものは保管されていて、指示された最低限のことは行われている」（レベル2）
- 「自ら追究した情報が含まれている。自分の感想や意見も入っており、授業からの発展の軌跡が認められる」（レベル3）
- 「自ら追究した情報が豊富である。自分の意見や感想も詳しく書かれており、独自のファイルを作成しようとする工夫が認められる」（レベル4）

(2) 筆記テストの問題の工夫

　筆記テストの再認形式では、問題で「知識」を把握することが一般的である。しかし、その問題が教科書の語句を暗記すれば答えられるものであれば、浅い「知識」しか把握することができない。そこで、「知識」が身に付いているかどうかを把握したり、「思考・判断・表現」を把握したりできるように、筆記テ

ストの問題を工夫することが求められている。

問題例1は、「知識」が身に付いているかどうかを把握するために工夫された例題である。授業で習得したヘルス・プロモーションの基本的知識を、安全な交通社会づくりに関わる具体例の問いかけによって確かめることを意図して作成されている。

[問題例1]
　ヘルス・プロモーションは「健康的な行動に結びつくための教育的な働きかけと、健康的な生活を支えるための環境への働きかけの組み合わせが大切だ」とする考え方です。「健康的な生活を支えるための環境への働きかけ」については、喫煙と健康で考えると、喫煙できる場所を規制する、広告を規制する、たばこの箱に警告表示をする、などがあげられます。
　では、安全な交通社会づくりに関わる「環境への働きかけ」にはどのようなものがありますか。具体的に3つあげなさい。

　解答例としては、シートベルトの着用や酒気帯び運転の法律づくり、歩行者の安全を確保する歩道の整備、自動車のスピードを抑えるコミュニティ道路の設備、ドクターヘリの設置、衝突安全テストのインターネットでの情報提供などとなる。

[問題例2]
　あなたは大学2年生だとします。大学のサークルの新入生歓迎会の日、会場につくと、先輩2人がイッキ飲みについて口論をしていました。あなたはイッキ飲みの危険性を知っているので、B先輩を何とかして説得せねばなりません。B先輩にイッキ飲みの危険性を具体的に説明してわかってもらえるよう意見を述べなさい。
A先輩「新入生にはイッキ飲みをさせたくない」
B先輩「何言ってるんだ。イッキ飲みはうちのサークルの伝統で、俺たちだってみんなやってきたんだ。伝統を崩すというのか」
A先輩「毎年この時期になると、必ずといっていいほど、どこかの大学で急性アルコール中毒の事故が起こっているんだぞ」
B先輩「大げさだな。今までだって大丈夫だったんだから、うちのサークルで事故なんて起こることないよ」
A先輩「そんな考えは甘いよ。事故は起こってからじゃ遅いんだよ」
B先輩「でも、イッキ飲みをすると場が盛り上がるし……。歓迎会には盛り上がりも大切でしょ。○○（あなた）、おまえもそう思うよな？」
あなた「□□□□□□□□□□□□□□□□□□□□□□□□□□□□□□□□
　　　　□□□□□□□□□□□□□□□□□□□□□□□□□□□□□□□」

　問題例2は、アルコール飲料のイッキ飲み（飲ませ）の状況（問題）場面を

設定した問題である。このような問いかけにより、授業で習得した知識を活用して、「思考・判断・表現」を把握しようと工夫がされている。

解答例としては、「イッキ飲みは犯罪です。毎年何らかの事故が起こっています。体質によってお酒が飲めない人もいます。まわりではやし立てるのも犯罪です。お酒を一気に大量に飲むと、体の中のアルコール分解が間に合わず、その結果意識不明になったり、呼吸が止ったりしてしまいます。僕は絶対によくないと思います」ということになる。

このように、一般化された概念から具体例を考えさせたり、逆に具体例から一般化された概念を考えさせたり、実際にありそうな状況（問題）場面を筆記テストの問題に設定し、それによって授業で習得した知識を活用して、思考・判断・表現できているかを評価する。その他、資料や事例を分析したり分類・整理したりといった工夫等を行うことにより、筆記テストの問題の質は高まる。

3. 評価の実際

最後に、保健の授業において、実際に評価を行っていく際の基本的な進め方をまとめてみよう。

①目標に準拠し、観点別に評価する

まず、保健の目標に準拠しながら、「知識・技能」「思考・判断・表現」「主体的に学習に取り組む態度」の3観点で評価を行うという前提を確認する。

②単元の評価規準を設定する

評価規準を設定すると、生徒の学習状況を評価する「よりどころ」を得ることができる。学習指導要領や学習指導要領解説に示される目標や内容を踏まえたり、国立教育政策研究所教育課程センターが示す評価規準例などを参考にしたりして作成するとよい（表1）。

③本時の評価規準を設定する

本時の評価規準を、単元の3観点のうち、本時で評価する1～2観点について、「概ね満足できる」生徒の学習状況を考え設定する。学習評価は大切であるが、1時間の授業であまり多くの評価をすると評価が大きな負担となってしまう。そこで、単元全体で3観点をバランス良く評価し、1時間の授業では無理ない

表1　単元「心身の発達と心の健康」（中学1年）の評価規準の具体例

知識・技能	思考・判断・表現	主体的に学習に取り組む態度
身体機能の発達、生殖に関わる機能の成熟、精神機能の発達と自己形成、欲求やストレスへの対処と心の健康について、課題の解決に役立つ基本的な事項について、書き出している。	心身の機能の発達と心の健康について、課題の解決をめざして、知識を活用した学習活動などにより、科学的に考え、判断し、それらをあらわしている。	心身の機能の発達と心の健康について関心をもち、学習活動に意欲的に取り組もうとしている。

（文部科学省国立教育政策研究所教育課程センター『評価規準の作成、評価方法等の工夫改善のための参考資料【中学校保健体育】教育出版、2011年、p.41』を参考に一部改変』)

ように、1〜2観点程度の評価にとどめる。

④指導計画づくりの際に、いつどんな方法で評価するのかを決めておく

評価の方法のそれぞれの特徴を踏まえて、授業のいつ、どんな方法で評価をするのかを事前に決めておく。また、評価規準に達していない生徒（「努力を要する」学習状況[14]）がいた場合に、どのように支援するとよいかについても準備しておく。

⑤授業後の評価、単元終了後の評価

授業を実施し、毎授業時間後に、行った評価の記録を残しておく。評価規準に達していない生徒には支援を行う。そして、生徒の学習の習得状況、学習活動が目標に合っているか等の検討を行い、次の指導のあり方を考えたり、修正を図ったりする。単元終了後には、単元における観点ごとの総括評価を行う。最終的には、それに基づく5段階の評定[15]を行う。

（植田誠治）

[14]「努力を要する」学習状況
評価は、観点別に行われるが、「概ね満足できる（評価規準）」「十分満足できる」「努力を要する」学習状況の3段階で行われる。

[15] 5段階の評定
評定とは、観点別に行われた評価を総括し、評価を定めることを言う。3段階で行われた観点別の評価を、最終的には5段階に総括する。

[参考文献]
* 植田誠治「保健の評価」、森昭三・和唐正勝編著『新版保健の授業づくり入門』大修館書店、2002
* 中央教育審議会答申「幼稚園、小学校、中学校、高等学校及び特別支援学校の学習指導要領等の改善及び必要な方策等について」文部科学省、2016
* 杉山重利・高橋健夫・園山和夫編『保健体育科教育法』大修館書店、2009
* 日本学校保健会『高等学校保健学習の指導と評価―生徒・授業を変える評価への転換―』日本学校保健会、2004
* 日本学校保健会『小学校保健学習の指導と評価の工夫―目標の確実な実現を目指した実践例―』日本学校保健会、2015
* 国立教育政策研究所教育課程研究センター『評価規準の作成、評価方法等の工夫改善のための参考資料【中学校保健体育】』教育出版、2011
* 国立教育政策研究所教育課程研究センター『評価規準の作成、評価方法等の工夫改善のための参考資料【高等学校保健体育】』教育出版、2012
* 植田誠治「保健認識を促す評価の工夫」、『体育科教育』2007年8月号、pp. 44-47

第2章 保健の授業をつくる

第9節
模擬授業をやってみよう
——教科書を活用した授業プラン

　バッティングの解説本を読んだだけでは、打撃力は向上しない。何回も素振りを行い、実際にピッチャーの球を打ち返すことによって打撃力は高まる。それと同じで授業の力量も、本書で知識を身につければ高まるというわけではなく、実践を通して磨いていく必要がある。

　読者である学生のみなさんには、ぜひとも授業を構想し、指導案を作成し、そして模擬授業に挑戦していって欲しい。模擬授業という実践をくぐり抜けることによって、授業づくりの奥深さと難しさについて、身をもって学ぶことができるだろう。

1. 授業を構想しよう

　「なるほど！」「へぇ〜そうなのか」「なぜだろうか？」「もう授業終わりなの」と、子どもたちが思わず声を上げる授業はどうすればできるのか。そのためには、まずは良い保健授業の姿をイメージすることである。「教科書を読んで重要事項を解説するだけの授業」「学習カードを穴埋めするだけの授業」では、生徒は少しも楽しくないし、考えようともしない[1]。子どもたちが「楽しい」「考えたい」、そして「もっと追究したい！」と思える授業を実現するには、学習目標・内容についての深い理解のもと、優れた教材を用意し、適切な授業スタイルや指導方法を適用する必要がある[2]。

[1] 第2章第1節「良い保健授業の姿をイメージしよう」を参照。

[2] 詳細は第2章第4節「教材を準備しよう」、第5節「授業スタイルを考えよう」を参照。

2. 教科書で学習目標を確認しよう

　教科書があるから教えるのではない。目の前の子どもたちに「何のために教えるのか」を自問することから出発し、自らの手で学習目標を捉え直すことが必要であり、その際に役立てたいのが教科書である。

　「目標は学習指導要領で確認できる」という意見があるかもしれない。確かに、学習指導要領および解説にも学習目標は示されているが、公的文書の性格上、あくまで一般的な表記に留まっている。この学習指導要領の趣旨を具体化する形で作成されているのが教科書なのである。

　しかし、その教科書は、目の前の児童生徒の実態を踏まえた上で作成されているわけでは勿論ない。そこで教師には、児童生徒の実態に合わせて、教科書に示された学習目標を捉え直す必要がある。

具体的には、①学習指導要領や教科書に示された目標・内容を理解する、②健康問題について、専門書や参考書をもとに教科書に書かれていること以上に理解を深める、③扱う単元について児童・生徒の認識や行動・態度はどのようなものか、その現状を変えるためには何を教える必要があるのか、どのような能力を育成する必要があるのかを検討して、学習目標を設定する、というプロセスを経ることになる。

3. 教科書から学習内容を構造的につかもう

(1) 教科書から学習内容を読み取る

中学・高校の保健体育の教科書をよく読んでみよう。それも、教師の立場に立って読むと、今までとは違った見え方がするだろう。

「教師の立場」とは、例えば「この記述ではイメージがわかないな。より深く理解させるためには、図が必要になるな」など、生徒に説明することを想定しながら1行ごと丁寧に読んでいくことである。教科書は、学習指導要領の趣旨を具体化しているとはいえ、一般的な児童生徒を想定した普遍的な内容とならざるを得ない。したがって、クラスの児童生徒の姿を思い浮かべながら、その内容をより適切なものへと編み直す作業をするのである。

(2) 教科書から学習内容を構造的につかもう

教科書は学習指導要領に基づいて作成されているが、その内容（構造）が学習指導要領とまったく同一であるわけではない。学習指導要領の内容を組み替えて構成されている場合もある。例えば、高校の学習指導要領では、「生涯を通じる健康」→「ア　生涯の各段階における健康」→「(イ)結婚生活と健康」の3階層から構成され、最下層の内容として、以下の4点が示されている。

> 1) 健康な結婚生活について、心身の発達や健康状態など保健の立場から理解できるようにする。
> 2) 受精、妊娠、出産とそれに伴う健康課題について理解できるようにする。
> 3) 家族計画の意義や人工妊娠中絶の心身への影響などについて理解できるようにする。
> 4) 結婚生活を健康に過ごすには…（略）…保健・医療サービスの活用が必要なことを理解できるようにする。

教科書では、これら4つの内容が具体化されているのであるが、例えば『現代高等保健体育』（大修館書店）という教科書では、4つの内容を3つの項目（「結婚生活と健康」「妊娠・出産と健康」「家族計画と人工妊娠中絶」）に再編し、1項目2ページ単位で文章や図表を用いて解説されている。

両者の構造の違いや学習内容の組み替えを把握した上で、教科書の健康問題のとらえ方を踏まえつつ、特に強調する内容は何か、現代的課題は何かという

観点から、クラスの実態に合わせて授業を構想していく。

*

　授業づくりにおいては、教科書に頼るのではなく、専門書などでより深く内容研究をするべきだという指摘がある。確かにそれがベストの方法であるが、保健の多岐にわたる専門的な知見に精通した上で授業を創ることを、学生や初任段階の教師に求めるのは現実的ではない。学生のみなさんには、まずは教科書で示された内容を手がかりに、授業づくりに取り組んでいって欲しい。

(岡崎勝博)

4. 指導法を選択し、教材を作ろう

(1) 授業スタイルの選択

　授業スタイルの種類やこれと目標や内容との関係性については既に述べた[3]。そこで示したように、授業の目標や内容よっては授業スタイルの違いにより学習効果が異なることが想定できる。また、同じ学習内容であっても学習者の構成やその他の条件など、対象者の特性に応じた授業スタイルを選択することは極めて重要である。

　それでは、実際に授業を行う際にはどのような授業スタイルを選択すればよいのか、その判断は実はかなり難しい。例えば、対象とするクラスのタイプに適した授業スタイルを選択したつもりであっても、学習者の状態も常に一定であるとは限らない。その日の出席状況や体調、時には天候にも影響されてクラス全体の状態が変化することはよくある。熟練した教師であれば学習者のその時々の状態に応じて授業スタイルを選択し直すことも可能だろうが、そうでない場合にはそのような臨機応変な対応は困難であることは容易に理解できるだろう。

　そこで、様々な授業スタイルを学び経験することは勿論重要なのだが、これから模擬授業をやってみようとする読者には、数多ある授業スタイルの中から自分に合ったものを模索することをお勧めしたい。実際に、教育現場の教師であっても、それぞれに得意な授業スタイルもあればそうでないものもある。教師の資質によって得手不得手の指導技術があるのはむしろ当然のことだ。そこで、もし自分に適しているという授業スタイルを作ることができたら、それを足がかりとして、その授業スタイルを深めることや他の授業スタイルに応用する能力が高まることも期待できるだろう。

(2) 教材づくり

　教科書に示されている抽象的な内容を学習者が具体的な知識として獲得し、理解を深めるために、教材は必要不可欠な媒体である[4]。良い教材を作るためには、まず教科書を熟読し、教材化する内容を抽出する。そこでは、この授業を通じて学習者にどのような知識や考え方あるいは価値観をもたせたいのか、

[3] 第2章第5節「授業スタイルを考えよう」参照。

[4] 第2章第4節「教材を準備しよう」参照。

教師としての「願い」を意識しながら慎重にじっくり検討して抽出しよう。

次に、対象とする生徒たちの理解力や経験を想定し、どのような教材であれば彼らが自身の知見を広め、理解を深めることができるか検討する。言うまでもなく、良い授業を実践する上で、学習者を観察し理解できるということは、教師の最も重要な能力の一つである。その検討により方向性が決まれば、最適な素材（図、写真、疑問など）を探す。現在ではインターネットの発達により、素材になり得る過去の情報をたやすく検索することが可能になったが、それでも以前に見かけた記事などを改めて入手するのに難渋することはよく経験するだろう。そのため、最適な素材を適時に準備できるようになるためには、日頃から様々な情報に触れ、有用な情報はすぐに引き出せる媒体として保存しておく習慣を身につけて欲しい。

最後に、得られた素材にどのような加工を施せばよいのか検討する。というのは、素材になる情報は、場合によっては教科書の内容よりも難解なときがある。それを学習者の知識や経験に応じて理解しやすいように修正を加えて教材を完成させるためには、対象である学習者をよく理解しておく必要があることは自明であるだろう。

5.指導案を書こう

⑤第2章 第6節の3「指導案を作成する」参照。

勿論、授業は無為無策のアドリブで行われているのではなく、教育内容や学習者に求めるべき知識や理解、あるいは授業展開の配分などを示した指導案に従って実践されている[5]。すなわち、指導案は授業の「企画書」、そこに含まれる内容構成図は「授業の設計図」としての機能を有していると言えるだろう。そのため、教師として習熟すると、指導案を一読するだけでそこに示されている授業が即座にイメージできるようになる。読者諸君にも是非獲得してもらいたい能力だ。

さて、そのような重要な機能を有する指導案であるから、明確で首尾一貫した内容にまとめられていることが求められる。例えば、「本時の目標」の項目は、指導案のはじめの部分に記述されているにもかかわらず、作成過程の終わりの方で考案されるのはなぜか。それは、「本時の目標」は、授業の方向性を示す重要な項目であるがゆえに、「評価」と一致させ、「重要内容」と整合させることにより、他の項目の内容から逸脱することなく、指導案全体を俯瞰し一貫性を担保するよう企図されていることによる。

以上のように、指導案の作成は、授業を行うための事務作業ではなく、より良い授業を実践するための重要な過程であると心得よう。

6.実際に授業をやってみよう

(1)授業の準備

①物理的・人的環境を準備する

　言うまでもなく、事前に教場（教室）の確保をしておかなくてはいけない。読者が学生であるなら、所属する大学の指導教員等の助力を仰ぐのが最も容易で確実な方法だ。そして、その教場には、黒板をはじめ教壇、教卓が備わっており、更には全ての席が机間指導が可能な配置になっているのが理想的である。

　教場が確保できたら、模擬授業の生徒役として参加してくれる協力者（受講者）を募り、場所と時間を案内しよう。その受講者には、なるべく多様な顔ぶれを揃えた方がよい。例えば、クラスメイトだけでなく、上級生や下級生、男性や女性、授業者である読者をよく知る人やあまり知らない人、あるいは指導教員やその他の教員等に積極的に依頼をしてみよう。そのように、多様な人たちに協力してもらうことにより、後述する振り返りの際に様々な視点から多角的な意見を得ることが期待できるだろう。また、その協力依頼や交渉などを通して模擬授業のマネジメントを経験すること自体が、教師として必要な資質になり得ることを理解して欲しい。

②必要なものをそろえる

　既に説明をした指導案や教材は準備できただろうか。それら以外にも、実際に授業を実施することを想定して、教具からチョークに至るまで必要な物品を微に入り細にわたって確認し準備しよう。

　さて、模擬授業の後には、受講者の評価や意見を収集し、その内容を今後に活用することが極めて重要である。ここでは、その評価や意見を収集する手段としての「コメントカード」を紹介しよう。

　コメントカードとは、図1に示す例のように、教師の行動や質問・発問あるいは説明の際に求められる要件を満たしている程度について、リッカート尺度[6]により設問ごとに受講者の回答を求めるものである。例えば、「生徒の目を見て話しているか」という設問においては、その要件に同意できる程度に応じて、「全然当てはまらない」場合には「1」を、「やや当てはまらない」場合には「2」を、「やや当てはまる」場合には「3」を、「よく当てはまる」場合には「4」をそれぞれ選択するという手順により評価を依頼する。また、図1においては「質問・発問、説明」に関する設問群は模擬授業全体を通しての評価を求めているために1群しか設定していないが、複数の「質問・発問、説明」について評価を求める場合には、それに応じて複数群設定するとよいだろう。更に、図1の最下欄にあるように、受講者が自由に意見を記述できる回答欄を必ず設けておく必要がある

　このような内容を含んだコメントカードを事前に人数分用意し、模擬授業を始める前に受講者に配付しておこう。

[6]リッカート尺度
　示された課題に合意できる程度を回答する尺度 (Likert, R. 1932)。

```
                                           年   月   日

            模擬授業コメントカード         全  や  や  よ
                                           然  や  や  く
                                           当  当  当  当
                                           て  て  て  て
                                           は  は  は  は
                                           ま  ま  ま  ま
   授業者氏名：                             ら  ら  る  る
                                           な  な  ↓  ↓
                                           い  い
                                           ↓  ↓
```

【教師行動】
1. 生徒の目を見て話しているか。　　　　　　　　　　　1 - 2 - 3 - 4
2. 話し方（声量、スピード、滑舌）は適切か。　　　　　1 - 2 - 3 - 4
3. 教室全体に配慮しているか。　　　　　　　　　　　　1 - 2 - 3 - 4
4. 生徒の思考に合わせて話を展開しているか。　　　　　1 - 2 - 3 - 4

【質問・発問・説明】
1. 何を聞いているのか具体的で理解しやすいか。　　　　1 - 2 - 3 - 4
2. 意外性があり、考えたくなるか。　　　　　　　　　　1 - 2 - 3 - 4
3. 質問・発問の後に指示がつけられているか。　　　　　1 - 2 - 3 - 4
4. 説明は理解が容易でイメージしやすいか。　　　　　　1 - 2 - 3 - 4
5. 説明の内容は重要なものか。　　　　　　　　　　　　1 - 2 - 3 - 4
6. 生徒の発言や意見を尊重して授業展開されているか。　1 - 2 - 3 - 4
7. 教具は（使用した場合）効果的か。　　　　　　　　　1 - 2 - 3 - 4

授業者へのコメント

図1　コメントカードの例

③リハーサルをする

　模擬授業に必要なものを揃えることができたら、実際の模擬授業を想定したリハーサルを実施することをお勧めする。いわゆる「ぶっつけ本番」はお勧めできないだけでなく、時間を割いて協力してくれる受講者に対して礼を失していると肝に銘じて欲しい。また、少なくとも、その模擬授業で扱う内容と授業の進行手順は、全て記憶しておくべきだろう。教師が自分の手元の資料ばかりを見ているような授業がいかにつまらないか、授業を受講している立場の読者であれば強く同意してもらえるだろう。

　リハーサルを実施するにあたっては、時間を計りながら、指導案通りに授業が進行できるか確認と修正を繰り返し行おう。そのような確認と修正を繰り返す過程こそがより良い授業を誘起するだけでなく、読者自身の教師としての認識をより高次に変容させる[7]ことが期待できる。

(2)模擬授業の実施

　種々の準備を整えたら、いよいよ模擬授業を実施してみよう。授業の内容を把握しリハーサルができていれば、過度な緊張はぜずに自信をもって臨めるはずである。

　まず、授業の始めの方は極めて重要で、その時限の教室内の雰囲気は最初の数分でおおむね決まるといっても過言ではないだろう。そこで本題である重点内容の説明をいきなり切り出すのも一つの方法ではあるが、受講者の興味や理解を得るためには、その内容に関連する社会的・一般的事象を提示するところから始めるのが妥当だろう。そのような広範な事象に関する知識や経験を受講者に確認しながら、重点内容に焦点を絞って授業を進展させることにより、授業内容の意義の理解を容易にさせることができる。

　また、授業を円滑に展開し学習者の学習意欲を維持させる上で、既に述べた「指導のテクニック[8]」を習得していることはかなり重要だ。例えば、説明や発問をする際に使用する言葉の選択に留意することは大切だが、それを伝える時の声量や話すスピードといった話し方にも留意しよう。というのは、話し方を安定させあるいは変化させることによって、学習者の授業内容の理解や、授業そのものへの参加具合が大きく異なることはよくあるからだ。蛇足だが、かくいう筆者もとくに朝1時限目の授業前には顔面筋のストレッチと発声練習は欠かせない。そのような「ウォーミングアップ」を実施した時はそうでない時よりも格段に声量や滑舌が安定し、それにともない、授業者である自分自身の精神的なゆとりができることを経験している。

　ところで、是非お勧めしたいのは、模擬授業中の映像と音声を、ビデオなどを用いて記録しておくことである。その記録が、後述する振り返りにおいて検討に供する重要な資料となることは言うまでもないが、授業者が自分の授業を客観的に観察できる格好の材料にもなるからだ。例えば、録音された自分の声を聞くことにより、それが普段聞き慣れている声と大きく異なることに気づくだろう。その声質や声量を客観的に認識することにより、自分の話をより良く

[7]第2章第1節の3「賢くさせるための方法論」参照。

[8]第2章第7節「教授行為のテクニックを磨こう」参照。

理解してもらうためにはどのような工夫が必要か検討することが可能になる。あるいは、授業中には気づくことができなかった受講者の様子や反応などを、その記録を用いて確認することができる。そのため、録音・録画をする際には授業者の様子だけでなく板書や教材、受講者の様子なども確認できるようなアングルで記録するよう留意する必要がある。

7. 授業を振り返り（省察）、次に活かそう

(1) カンファレンス

　模擬授業を終えたら、受講者をはじめ協力してくれた人たちに感謝の気持ちを伝えた後、引き続きカンファレンス（振り返り会）を実施しよう。

　そこではまず、受講者にあらかじめ配付した前述のコメントカード（図1）への記入を求めよう。その各設問への回答は勿論のこと、自由記述のコメントももれなく記入することを積極的に求めた方がいい。なぜなら、このような質的なデータは極めて貴重な示唆を得る情報が含まれていることが多いからだ。また、そこでは回答する受講者のコメントを誘導するなど、回答に影響するようなことを伝えてはいけない。例えば「あそこの場面は実は○○だったんですよ」というような、模擬授業では触れなかった情報を回答前に提供することは控えるべきだ。模擬授業を受けたことだけによる、率直でバイアス[9]のなるべく少ない回答を引き出すことが重要である。

　受講者の回答が揃ったら、それを基にして模擬授業の良い点や悪い点などについて検討する時間を設けよう。ここで授業者・受講者の両者に必要とされるのは「授業批判力」だ。すなわち、模擬授業中に観察された「教師行動」や「質問・発問・説明」「授業展開」「教具」はどの程度適切だったか、それぞれの立場から考察し、判断し、意見を出すことが求められる（省察）。感情に流されることなく、率直に建設的に意見を出し、検討を深めよう。そのためには、いずれの立場に置かれても自分を客観的に評価する能力が必要であると同時に、その前提となる多くの知識や経験を有していることが重要である。そのためにも、教科書に書かれている内容に関連する・しないにかかわらず、多くの社会的事象に関する知識を収集し、多くの模擬授業や研究授業に参加する経験を蓄積することを読者に勧めたい。必要に応じて、指導教員等に助言を求めることも重要だ。既に述べたように[10]、学習者を賢くするためには、それを指導する教師こそが多くの知識に裏付けられた思考力・判断力を涵養する必要があるだろう。

(2) 見直し

　教師行動や授業展開など、それぞれの課題についての意見がある程度まとめられたら、より良い授業の実施のために必要な対策について意見を交わそう。つまり、初めての模擬授業でパーフェクトな授業ができる人などいないので、

⑨ バイアス
　データや考え方などに含まれる偏りや偏見。仏語で「傾斜」の意味。

⑩ 第2章 第1節 の2の (2)「『賢い』とは何か」参照。

リフレクションペーパー

氏　名		実施日時	年　　月　　日
単　元	（中・高）		
教　材			

【教師行動】

1．生徒の目を見て話しているか。
2．話し方（声量、スピード、滑舌）は適切か。
3．教室全体に配慮しているか。
4．生徒の思考に合わせて話を展開しているか。

	合計	平均
「教師行動」平均		

【質問・発問・説明】

1．何を聞いているのか具体的で理解しやすいか。
2．意外性があり、考えたくなるか。
3．質問・発問の後に指示がつけられているか。
4．説明は理解が容易でイメージしやすいか。
5．説明の内容は重要なものか。
6．生徒の発言や意見を尊重して授業展開されているか。
7．教具は（使用した場合）効果的か。

	合計	平均
「質問・発問・説明」平均		

【コメントとメモ】

項目	受講者（生徒役）のコメント	授業者（教師役）のメモ
教師行動		
質問・発問		
説　明		
授業展開		
教　具		
その他		

図2　リフレクションペーパーの例

もし同じ単元の授業を再度実施する機会があるとすれば、どの場面をどのように改善すればいいか検討しよう。行った模擬授業の具体的な場面に応じて、出された意見や助言を参考に、発問・質問・説明を見直し、指導案を修正するといった採長補短の地道な作業の反復こそが、より良い授業を実施できるようになるための最短の近道であることを理解して欲しい。

　最後に、模擬授業の振り返りにより得られた情報は、リフレクションペーパー（図2）などによりまとめて保存しておこう。コメントカードにより得られた各項目の質問ごとの点数を集計し平均値を算出しておくことにより、単純な比較は難しいものの、別の機会に行う授業と比べる際の目安になるだろう。また、自由記述欄に書かれた意見は、記述されたままの内容で項目ごとの「受講者（生徒役）のコメント」欄に記入し、それぞれに対応する自分の考えや気持ちを、隣の「授業者（教師役）のメモ」欄に記入しておく。得られたコメントに対して同意できる程度や、それを参考に修正した内容など具体的に記録しておくとよい。

(野坂俊弥)

[参考文献]
* 長谷川悦示「わが国の学習指導法の展開と学習指導モデル論の概要」、『体育科教育学研究』33（2）：33-41、2015
* Likert, R.: A technique for the measurement of attitudes. Archives of Psychology 140. 55. 1932.

第3章

保健授業の展開例

この章のねらい

小・中・高で特に注目されるテーマを取り上げる。良い授業を具体的にイメージすることがねらいである。本章で紹介する指導案は、実際に教育現場に立った時に、校種を超えてモデルとして役立つ。

第1節　小学校
　　　　①思春期の体の変化
　　　　②交通事故の防止

第2節　中学校・高等学校
　　　　①欲求と適応機制
　　　　②私たちの生活と環境
　　　　③飲酒と健康
　　　　④性感染症の予防

第3章 保健授業の展開例

第1節 小学校

①思春期の体の変化

1. 単元「育ちゆく体とわたし」（4年生）

①単元の目標

- 思春期には、体が発育・発達したり、男女それぞれ特有の体つきに変化したり、月経・射精が起きたり、異性への関心が芽生えたりすることや、その変化には個人差があることを理解できるようにする（知識・技能）。
- 自分の生活を振り返り、体のより良い発育・発達のために大切な生活の仕方について考えたり、考えたことを書いたり、発表したりすることができるようにする（思考力・判断力・表現力）。
- 体の発育・発達の学習に関心をもち、自分の心身の状態と結びつけて、主体的に学習に取り組み、考えようとしている（主体的に学習に取り組む態度）。

②単元について

　対象となる小学4年生は、発育が早い児童には思春期の体の変化が見られるものの、多くの児童がまだその変化を実感できない時期である。この学習を行うには早過ぎるのではないかという議論もある。しかし、変化が出始めている少数の児童にとっては、とても不安な時期であり、自分だけがおかしいのではないかと心配になっている者もいる。既に変化が始まっている児童の不安や心配を取り除くために、また、変化がまだ生じていない児童にとっても、初めて変化が生じたときに、驚いたり不安に感じたりしないよう心の準備をするために、この時期に思春期の体の変化を学習することには一定の意義がある。

　特に、ここでの学習で大切にしたいことは、次の3点である。①小学生であっても、思春期の心身に起きる現象のしくみと意味を理解できるようにすること。その上で、②心身の変化には、個人差があるが、自分に一番ぴったりな時期に

表1　単元計画

3つの柱	1. 体の発育・発達	2. 思春期の体の変化		3. 体をよりよく発育・発達させるための生活
		大人に近づく体① 〜見た目にわかる変化	大人に近づく体② 〜内面で起きている変化	
主な学習内容	身長・体重は年齢に伴って変化し、その変化には個人差があること。	思春期には体つきに変化が起こり、男子はがっしりとした体つきに、女子は丸みのある体つきになる。これは、脳からの合図で起き、始まる時期には個人差があること。	思春期には、初経、精通、異性への関心が芽生える。これらも脳からの合図で起き、個人差がある。これらの変化は、赤ちゃんを産む準備であり、大人への一歩であること。	体をよりよく発育・発達させるために、調和のとれた食事、適切な運動、休養・睡眠をとる必要があること。

変化が生じるので心配しないこと。③男女ともにみんなに起きる変化であることを知った上で、お互いの変化を受け入れ、気持ち良く過ごすにはどうしたらよいかを考えることができるようにすること。

そこで、小学校5年生の少年の心情を描いた「もこちん」[1]という小説を教材として用いることで、まだ心身の変化を体験していない児童にも、既に変化を体験している児童にも、自分の学校生活や気持ちに重ねてイメージしやすいよう工夫をした。

[1] 重松清「もこちん」『小学五年生』文春文庫、2015年、p. 97、99、101-103。

2.「思春期の体の変化」の授業展開例

(1)第一次「思春期の体の変化①」(2/4時間目)

①授業名　「大人に近づく体①〜見た目にわかる変化」
②本時の目標
- 男女共通の体の変化や、男子、女子それぞれに起きる特有の体の変化が生じる意味を知る。また、この変化は大人になる準備であり、始まる時期には個人差があることを理解することができる（知識・技能）。
- 自分に起きる変化であることを感じながら、主体的に学習に取り組むことができる（主体的に学習に取り組む態度）。

③本時の展開(略案)　表2参照。

(2)第二次「思春期の体の変化②」(3/4時間目)

①授業名　「大人に近づく体②〜内面で起こる変化」
②本時の目標
- 女子には初経、男子には精通が起きること、それらが生じる時期には個人差があることを理解することができる（知識・技能）。
- 思春期の体の変化についてからかわれたときに、自分だったらどのような気持ちになるかを考え、からかいにどう対処したらよいか考え、考えたことを書いたり、発表したりすることができる（思考力・判断力・表現力）。
- 自分の体や心に生じる見えにくい変化に関心をもって、主体的に学習に取り組むことができる（主体的に学習に取り組む態度）。

③本時の展開　表3参照。

（佐見由紀子）

[参考文献]
* 北沢杏子文『女の子のからだの絵本』アーニ出版、2013
* 北沢杏子文『男の子のからだの絵本』アーニ出版、2014
* 高柳美知子編、"人間と性"教育研究所著『イラスト版10歳からの性教育　子どもとマスターする51の性のしくみと命のだいじ』合同出版、2016

[参考になる本]
* "人間と性"教育研究協議会編『新版　人間と性の教育　いのちとからだ・健康の学習　児童と性3』大月書店、2006
* 保健教材研究会編『小学校「授業書」方式による保健の授業』大修館書店、2008

表2　授業展開例――「思春期の体の変化①」（2/4時間目）

■ ねらい、■ 学習内容、◎ 発問・指示

	主な学習内容・学習活動
導入 5分	1. 前時の学習内容を思い出す。
展開 35分	大人と子どもの体つきの違いを見つけよう。 2. 大人の体と子どもの体の見てわかる違いに気づく。 ◎「これから急激に変化する部分が他にもある。それはどこだろうか？」 ＊小学校4年の男女の体の図（省略）と大人の男女の体の図（省略）を見てどこが違うか、ワークシートに書く。 3. 大人になると、男女それぞれの体に変化が起きたり、男女に同じような体の変化が起きたりすることを知る。 ・大人の男性の体：声変わり、ひげが生える、肩幅が広くなる、性器が大きくなる、がっしりとした体つき。 ・大人の女性の体：胸がふくらんでくる、腰回りが大きくなる、丸みをおびた体つきになる。 ・男女共通の体の変化：にきびができる、わき毛が生える、性器のまわりに毛が生える。 体の変化が起きる時期には個人差があることを知ろう。また、体の変化を起こすのは、脳からの指令でホルモンという物質が出るためであることを知ろう。 ◎「このような変化はいつごろから始まるのだろうか？」 ＊体の変化の生じ方の異なる4人の事例から、個人差があること、女子の方が早く変化が始まることに気づく。 ＊このような変化は、脳からの指令でホルモンという物資が出ることで始まる。ホルモンは、自分に一番ぴったりな時に出てくることを知る。 おもな体の変化の意味を知ろう。 4. 主な体の変化を例に、変化の意味を知り、これらは、大人への準備、赤ちゃんを産む準備であることに気づく。 ・胸がふくらむ理由：赤ちゃんに飲ませるミルクをつくる通り道を脂肪で守るため。 ・腰が大きくなる理由：赤ちゃんの過ごす部屋を大きくするため、赤ちゃんが生まれてくるとき、出てきやすいようにするため。 ・男子の性器が大きくなる理由：赤ちゃんのもとになる精子をたくさんつくることができるようにするため。
まとめ 5分	5. 本時の感想（わかったこと、気づいたこと、感じたこと）をワークシートにまとめる。

表3　授業展開例――「思春期の体の変化②」（3/4時間目）

■ ねらい、■ 学習内容、◎ 発問・指示

	主な学習内容・学習活動	○指導上の留意点、◆評価
導入 3分	1. 前時の振り返りをする ＊思春期には男女に体つきの変化が起きること、起きる時期に個人差があることを思い出す。	
展開 35分	大人の準備として、女子は月経、男子は射精が始まり、男女ともに異性に関心をもつという心の変化もあることを知ろう。 ◎「思春期には、大人の準備として他にも変化が起きます。どんな変化だろうか？」 ◎「お話を読んで、小学5年になった伊東もとやくん自身や、クラスの女子にどんな変化が起きているか知ろう」 資料1「お話」を読む。 ＊気づいたことを発表する。 ・女子は体育を見学する⇒生理だから ・男子は女子を見て、もこちんになる⇒体の中でも変化が起きている ・女子が男子をからかう ・女子が男子を見下ろして笑う⇒異性が気になるという心の変化 　　　　　　　　　　　　男女ともに起きる変化	○板書：「小学5年　伊東もとやくん」「どんな変化が起きているのか？」 ○出てきた意見から⇒の後のように内容を整理する。 ○心の変化では、逆に、男子が女子をからかったり、笑ったりすることがないかを問いかけ、男女ともに起きる変化であることを感じさせる。 ◆【主体的に学習に取り組む態度】お話に関心をもち、真剣に読んでいるか。

展開 35分	図1「女子の体の中で起きている変化」 〈説明〉(1)子宮：赤ちゃんを育てる部屋。 　　　　卵巣：赤ちゃんのもとの「卵子」をつくる。 (2)子宮では、赤ちゃんを育てるベッドを準備しているけれど、赤ちゃんができなかったら、ベッドがいらなくなり、それを「ちつ」から体の外に出す。このベッドは、栄養たっぷりの血液でできている。 (3)月に1回、ちつから血が出ることを月経（または生理）という。初めての月経を初経（または初潮）という。 図2「男子の体の中で起きている変化」 〈説明〉(4)男子のちんちん：陰茎という。 　　　　たま：精巣という。 (5)精巣：赤ちゃんのもと「精子」をつくる。 (6)眠っているときや、もとやくんのように女子のことを考えたり、陰茎をさわったりすると、陰茎が固く、大きくなり、精子の入った液体が体の外に出てくる。これを射精と言い、初めての射精を精通と言う。 ・女子の月経や男子の射精は、赤ちゃんを産むための準備である。 ・大人に一歩近づいたということ。 月経や射精はいつ始まるのだろうか？ 図3「初経を経験した時期」「精通を経験した時期」を見る。 ＊女子の方が初経を迎えるのが少し早い。初経も精通も個人差がある。	○黒板に図1の女子の内性器の図と、名称、月経の説明を、フラッシュカードを貼りながら行う。 ○ワークシートに名称や言葉を記入させる。 ○黒板に図2の男子の主に外性器の図（内性器は、精液の通り道のみを示す）と、名称、射精の説明を、フラッシュカードを貼りながら行う。 ○ワークシートに名称や言葉を記入させる。 ◆【知識・技能】男女の体の変化のしくみについて理解できたか。 ○グラフは、スクリーンに映すと効果的である。 ○グラフから、始まるのが早い人、遅い人がいること、男女の違いに気づかせるよう声かけする。 ○前時に学習したことを思い出させ、体つきの変化と同様に、初経や精通、心の変化もすべて脳が合図を出し、ホルモンが出るため起きることに触れる。その時期は、一番自分にぴったりな時期であることを思い出させる。 ◆【知識・技能】体の変化には個人差があることを理解できたか。
まとめ 7分	あなたが、もとやくんだったら、「もこちん」といわれたらどう思いますか？ ・「いやだ」「恥ずかしい」「やめてほしい」 質問1　あなたがもとやくんなら、「もこちん」といってきた女子に、どういってやめてもらいますか。今日、勉強したことをもとに考えて、吹き出しの中に言葉を書いてください。 質問2　あなたが月経でプールを見学しているときに「月経なんだ〜」と男子が冷やかしてきたとき、どう思いますか。また、どういってやめてもらいますか？	○ここでは、もとやくんが恥ずかしくて悔しかった気持ちを男女ともに感じてほしい。そのため、質問1、2いずれも全員が気持ちを考え、学習したことを通して、どんなふうにいえばよいかを考えさせたい。 ◆【思考・判断・表現】自分だったらどう思うかを考え、からかいをなくしたり、からかいにどう対処するかを考え、それを書いたり、発表したりすることができたか。 ＊友達が困っているときに、どうコメントしたらよいかを考えさせる方法もあるが、あくまでも客観的であり、自分のこととしてとらえない可能性がある。 ＊全員が考えた気持ち、言葉は、プリントにして、翌日以降に配付し、共有したい。

第1節① 思春期の体の変化

資料1 お話「女子の体に起きる変化、男子の体に起きる変化」

主人公の伊東もとやくんは小学5年生。あだ名は「もこちん」。昼休みにケガをして、プールの見学をしています。そのとき、みたこと、感じたことなどを書いたお話です。

①女子の3人は、オトナっぽい子のグループだった。見学の理由は知らない。（略）3人とも、今日は生理なんだろうか。（略）小川さんと山本さんが見学をするのは初めてだった。ということは、2人は初潮を迎えたのだろうか。生理のときは、あそこから血が出るらしい。（略）血でパンツが汚れないように、ナプキンという脱脂綿のようなものをあそこに当てるのだという。

②古川さんがスタート台に立った。（略）すらりと背が高くて、脚が長くて、おっぱいがちょっとふくらんで、こっちに突き出たおしりがまんまるで……。だめ。あぶない。もこちん状態、なりかけ。
　ポケットの中でそっと指を伸ばして探ると、心配していたとおり、あそこが固く大きくなっていた。もこちん状態──。ちんちんがもっこりふくらんでいるからもこちん。（略）男子だけに代々受け継がれてきた言い方だ。（略）それは少年のあだ名でもあった。

③オトナっぽい女子は、男子をからかうような態度ばかりとる。男子より背が高いから、いつも見下ろして笑う。（略）4年生の頃は、そんなことはなかった。（略）小川さんがこっちに近づいて声をかけてきた。（略）「あのさぁ、伊東くんってなんで『もこちん』っていうあだ名になったの？」（略）「どこがもこもこになっちゃうの？（略）教えてーっ」（略）悲しさよりくやしさで泣きたくなった。

*重松清『小学五年生』の一節「もこちん」（文春文庫）より抜粋し、必要に応じて前後を入れ替えて「文章教材」として構成した。

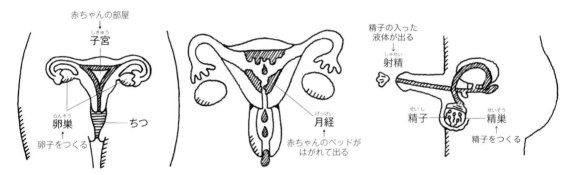

図1　女子の体の中で起きている変化　　　　　図2　男子の体の中で起きている変化

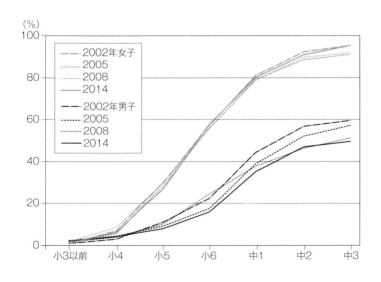

図3　精通と初経の時期の推移
（日本性教育協会『現代性教育研究ジャーナル』No.45をもとに作成）

第3章 保健授業の展開例

第1節　小学校

②交通事故の防止
――アクティブ・ラーニング型の授業開発

1.ねらい、全体構想

　単元「けがの防止」は、新学習指導要領において小学校第5学年に位置づけられ、その内容は以下のように示されている。

> (2)けがの防止について、課題を見付け、その解決を目指した活動を通して、次の事項を身に付けることができるよう指導する。
> 　ア　けがの防止に関する次の事項を理解するとともに、けがなどの簡単な手当をすること。
> 　　(ｱ)交通事故や身の回りの生活の危険が原因となって起こるけがの防止には、周囲の危険に気付くこと、的確な判断の下に安全に行動すること、環境を安全に整えることが必要であること。
> 　　(ｲ)けがなどの簡単な手当は、速やかに行う必要があること。
> 　イ　けがを防止するために、危険の予測や回避の方法を考え、それらを表現すること。

　このねらいを踏まえて本時（3・4時間目）では、交通事故が起きやすい学区内の危険な場所について、体験に基づく深い理解に子どもたちを至らせたい。そこで、アクティブ・ラーニング型の授業を意識して、児童が主体的に活動する場面を意図的に設定し、授業づくりの中心に据えた。

　具体的には、第1時でケガの原因を理解することを重点として授業を展開し、ケガにつながる危険予測の意識を高める。また、第2時では、学校や地域に目を転じさせ、第1時に学習したことを活かせるようにした。

　そして第3・4時では、事前（1週間程度）に日頃自分たちの学区で体験し

表1　単元計画（対象：第5学年、9名）

1時間目	2時間目	1週間の調査活動	3・4時間目（本時）
事故が起こる原因を考える。 《キーワード》 ・人の行動 ・気持ち ・環境 ・起こりそうなケガ（事故）	学校や地域で起こるケガは、どうすれば防止できるか考える。 《キーワード》 前時と同様	・学区の中で、子どもたちが交通事故をめぐる「ヒヤリ・ハット体験」をした場所の写真を集める。 ・前時までに考えてきた「キーワード」が、自分の選んだ場所ではどのようなものか考える。	写真を見ながら、交通事故が起きやすい危険な場所について分析を行い、対策についてみんなで考える。

た交通事故をめぐる「ヒヤリ・ハット体験」を意識させ、実際にその場所での体験を再認識させるとともに、授業時での説明用に現場の写真を撮らせた。子どもたちの現実である「ヒヤリ・ハット体験」を、授業で学んだ危険予測の知識で分析することにより、知識の活用を図ろうとした。また、子どもたち自身の身近な問題を学習課題とすることにより、主体的で意欲的な学習が展開されると考えた（表1参照）。

2. 本時の展開

表2　本時の展開（3・4/7時間目）

	主な学習内容・学習活動	○指導上の留意点、◆評価
導入	・学区内で経験した、交通事故をめぐる「ヒヤリ・ハット体験」を出し合う。 ・学区内にある、交通事故が起きやすい危険な場所について考える。 ①どのような原因があるか。 ②どのようなことをすれば交通事故を防ぐことができるか。	○子どもたちが撮った「ヒヤリ・ハット」体験場所の写真を掲示。 ○その時の危険な体験も発表する（体験について具体的に説明）。 〈準備物〉 ・「ヒヤリ・ハット体験」場所写真 ・模造紙 ・マジック ・「ヒヤリ・ハット体験」分析シート
展開	・本時の流れを確認する。 ①交通事故の原因を調べる方法について説明。 ②グループに分かれて場所の分析、まとめ。 ③自分たちの考えたことを次の時間に発表。 分析方法 《ひそんでいる危険》 ・環境　・行動　・どんな交通事故？ 《防ぐための対策》 ・危険予測・判断材料・行動 ・全体で、分析方法を確認する。 ・グループに分かれて分析し、模造紙にまとめる。	○写真を見ながら、「環境」「人の行動」「気持ち」等に整理して書くとわかりやすいことを伝える。 ○写真をもとに、事故分析を行う。 ○事故の要因を、「ヒヤリ・ハット体験」分析シートに記入し、分析方法と記入の仕方を説明する。 ○各班で、自分の「ヒヤリ・ハット体験」と事故分析を説明させ、それをみんなで検討する。 ◆交通事故の原因を環境と行動から考えるとともに、対策について自分なりに考えることができる（思考・判断）。
まとめ	・グループごとに発表をする。 ・交通事故を防ぐための今後の行動についてまとめる。	◆交通事故は環境と人の行動に原因があることや、交通事故を防止するためには危険の予測、的確な判断、安全な行動が必要であることがわかる（知識・理解）。

3. 授業の様子

（●：教師、○：児童）

●今日は交通事故の防止について学習をします。学区の中でヒヤリ・ハット体験をした場所を探しました。3ヶ所場所が出てきました。その場所でどんな体験をしたかを発表してください。

（発表者は黒板に掲示された写真を用いて説明する）

○場所①──Y字路

（Eさん）学校の帰り道で坂だったから自転車でス

①Y字路

②狭い歩道

③横道の見えない十字路

ピードを出していたら、こっちから車が来てぶつかりそうになった。地面がガタガタしていて、滑って転んだ。

○場所②──狭い歩道

（Oさん）イヤホンをして歩いている人がいて、自転車で通っていたら、危ないと思ってベルを鳴らしたけど気づいてもらえなくて、ガードレールにぶつかった。

○場所③──横道の見えない十字路

（Nさん）こっちから学校に遊びに行くのに自転車に乗っていたら、向こう（横道）から車が来て見えなかったからぶつかりそうになった。

●今日はこういう写真を使って、3つのグループにわかれて「ここって急いでいたらこうなっちゃうよなー」「ここ危ないよなー」と分析をして発表してもらいます。まずは、教科書の写真を使って練習をします。

プリントを見てください。キーワードが4つ書いてあります。

今まで交通事故だけではなく、普段の生活の中のケガにつながることを授業でも考えたけど、それと同じように「人の行動」について考えてね。もし急いでいたらどんな気持ちになるかなと「気持ち」をプリントに書いてみてください。急いでいる時とか、友だちといるとき、こんな行動しそうだなとか。

○止まらずにそのまま行っちゃいそう。

○ここ止まれって書いてあるのにね。

●ほかにある？

○さっきの意見に付け足しなのですが、止まれってあるけど、急いでいるから無視しちゃう。

○友だちと離れていたら、近づきたくてスピードをあげて止まらない。

●次は環境について考えてみます。

○カーブミラーがないからわかりづらい。

○左右が見えない。

●なるほどねー。じゃあ、ここで起こりそうな事故は何かな？

○人とぶつかりそう

○車とぶつかる。車が来るかも知れないから。

●じゃあさ、最後。どうしたら、この事故を防げる？

○一回止まる　○止まって、右左右、周りを確認　○指示に従う

○スピードを下げる。

- ●でも、焦っていたらできなくない？
- ○気持ちを落ち着かせることも必要だね。

【一人学びの時間】
- ●いま事故原因の分析を「人の行動」「気持ち」「環境」から考えましたが、それと同じように、みんなの「ヒヤリ・ハット体験」の場所の写真を分析してもらいます。まず5分間は一人学びの時間です。その後にグループの人に伝える時間が5分。更にその後、模造紙にまとめる時間が15分です。
- ○プリントに書く。
- ●この後グループに分かれて友だちに説明してもらいます。

【グループ学習の時間】

- ●みんなで3ヶ所のことを考えてもらったけど、対策の部分で自分たちが普段の生活でできることもたくさんあるのかなと思います。事故が起こらないようにと思って、大人も事故防止の用具とか置いているんだけど。
- ○カーブミラー、ガードレール、止まれシール、看板、標識、白い線（路側帯）。
- ●これだけあっても、みんなは危ないと思う？
- ○止まれを見えるようにする！ ペンキを塗る。地域の方にお願いする。
- ●夏休みが近いから安全にしたいですってお願いするのも面白いかもね。では、勉強になったこと、これからこうしたいなという思いをノートに書いてください。
- ●みんなの感想にもあったけど、行動とか環境で起こらないことも起こってくるのかなと思います。これから、夏休みが始まります。本当に交通事故に気をつけて欲しいと思います。是非、学んだことを広めて欲しいと思います。

4.子どもたちの感想

(1)道路は危ない。だから、周りも気をつけなくてはいけないし、自分も安全に過ごすために、どうすれば、事故が起きないか、防げるか考えなくてはいけないことを授業をやって勉強になった。

(2)道路は、危ないところだけど、みんなが考えて行動したりすることで事故を防ぐことが出来るということを知った。

(3)ぶつかる事故が起きそうなところがいっぱいあることに気づくことができた。

(4)前に、危ないところなど見つけたりしていたけど、人の行動や気持ち、環境までは、考えていなかった。だけど、今、気持ちなどを考えて自分でも気をつけようと心がけていけるから考えられて良かった。また、危ないところが

危ないところではなくなってほしい。
(5) 学区の中にいろんな人がヒヤリ・ハット体験をして、ケガをした人がいた。カーブミラーがあると事故が少なくなるかと思っていた。
(6) 普段通っている道も危ないところがいっぱいで気をつけていないところも車の飛び出しとかがあるから、これからはカーブミラーとか止まれという表示があったら止まったり、危ないところは毎回止まって左右を見てから進むようにする。カーブミラーや表示が見えにくいところは、見えるようにしたいです。

5.学びの分析

　この授業の大きなポイントは、本時の授業を展開する前に学習課題を子どもたちに知らせ、地域の危険地帯に目を向けさせたことである。自分たちでヒヤリ・ハット体験の場所を探すことで、交通事故にあうかもしれないという危機感が身近なものとなる。また、自分たちの知っている場所を教材として使うことで、問題意識が身近なものとなると考えた。実践の中で実際に写真を見ながら子どもと対話をしていくと、経験に基づいた意見を多く聞くことができた。普段、何気なく通っている道でも、学習として目的をもった視点を与えることで、子どもたちにとってより良い学習の手助けとなる教材になった。

　ただの知識ではなく、活用できる知識となったのではないかと感じている。

①Y字路

②狭い歩道

③横道の見えない十字路

6.授業の後で──子どもたちの取り組みと、大人が考える安全が一致!

　授業を実践して間もなく、夏休みが始まった。実践の時に取り上げた「横道が見えない十字路」が夏休み中に改善され、見通しが良くなっていた。

　実はこの場所について地域の方も危険性を感じていたそうで、その場所の地主さんの協力のもと、改善されたそうだ。そのような動きが地域でもあったことで、自分たちが授業で考えたことが大人にも通用することを実感し、子どもたちは自信をつけた。

　教科書での学習だけではなく、子どもたちの生活に密着した内容を考えることで、学びの分析でも触れたように、ただの知識ではなく活用できる知識となり、自分たちの生活をより良いものにしようという意識をもたせることができた。

(高野法子)

第3章 保健授業の展開例

第2節　中学校・高等学校

①欲求と適応機制

1. 授業に向けた考え方

(1)「欲求と適応機制」の授業づくりをする上での留意点

　前章までに保健学習における目標論、内容論、教材論が展開されたことにより、授業づくりをする上で必要となる前提が確認された。以下では、これまでの論をもとに、具体的な内容に関連づけて授業づくりをする上での留意点を限定的に示すことにしたい。

　まず第一に系統性の理解の重要性である。現行の学習指導要領では、生涯を通じて自らの健康を適切に管理し改善していく思考力・判断力といった資質・能力を、系統性のある指導のなかで育成できるよう、発達の段階に考慮して、指導内容の体系化が図られていることは周知の通りである。

　ここには、近年の情報化、グローバル化により社会構造の複雑化、家族形態・生活環境の変化などが引き起こされることで、生徒たちの健康に新たな問題が生じていることが背景にある。こうした社会状況のなかで生活する中学校・高等学校年代の生徒たちは、第二次性徴期という発達の段階に加えて、知識や行動範囲の広がりや環境の変化、対人・SNSによる人間関係トラブルなど悩みやストレスを多く抱える時期であるため、心身ともに不安定な状態であることが考えられる。また、こうした悩みやストレスは現在のみならず将来の社会生活においても多様なかたちで降りかかることが予見されるだろう。そうした諸問題に生徒自身で対応し、生涯を通じて心身の健康の保持増進を図るためには、欲求などの心の状態や様々なストレスへの対処に向けて、継続的に理解を深めていく必要がある。

　しかしながら、発達の段階が考慮された系統性や各校種における「理解できるようにする」ことが示されているにもかかわらず、いざ授業となると中学校・高等学校と同様の内容を取り扱っている授業がいまだに散見される。勿論、生徒たちの実態に応じて授業が展開されるべきだが、心身の健康に関する内容は小学校・中学校・高等学校を通じて共通に示されているからこそ、そこには系統性に配慮された授業づくりを目指す必要がある。本項の内容に引き寄せれば、中学生年代は、抽象的な思考が可能となる発達の段階であるため、生徒自身の既知や経験から欲求やストレスの原因と結果を関連づけるなどの学習活動を通じて、個人生活における健康・安全に関する内容の科学的な理解を図る。そし

て、高等学校では、社会的な影響のなかで自ら考える発達の段階であるため、自らの欲求や適応機制と社会的要因との関連を多様な観点から検討することや生徒自身が自らの欲求や適応機制の発生を見つめ直し、社会的事象への意志決定と行動選択を適切に改善していくなどの学習活動を通じて、個人生活及び社会生活に関する内容の総合的な理解を図ることが目指される。

　第二に、多角的な授業の捉え方の重要性である。現在においても、欲求や適応機制の種類や脳の働きについて、穴埋めプリントに生徒たちが書き込み、教員が解説するといった「知識の暗記・再生」に焦点化された授業展開は決して稀ではない。勿論、欲求や適応機制に関する知識の獲得は必要な学習活動であるが、こうした授業展開に、家族形態や生活習慣、社会との関わりが一人ひとり異なる生徒たちが参加しているといえるだろうか。

　そうではないからこそ、ここには学習に関する多角的な視点が必要になる。すなわち、一方向的な知識の記憶と再生による視点のみならず、教員、生徒、教材とが相互作用するなかで、「私／私たちの知識」を生成していく学習の視点ももち合わせる必要がある。今後、生徒たちが個々の生活場面に生じる欲求や適応機制に関する課題に自ら対応していく上では、既存の知識の提供に偏るだけでなく授業の当事者らによって生成された知識を活用して、対策を講じていくことが、より我が身に迫る問題として考えていくことにつながるのではないか。近年、指摘される「知識を知っているだけに留めるのではなく、それらをどう使っていくか」という思考力・判断力・表現力等の育成についても、多角的な学習観を持ち合わせることで、「基礎と応用」のみならず「生成と創造」といった知識を活用する授業も展開可能となる。

　ここまで、授業づくりにおける留意点を限定的に取り上げたが、加えて目標論、内容論、教材論の多角的な理解とそれらの具体化の往還が欠かせないことを強調しておきたい。

● 参考になる本
鈴木直樹・石塚諭・小野かつき・上野佳代編『「感じ」と「気づき」を大切にした保健の授業づくり』教育出版、2013

(2) 本授業の考え方

　これまでの前提のもとに、以下では高等学校における「欲求と適応機制」を題材に具体的な授業における考え方を提示したい。

　この展開例で大切にしたいのは、欲求と適応機制に関する「名称の記憶と再生」ではなく、「私に生じる欲求と適応機制の傾向と対策」である。題材に提示される事実的な知識（働きや器官の名称など）の獲得は欠かせないが、それにも増して、ここでは生徒一人ひとりの日常生活や経験を振り返ることから自らの心の働きを学習することを重要視したい。つまり、心の働きが身体にあらわれる姿（事実）を説明するだけでなく、「私に生じている心の働きとその要因はなにか」について思考を巡らすことを通じて、自らの心身の特徴や発生の個人的・社会的要因の理解まで学習していく。こうした生徒一人ひとりの心の働きや生活習慣・社会環境の現状や将来に違いがあることを受け入れ、それぞれに応じた思考を大切にした授業を展開することで、日常生活においても活かされる学習成果に接続させたい。

一方で、生徒の生活・経験から出発することで、科学的に提出されている事実的な知識の獲得をしていないことに不安を感じることもあるだろう。しかしながら、振り返れば、欲求や適応機制に関する知識は、現在、専門書や教科書等に詳細な説明が施されているが、それらは最初から決まっていたのではなく、これまで人々が生活のなかで生じてきたいくつかの精神的な態度の多様性を集めて一つの概念として成り立っている。つまり、欲求や適応機制の事実的知識の背景には、多様な家族形態や生活習慣、社会との関わりが大きく関係した個別の事例が多分に存在している。こうした知識に対する考え方を念頭に置くと、以下の授業展開例は、生徒の日常生活における心の働きから、欲求や適応機制に関する知識の形成過程をなぞることを通じて、知識の意味までを帰納的に再構成していく学習と位置づけることができよう。

　なお、この展開例では、知識の意味理解に留まらず、生活習慣や社会の影響を受ける自らの心の働きについてメタ的に対象化する思考場面や、今後の意志決定や行動選択に向けた対策を講じる知識を活用する場面などを取り入れ、資質・能力の育成にも配慮している。

2.授業展開例

①単元名
(1)現代社会と健康　ウ　精神の健康　(ア)欲求と適応機制

②本時の目標
・精神機能は主として大脳によって統一的・調和的に営まれていることや、人間は欲求が満たされない時、精神に変化が現れるとともに、様々な適応機制が働き、精神の安定・回復を図ろうとすることについて理解を深めるとともに、生活に適用できるようにする（知識・技能）。
・欲求や適応機制について、個人及び社会生活から課題を分析・発見し、習得した知識・技能や他者の考えを活用して解決策を思考し判断するとともに、それらを仲間と伝え合い共有することができるようにする（思考力・判断力・表現力）。
・欲求や適応機制についての課題発見や解決に見通しを立てるとともに、自他の精神の安定・回復に関する学習活動に主体的に取り組むことができるようにする（主体的に学習に取り組む態度）。

③展開
　表1参照。

④ワークシート
　図1参照。

(伊佐野龍司)

表1　授業展開例──⑴現代社会と健康　ウ 精神の健康　㋐欲求と適応機制

■ 発問・指示など

時間	学　習　活　動	○指導上の留意点、◆評価
導入 10分	挨拶・出席確認 1. 典型的な事例に回答し、自らの対応に気づきを得ていく。 このような状況に、みなさんはどのように対応していますか？ 普段通りの対応を書いてみましょう。 ○記述内容の発表 ○欲求と葛藤について解説を受ける。 ○本時のねらいを確認する。 欲求が満たされない場合の、自分の心の働きとその特徴について理解する。	○記述が進まない生徒には、学校での出来事や家庭・学校外での行動などを聞き取り、気づきを促す。 ○友人の設定は、仲の良い友人やりづらい相手（先輩）を設定させ、「葛藤」する状況が生じるように仕向けていく。 ○各生徒の記述を確認し、この後に展開する適応機制に関する「葛藤」の記述が読み取れた生徒も指名する。 ○生徒の記述内容を関連させて、心理的欲求・生理的欲求にも触れるようにする。
展開 37分	2. 欲求不満の場面に対して回答、自らの生活から思い起こす。 プリント左側の状況の場合あなたはどのように対応していますか？ 普段通りの対応を書いてみましょう。 また、右側には、あなたの欲求が満たされなかった状況とその時の対応を書いてください。 ○適応機制の解説を受ける。 3. 自らの適応機制の傾向と影響を分析する。 これまでの状況に関する回答から、教科書に記載されている適応機制の種類を照らし合わせ、自分の心の働きの傾向を分析してみましょう。また、適応機制が生じる影響を自分の生活から分析してみましょう。 ○欲求や適応機制と大脳の働きの関係の解説を受ける。 4.「わたしの心の働き」を踏まえて今後の心の安定を図るための心の働きをより良くするための方策・考え方を講じる（生徒の実態に応じて、グループ活動などにより情報、考えを交換しながら、対策を講じる）。	○プリント左側の記載が進まない生徒には、学校での出来事（分担した課題）や家庭（買い物・TVの録画など）で頻出しそうな内容を取り上げ、気づきを促す。 ○プリント右側の自らの日常生活における出来事の記載が困難な生徒の場合は、叱責場面・嫌な思いをした時などの具体的な例を提示し、意見を引き出せるように支援する。 ○欲求不満や葛藤の状態をやわらげ、無意識に心の安定を図る働きであることを理解できるようにする。 ◆【思考・判断・表現】欲求や適応機制について、自らの傾向や、その出現に関連する要因を個人及び社会生活から分析し、発見しようとしている（評価方法：ワークシート・学習活動の観察）。 ○傾向分析に困難を示す生徒には、仲間から評価を受けることを指示し、自らを対象化できるよう支援する。 ○影響の分析に困難を示す生徒には、教員が適宜背景を読み取るなど、生徒自身から意見が引き出せるように、支援していく。 ○情動と欲求のコントロールが大脳辺縁系と大脳新皮質の働きによって生じていることを理解できるようにする。 ◆【知識・技能】大脳の働きから生じる欲求と適応機制には種類があり、欲求不満による精神の変化は意思決定や行動選択・環境によって安定・回復できることへの理解を深め、生活に適用しようとしている。（評価方法：ワークシート・学習活動の観察）
まとめ 3分	○発表 ○まとめ 挨拶	○昇華への転換例や適応機制の要因分析が詳細な例など取り上げる。 ○適応機制の出現には個人差があること、欲求や適応機制などの心の働きにより自己が形成されてくること、それらが大脳の機能によって生じていることをまとめる。

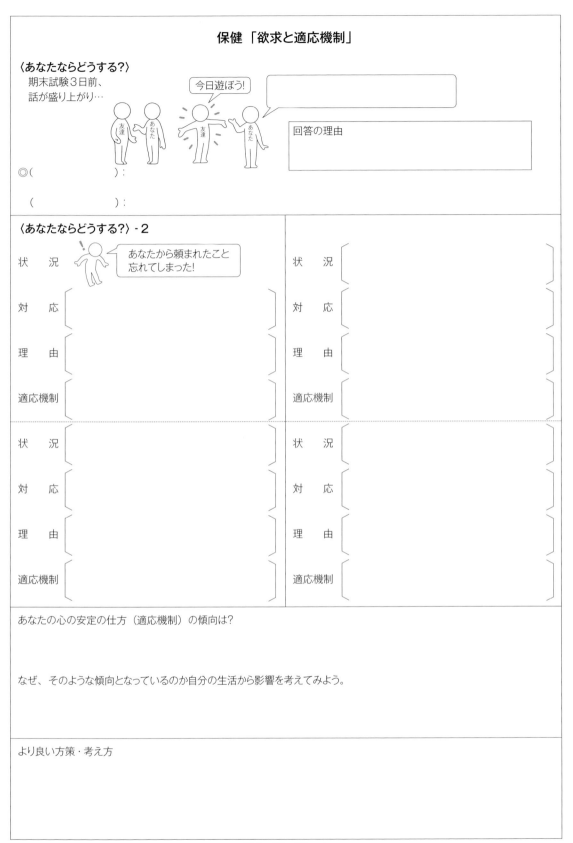

図1　ワークシート

第3章 保健授業の展開例

第2節　中学校・高等学校

②私たちの生活と環境

「環境と健康」に関する教育内容は、中学校では「(2)健康と環境」において、高校では「(3)社会生活と健康　ア　環境と健康」において扱われている。中・高いずれであっても、保健体育教師がやや苦手とする領域の一つである。ここでは、中学校における展開例を示すこととする。

1.目標及び内容

中学校学習指導要領によると、本単元は次の2つの事項を身に付けることができるように指導する、とある。

> ア　健康と環境について理解を深めること。
> イ　健康と環境に関する情報から課題を発見し、その解決に向けて思考し判断するとともに、それらを表現すること。

アとイの関係を整理してみよう。現代には、健康と環境に関わる問題が多く存在する。問題を解決するには、まず発見しなければならないが、健康と環境についての知識や理解がなければ、そもそも発見することすらできないだろう。発見した後は、解決方法を考え、適切な判断をしなければならないが、この時も、基礎的な知識と理解が思考材料と判断材料となる。つまり、アはイの前提条件であると言える。イの最後に「それらを表現すること」とあるが、これは自分の思考や判断を、周囲に伝えたり話し合ったりすることを意味する。

次に内容であるが、「ア　健康と環境について理解を深めること」のなかに、以下の3つが挙げられている。

> (ア)身体には、環境に対してある程度まで適応能力があること。身体の適応能力を超えた環境は、健康に影響を及ぼすことがあること。また、快適で能率のよい生活を送るための温度、湿度や明るさには一定の範囲があること。
> (イ)飲料水や空気は、健康と密接な関わりがあること。また、飲料水や空気を衛生的に保つには、基準に適合するよう管理する必要があること。
> (ウ)人間の生活によって生じた廃棄物は、環境の保全に十分配慮し、環境を汚染しないように衛生的に処理する必要があること。

(ア)と(イ)で記されている温度、湿度、明るさ（照度）、飲料水、空気は、人間

の周囲を取り巻く比較的身近な生活環境であり、(ウ)で示されている環境とは、自然環境のことである。温度、湿度、照度、水、空気は、狭い範囲で見れば生活環境であるが、広い範囲で見れば自然環境でもある。

(ア)で示されている適応能力の例を考えてみる。温度に対しては、体温調整機能①がある。明るさに対しては、瞳孔の拡張や縮小②がある。飲料水や空気に対しては、免疫機能が体を守っている。ところが、適応能力には限界があり、限界を超えると体調を壊したり、最悪の場合、生命の危機に陥ったりする（熱中症や重度の食中毒など）。たとえ適応能力の範囲内であっても、人間はより快適な環境を求めることがしばしばある（少し寒いからエアコンをつけるなど）。

快適な生活環境を求めることは、人間を中心に考えた場合、合理的であるといえるが、実際は自然環境のことも考えた行動が求められる。人間がエアコンを使用したり、新しい製品を開発したりすると、生活環境が快適になる。しかし、電力をはじめとするエネルギーの消費が温室効果ガスを排出して地球温暖化を加速させたり、料理で使用した油や洗剤が、直接的に水質を汚染したりする。自然環境は生活環境と密接な関わりがあるため、やがては人間の生活環境が悪化することになる。

こうした観点から、快適な生活環境の必要性と同時に、自然環境の保護について教えなければならない。

2. 単元の特性

一般に本単元は、他の単元③に比べて、良い授業をつくることが難しい。なぜ難しいのか、その理由を教師と教材、それぞれの要因で考えてみる。

(1) 教師に見られる要因：環境について専門的に学んだことがない

保健体育教師を目指した動機が「生活環境や自然環境に興味をもったからである」という学生はまずいない。大学のカリキュラムの影響もあるが、授業を行う教師自身が、環境についての知識を十分にもっていないといえる。知らないことは教えられない。ゆえに、教師は環境について積極的に学ばなくてはならない。

(2) 教材に見られる要因：良い教材を発掘しにくく、教材化もしにくい

教育実習生や新米教師にとって、比較的用意しやすい教材といえば具体物教材である。しかし、温度や湿度、明るさは物体として実在しないため、具体物として用意することも、写真に写すことも難しい。空気も無色であるため、具体物教材には不向きである。唯一、水は具体物として用意することができるが、汚染された水を採取してくるのは一苦労である。つまり、本単元では具体物教材が用意しにくく、用意できたとしても、もう一工夫しないと使い物にならないのである。

エピソード教材はどうだろうか。飲酒運転で家族を失った遺族の言葉や、薬

---

①高温時は発汗によって体温を下げ、低温時には皮膚を収縮させて（表面積を小さくして）放熱を抑える。

②拡張すると光を多く取り入れる、縮小すると入ってくる光が減る。

③(1)健康な生活と疾病の予防、(2)心身の機能の発達と心の健康、(3)傷害の防止（環境と健康は(4)に当たる）。

物に手を染めてしまった若者の語りは、生徒の心によく響く。こうした単元では、エピソード教材は使いやすい。本単元では、水俣病などの公害からエピソード教材を用意することは可能であるが、今と昔では環境問題の構造自体が異なっている点に注意が必要である。

体験型の教材としては、実験や調査がある。例えば快適な室温の教室と、エアコンで冷やし過ぎた教室を用意して、その中で作業効率をテストする実験は、体験型の教材として良いかもしれない。しかし、教室を複数用意するか、2回にわたって実施しなければならず、手間のかかる方法である。仮に行えたとしても、作業効率テストの結果が変わらないかもしれない。これではリスクが大きい。水質汚濁や大気汚染の調査に行くことも考えられるが、水や空気の汚染を調査するには測定器具④が必要で、時間だけでなく費用もかかる。

このように、本単元で良い教材を用意することは、経験の少ない教師にとって難易度が高い。したがって、より良い授業をつくる第一歩としては、発問&解答の問題教材を中心とし、筋の通ったストーリーで授業（単元）を構成することが無難である。

④残留塩素や一般細菌の試験紙、窒素酸化物の検知管などが比較的安価で市販されている。

3. モデル授業

本単元の計画と一部の授業の学習指導案を示す。何回の授業で単元を構成するかは学校や教師によって異なるため、自分が適切と思う時間配分で行えばよい。繰り返しになるが、なにより授業が筋の通ったストーリーになることを心がけて欲しい。

(1) 単元計画

表1参照。

(2) 展開例

①私たちの生活と環境問題(6/6時間目)
②本時の目標
・環境問題が健康に与える影響と、環境問題が発生・悪化する原因を科学的、理論的に理解する（知識・技能）。
・環境問題を解決するために実行すべきことを考え、適切な判断をし、それらを周囲に伝えたり話し合ったりする（思考力・判断力・表現力）。
・私たちの生活と環境問題について関心をもち、意欲的に学習する（主体的に学習に取り組む態度）。
③展開
表2参照。

（徐　広孝）

［引用文献］
* 1 文部科学省『中学校学習指導要領解説　保健体育編』東山書房、2008年、p. 148、151
* 2 髙松宏行・永石雅基「新規なリン吸着材を活用した排水高度処理システムの構築」『長崎県窯業技術センター研究報告』2008年

［参考文献］
* 大久保泰邦『エネルギーとコストのからくり』平凡社新書、2014
* 饒村曜『最新図解PM2.5と大気汚染がわかる本』オーム社、2013
* 山田一裕『水しらべの基礎知識 環境学習から浄化の実践まで』オーム社、2009
* 井村秀文『環境問題をシステム的に考える 氾濫する情報に踊らされないために』化学同人、2009
* 山本良一『気候変動+2℃』ダイヤモンド社、2006

表1　単元計画

		学習内容	教材
第1時	環境の変化への体の適応	人間の身体は環境の変化に適応する能力をもっているが、限界を超えると健康に影響が及ぶ。	ホメオスタシス（恒常性）／適応能力、体温調節／高地での呼吸数や心拍数の増加／瞳孔の拡張と縮小／寒地での身震い／脱水症状／熱中症とその原因（輻射熱を含む）／凍傷／低体温症など
		だから、予防と対策が必要である。	基礎体力の大切さ／正しい水分補給の仕方／熱中症や低体温症になったときの対処法／WBGT計[5]の使用など
第2時	快適で能率の良い環境	人間の活動は、快適な環境下で最も能率が良くなる。	気温と学習効率、運動パフォーマンスの関係／暗所では眠くなったり、集中力が落ちたりするなど
		だから、健康に適した快適な環境の維持と改善が必要である。	至適範囲[6]／ブルーライトの軽減など
第3時	衛生的な飲料水の供給	水は人間が生きるために不可欠であり、汚染された水は健康に悪影響を及ぼす。	身体の約3分の2が水分／人間の身体にとっての水の役割[7]／1日に必要な水分の量／井戸水や川の水を飲んで病気になることがあるなど
		だから、衛生的な飲料水が必要である。	水質基準／水質検査[8]／浄水場から水が供給される仕組み／トリハロメタンの問題
第4時	空気の汚染と換気	酸素は人間が生きるために不可欠であるが、高濃度の二酸化炭素や一酸化炭素は健康に悪影響を及ぼす。	人間の体にとっての酸素の役割[9]／二酸化炭素濃度の基準[10]／高濃度二酸化炭素による悪影響／一酸化炭素の性質／一酸化炭素中毒など
		だから、換気が必要である。	一酸化炭素の発生源／適切な換気の仕方など
第5時	し尿とごみの処理	し尿やごみを放置すると健康に悪い影響が及ぶ。	悪臭、涙腺の刺激、ハエやネズミの繁殖、チフスなどの感染症の増加
		だから、衛生的に処理しなければならない。	下水道と下水処理場の仕組み／ごみ焼却施設／最終処分場
第6時（本時）	私たちの生活と環境問題	昔と今の環境問題は違う。	今は昔の公害のように、被害者・加害者が分けられない／水質汚濁（アオコ、赤潮）／マイクロプラスチック／大気汚染（硫黄酸化物、窒素酸化物、PM2.5）／地球温暖化など
		だから、私たち一人ひとりが、環境の保全に向け取り組まなければならない。	省資源・省エネルギー／節電、節水、節約／循環型社会の実現／3R（Reduce、Reuse、Recycle）

〈注〉
[5]Wet-Bulb Glove Temperatureの略。湿球黒球温度といい、温度、湿度、風速、輻射熱などを総合した指標。WBGT計は熱中症予防に有効である。
[6]気温は冬季18〜20度、夏季25〜28度、湿度は50〜60%、気流は0.2〜0.3m/秒、明るさは活動や場所によって異なる。
[7]栄養素の運搬、老廃物の排泄、汗としての体温調節など。
[8]機械式検査、人による検査、生き物（メダカなど）による検査がある。
[9]栄養素を燃やしてエネルギーにする。
[10]学校環境衛生基準では0.15%以下。

表2　展開（第6時）

	主な学習内容・学習活動	○指導上の留意点、◆評価
導入 5分	1. 昔と今の環境問題の違い 身近なところで、環境が健康に悪影響を及ぼしている例を挙げてみよう。 〈予想される解答〉 工場の煙や排水、建築現場の騒音、自動車の排出ガス、ごみ置き場の悪臭、PM2.5、酸性雨、ブルーライト、地球温暖化、光化学スモッグなど これらを2つのパターンに分けてみよう。 ①原因が工場などで被害者が個人 　⇒工場の煙や排水、建築現場の騒音 ②原因と被害者がはっきり分けられない 　⇒自動車の排出ガス、ごみ置き場の悪臭、PM2.5、酸性雨、地球温暖化、光化学スモッグ 原因が工場などで被害者が個人という構図で健康被害が拡大することを公害という。一方、近年の環境問題は、私たちが被害者でもあり、加害者でもある。 2. 本時のねらい 近年の環境問題は、私たちの健康にどのような影響を与えているのか、このままだと、どの程度まで悪化してしまうのか、そして、私たちがやるべきことはなんなのかを学んでいこう。	○板書用のプレートをあらかじめ用意しておく。 ○日本の四大公害（四日市ぜんそく、熊本水俣病、新潟水俣病、イタイイタイ病）について補足説明する。
展開 40分	3. 近年の環境問題 1）水質汚濁 水質汚濁では、アオコや赤潮が発生している。その原因はどれだろうか（複数回答可）。 　A．人間が出す生活排水や工場排水の増加 　B．農業で使われる化学肥料の増加 　C．酸性雨の増加 〈答え〉A、B 〈解説〉栄養分を含んだ生活排水や、工場排水が大量に海に流れている。人工的な化学肥料も、土壌から川や海へ流れる。こうしたことが原因で、特定の海や湖沼の栄養が豊富になり、プランクトンが大量に発生する。 アオコや赤潮の水質汚濁は、生活排水や工場排水の増加、化学肥料の増加などが原因である。 2）大気汚染 大阪の工業地帯では、1930年代から大気汚染による公害が深刻であった。次のうち、大気汚染物質が少なかったのはどれだろうか。 　A．戦前　　B．戦中　　C．戦後 〈答え〉B 〈解説〉公害の原因は工場である。資源不足や空襲によって工場の稼働率が低下し、汚染物質の量はおよそ3分の1に減少した。戦後から高度経済成長期に向けて、汚染物質は増加していった。 ［図1］ 戦後の日本では、大気汚染が悪化した。 高度経済成長期以降はどうだろうか。1960年代から90年代にかけて、東京都武蔵野市から富士山（83km先）と東京タワー（17km先）が見えた日数はどのように変化したか、予想してグラフに書き込んでみよう。 〈答え〉日数が増えた。 ［図2］ 〈解説〉1960年代以降、富士山や東京タワーが見えた日数が増えたということは、空気がきれいになったことを意味している。	○アオコ、赤潮の写真を見せる。 ○アオコ、赤潮は、有機物を餌とするプランクトンなどが異常繁殖して起こる。酸素不足で魚などの生き物が大量に死ぬことがある。 ○洗剤に含まれるリンという物質も、富栄養化の原因となっている。リンの除去率が高い下水処理施設は、まだ一部の地域にしか導入されていない[*2]。 ◆【知識・技能】水質汚濁の原因を知り、理解する（期末テスト）。 ○選択肢はいずれも第二次世界大戦のことである。 ○大気汚染物質が増えると、空気は濁り、遠くを見通せなくなる。空気の濁り具合の指標として、富士山や東京タワーが見える日数を測定した。 ○軸だけが書かれたグラフを配布する。 ○汚染物質の除去技術の進歩や、資源の移り変わり（石炭から石油へ）などが理由である。

展開 40分	空気がきれいになれば、呼吸器疾患の患者数も減っているのではないかと考えられる。 ［図3］ 〈解説〉呼吸器疾患の総数は減っているが、喘息は増えている。喘息だけが増えている理由は、目に見える大きさの汚染物質が減り、目に見えない大きさの汚染物質（SPMやPM2.5）が増えてきたからである。 高度経済成長期以降、目に見える大きさの大気汚染物質が減ったが、より小さなSPMやPM2.5が増えた。 SPMとPM2.5は肺胞まで届くため、健康への影響が大きい。光化学反応によって粒子化した硫黄酸化物（SO_x）は喘息、窒素酸化物（NO_x）は慢性気管支炎の原因となる。 4．地球温暖化 地球温暖化による海面上昇や干ばつなどの写真をみせて、危機感を覚えさせる。 IPCCは、地球温暖化による将来の気温上昇を4つのシナリオ（RCPシナリオ[1]）で予測している。最悪の場合、2100年に平均気温は何度上昇すると予測されているだろうか。 〈答え〉約4度。 〈解説〉このまま何もしなければ、2100年時点で4度、2300年時点で8度上昇すると予測されている。温室効果ガスは工場などだけでなく、私たちの生活からも排出され、地球温暖化に大きな影響を与えている。 ［図5］ 地球温暖化を最小限に抑えるためには、私たち一人ひとりが努力しなければならない。 5．環境保全のためにできること 環境保全のために、自分ができること、やるべきことを具体的に考えてノートに書き、周囲と意見を交換しよう。 〈予想される反応〉 ・電気に関すること：夏のエアコンの温度を下げ過ぎない。電気はこまめに消す。 ・水に関すること：シャワーを出しっぱなしにしない。風呂の残り湯を洗濯に使う。 ・石油に関すること：近場は自動車でなく、歩いたり自転車で行く。 ・ガスに関すること：風呂が沸いたらすぐに入って、無駄な追い焚きをしないようにする。 ・ごみに関すること：ペットボトルをリサイクルに出す。スーパーには買い物袋をもって行く。 節電、節水、（石油やガスの）節約などの省資源・省エネルギーの取り組みは、地球環境への負担を軽減する。 ごみの減量（Reduce）、再利用（Reuse）、再生利用（Recycle）をすることによって循環型社会が実現され、環境保全につながる。 こうした行動を、私たち一人ひとりが実行しなければならない。	○補足：喘息と関係の深い喫煙について、成人喫煙率は減り続けている。 ［図4］ ○SPM（浮遊粒子状物質）：大気中に浮遊する10μm以下の粒子。粉塵、煤塵、砂塵など。 ○PM2.5（微小粒子状物質）：2.5μm以下の粒子。 ◆【知識・技能】大気汚染の実態、健康への影響を知り、理解する（期末テスト）。 ○IPCC：気候変動に関する政府間パネル。地球温暖化についての科学的な研究の収集、整理のための政府間機構。 ○二酸化炭素の排出は、例えば電気をたくさん使うと、その分、発電所で多くの石油が燃やされる。自動車のガソリンも同様である。 ◆【知識・技能】地球温暖化の原因や将来の予測を知り、理解する（期末テスト）。 ◆【主体的に学習に取り組む態度】自分の考えを積極的にノートに書き出している（観察、ノート）。 ◆【思考・判断・表現】環境問題の原因と自分の生活を結びつけて考え、周囲との意見交換を行っている。
まとめ 5分	6．本時の内容についての質問を受ける。 7．本時の内容を振り返り、定着状況を確認する。	

〈注〉
[1] RCPシナリオについての詳しい説明は、IPCC第5次評価報告書を参考にするとよい。

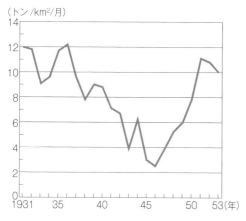

図1 大阪市北区の汚染物質（主に煤塵）量の推移
（『酸性雨から越境汚染へ（気象ブックス）』成山堂書店、2012）

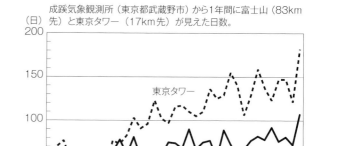

図2 1年間に富士山と東京タワーが見えた日数
（成蹊気象観測所）

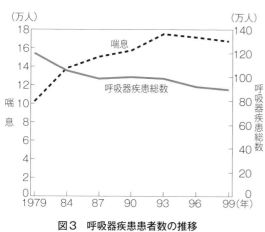

図3 呼吸器疾患患者数の推移
（厚生労働省「疾患調査」）

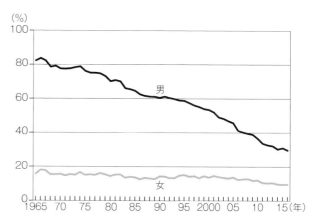

図4 成人喫煙率の推移（日本たばこ産業のデータより作成）

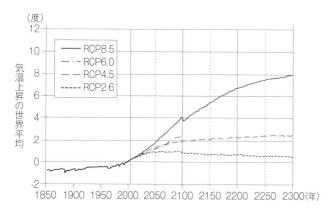

図5 地球温暖化による気温上昇のシナリオ
（IPCC第5次評価報告書）

第3章 保健授業の展開例

第2節　中学校・高等学校

③飲酒と健康

1.「飲酒と健康」について

　お酒は、近年になってこそコンビニ等で購入する際には規制がかかるようになったとはいえ、家庭の冷蔵庫、お祝い事、飲食店などにおいて日常的に目にすることも多く、その気になれば容易に口にすることのできる身近なものである。また、調理方法の一つとしてお酒を用いる料理も多く、例えばラム酒の入ったフルーツケーキを食べると顔が真っ赤になってしまう、というような話も耳にしたことがあるのではないだろうか。

　中学生・高校生という発達段階を考えると、人間関係や興味・関心の広がり、自己に対する不安や社会に対する反発心などが比較的多い時期であり、アルコールに近づきやすい時期ともいえるかもしれない。一方、成人以降においても飲酒によって健康を損なったり、飲酒によって冷静さを失い、罪を犯したり犯罪に巻き込まれたりといったようなニュースもあとを絶たない。いったいアルコールは体内でどのような変化をもたらすのか、なぜ飲酒によって人が変わってしまうのか……、飲酒習慣が及ぼす影響とは、お酒に強い人・弱い人とは、なぜ未成年は飲酒が認められていないのか。これらのことを科学的に理解することは、個人や社会が健康により良く生きていくためにも欠かせない要素の一つとなる。

　以上のように、なぜ「飲酒と健康」を学ばなければならないのか、その意味や日常生活との関連性をあらかじめ整理しておくことは、どのように授業に入るか（授業の導入や動機づけ）とか、どのように授業を展開していくか（発問や学習活動、資料など）といった授業展開を考える上でとても大切になってくる。時間のかかる作業ではあるが、ぜひチャレンジしてみて欲しい。

2.具体的には何を指導すればよいのか（指導内容）を確認しておこう!

　保健学習で扱う「飲酒と健康」は、中学校および高等学校において指導する内容であるが、本稿では、中学校における内容について具体的な指導の展開例を考えていくこととする。

> 〈中学校保健分野「(1)健康な生活と疾病の予防」〉
> (1) 健康な生活と疾病の予防について、課題を発見し、その解決を目指した活動を通して、次の事項を身に付けることができるよう指導する。
> 　ア　健康な生活と疾病の予防について理解を深めること。
> 　　(エ) 喫煙、飲酒、薬物乱用などの行為は、心身に様々な影響を与え、健康を損なう原因となること。また、これらの行為には、個人の心理状態や人間関係、社会環境が影響することから、それぞれの要因に適切に対処する必要があること。
> 　イ　健康な生活と疾病の予防について、課題を発見し、その解決に向けて思考し判断するとともに、それらを表現すること。
> 　　　　　　　　　　　　　　　　　　　　　　　　　(『中学校学習指導要領』より)

⇩箇条書きにしてみるとわかりやすい！

飲酒と健康に関して、
　・心身への様々な影響。
　・健康を損なう原因となること。
　・個人の心理状態や人間関係、社会環境などの要因に対する適切な対処。
を指導する。

〈具体的には〉

> ウ　喫煙、飲酒、薬物乱用と健康
> 　(イ) 飲酒と健康
> 　　飲酒については、酒の主成分のエチルアルコールが中枢神経の働きを低下させ、思考力や自制力を低下させたり運動障害を起こしたりすること、急激に大量の飲酒をすると急性中毒を起こし意識障害や死に至ることもあることを理解できるようにする。また、常習的な飲酒により、肝臓病や脳の病気など様々な病気を起こしやすくなることを理解できるようにする。特に、未成年者の飲酒については、身体に大きな影響を及ぼし、エチルアルコールの作用などにより依存症になりやすいことを理解できるようにする。　　　　　(『中学校学習指導要領解説』より)

> 「喫煙、飲酒、薬物乱用と健康」については、心身への急性影響及び依存性について取り扱うこと。　　(『中学校学習指導要領』「内容の取扱い」より)

3. 授業展開例

(1) 本時の目標

・飲酒が及ぼす心身への影響、常習的な飲酒や未成年の飲酒が及ぼす心身への影響について理解することができるようにする（知識・技能）。

表1　授業展開例

■ ねらい、■ 学習内容、◎ 発問・指示

	おもな学習内容・学習活動	○指導上の留意点、◆評価
導入 12分	◎今日は不思議な絆創膏を貼ってから授業を始めてみます。 ・先生の説明を聞き、ペア同士で貼り合う。 ［資料1］ ◎Q1　ところで、「酔っ払い」と聞いてイメージすることは？ ・ペアで思いつくことをシェアしながら、箇条書きで学習カードに記入する。 ・発表する。 ◎Q2　絆創膏をはがしてみよう。何か変化ある？　いったい何が起きたのでしょう？ ・ペアで観察し合って、発表する。 ◎実はこの絆創膏にはアルコールを含ませてありました。 ・直後に肌が赤くなっている人→飲めない体質 ・10分後に肌が赤くなる人　→悪酔いする体質 ・肌の色に変化がない人　　→お酒に強い体質 ■今日は、「飲酒と健康」について学習します。お酒を飲むとからだはどうなるのか？　なぜ人によって違うのか？　未成年の飲酒はなぜいけないのか？　といったことを勉強していきましょう！ ・学習カードに、本時のねらいを記入する。	○絆創膏のガーゼ部分に市販の消毒用アルコールを2〜3滴しみ込ませたものを配布し、上腕の内側に貼らせる。 ○10分待っている間に。 ○なるべくたくさん挙げさせる。からだの状態に関する項目も挙がるようにする。 ○発表事項を板書する。 ※後の学習活動で用いる。 ○変化の有無が人によって異なることに気づかせる。
展開1 20分	◎Q3　お酒（アルコール）がからだの中に入るとどうなるのか？ 　［板書例1］ ・先生の説明を聞きながら、板書事項を学習カードに記入する。 　［板書例2］ ・先生の説明を聞きながら、板書事項を学習カードに記入する。 ・Q1の板書項目からからだの状態に関する項目を選び、表の「状態」の欄に分類する（ペアワーク）。 　［資料2・3］［板書例3］ ・先生の説明を聞きながら、板書事項を学習カードに記入する。	・説明をしながら板書する。 ○分類できたら、黒板の表の「状態」の欄に書かせ、それに対して教師が修正、補足、説明を行う。 ◆【態度】学習カードへの記入、ペアワークなどの活動に意欲的に取り組もうとしている（観察、学習カード）。 ○資料提示し、紹介する程度。
展開2 10分	◎Q4　こんなシチュエーション、君ならどうする？ A：部活の大会後、先輩たちに食事に誘われ、仕方なくついていった。すると、先輩たちがお酒を飲み始め、「お前も飲めよ。少しくらい大丈夫だから」と強くいわれた。君はどうする？ B：同級生とお祭りに出かけ、気分も盛り上がっている。ある一人が、「みんなでお酒を飲んでみないか？」という話になり、みんな乗り気になっている。君はどうする？ C：両親は外出中で、一人で家の留守番をしている。冷蔵庫にはお酒が入っている。最近お酒に興味をもっていて、イライラもしているし、試したくなる気分になった。君はどうする？ ・シチュエーションを1つ選び、個人の考えを学習カードに記入する。 ・クラス全体で何人かが発表し、シェアする。 （シチュエーションA、Bについては、ロールプレイング）	○学んだ知識を活用させる。 ○シチュエーションA、Bを選んだ生徒の発表については、先輩役や同級生役を設定し、ロールプレイング形式で発表させる。ただし、ここではロールプレイングのスキルを評価することが目標ではなく、あくまで知識の強化としての学習活動であることに留意する。
まとめ 8分	■本時の目標に対する振り返り 　・学習活動への取り組み方 　・飲酒が及ぼす心身への影響、常習的な飲酒や未成年の飲酒が及ぼす心身への影響に関する内容 ・先生の説明を聞きながら、教科書の該当部をマーキングする。 ◎Q5　今日の授業で学んだことは何ですか？ ◎Q6　学んだ内容に関して今後、普段の生活のなかでどのようにしていこうと思いますか。 ・学習カード記入	◆【知識・技能】飲酒が及ぼす心身への影響、常習的な飲酒や未成年の飲酒が及ぼす心身への影響について、書き出したりしている（学習カード）。

資料1　アルコールパッチテストの方法（『授業展開指導ノート 保健編④』大修館書店、2016より）

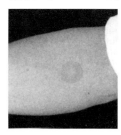

消毒用エタノールを脱脂綿に2～3滴たらし、前腕内側にサージカルテープで密閉するように貼る。
なお、検査キットも販売されている。

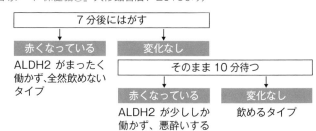

板書例1

〈アルコールを摂取すると体内（肝臓）では……〉

$[C_2H_5OH] + (O) \Rightarrow [CH_3CHO] + [H_2O]$
アルコール　　　　　アセトアルデヒド　　水

- こいつがくせ者！毒性をもっている！
- 毒性アリ
- 毒性をなくさないと！
- これは知っているよね？そう、二酸化炭素と水だね。毒性ある？
- ↓分解（アセトアルデヒド脱水素酵素：ALDH）
- これらのことが肝臓で行われているんだ！
- $CH_3CHO + (O) \Rightarrow CH_3COOH$
- 理科で習ったのでは？知っている人？正解は酢です！
- [酢酸]
- 分解できなかったアルコールは毒性をもったまま、脳や血液を巡ってしまう。その時に、からだにいろいろな影響を与えてしまうんだ（アルコールの作用）。
- $CH_3COOH + 4(O) \Rightarrow 2CO_2 + 2H_2O$
- 二酸化炭素と水

⇩　⇧
1回で分解できなかったアルコールは、[脳]や全身の[血液]を巡り再び[肝臓]へ

資料2　未成年者飲酒禁止法のポイント（アサヒビールHPより）

・未成年者は飲酒してはならない。
・未成年者の親は、未成年者の飲酒を止めなければならない。
・酒販売店は、未成年者に対して酒類の販売をしてはいけない。また、年齢確認など、飲酒防止の対応をとらなければならない。
・親が未成年者の飲酒を見過ごした場合は、科料に処せられる。また、酒販売店が未成年者に酒類を販売した場合は、50万円以下の罰金に処せられる。

板書例2

〈アルコールの作用〉
○脳に対して [麻痺作用]
　脳や神経の働き（思考力、自制心、運動能力など）を低下させる。
　⇒ 事件・事故の危険性が高まる。
○血液の中にどのくらいアルコールがあるか… [血中アルコール濃度]
　一度に大量飲酒 ⇒ 急性中毒、意識障害、呼吸停止、死の危険

Q4　Q1で挙げた項目のうち、からだの状態に関する項目は、どこに当てはまるだろう？

酔いの程度		血中アルコール濃度	状態	
弱 ↓ 強	軽い酩酊（ほろ酔い）	0.02～0.15%	赤顔、陽気、理性がなくなる、大声、ふらつく　など	
	強い酩酊	0.16～0.30%	千鳥足、呼吸が速くなる、吐き気、嘔吐、何度も同じことをしゃべる　など	急性アルコール中毒域
	泥酔	0.31～0.40%	立てない、意識がない、言語がめちゃくちゃ　など	
	昏睡・死	0.41～0.50%	起きない、失禁、死亡　など	

○人によって強い・弱いが違うのは、その人がもつ [分解能力] による！

資料3　飲酒開始年齢と依存症の関係

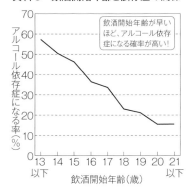

飲酒開始年齢が早いほど、アルコール依存症になる確率が高い！

つまり、さっき出てきたALDHをどれだけもっているかによるということ。これはトレーニングして向上するものではない。人種（日本人とドイツ人はどっちが強いと思う？）、性別（男性と女性ではどうだろう？）、遺伝（両親はお酒に強い？）などによって個人差が大きいもの。特に、未成年者は弱い！　すなわち、未成年者への悪影響は大きい！

板書例3

〈未成年者飲酒禁止法〉
○なぜこのような法律があるのか
　未成年者は [アルコールの悪影響が大き過ぎる]

〈アルコールの依存性〉
○アルコールには [依存性] がある。
○長期間（時間）・多量の飲酒を続けると、
　アルコールなしではいられなくなる [アルコール依存症]
　⇒生活への支障、人格障害、肝臓・脳・胃・すい臓などの病気、死亡

未成年者は、将来の社会を支えていく人たち。社会自体の崩壊にもつながりかねない（脳障害、性機能障害、臓器の病気、依存症、学習意欲低下、将来展望の喪失、イライラ、自己中心的、暴力行為、性的非行、金銭トラブル、交通事故など）。

・飲酒と健康について関心をもち、学習カードへの記入、ペアワークなどの学習活動に主体的に取り組もうとすることができるようにする（主体的に学習に取り組む態度）。

(2)展開

表1参照。

4.授業展開例における授業づくりのポイント

(1)授業展開について

　導入は、いかに生徒の疑問（「え？」「どうして？」）や気づき（「意外！」「すごい！」）を促すかを意識して設定した。本時の学習への動機づけの役目を果たすという意味で、非常に重要なシーンである。本展開例では、アルコールパッチテストという実験的活動を導入として取り入れ、そこで気づく事象をきっかけにメインの学習につなげていくという展開を示した。あるいは、展開2で設定したシチュエーション別「君ならどうする？」を導入時にも行い、知識学習の後でどう変容するかを比較しても面白いかもしれない。

　展開はメインとなる知識学習のシーンとなる展開1と、知識を活用した活動（知識を強化する）シーンとなる展開2の2つで構成した。展開1では、正しい知識を丁寧にわかりやすく教えるため、教師主導の展開にはなるが、そのなかでもたとえ話を用いて説明したり、学習カードに記入させたり、簡単なワークを入れたり、資料を提示したりと、教師の巧みなコントロールにより生徒を飽きさせずスムーズに展開させていくことが必要である。また、展開2では3つのシチュエーションから生徒が選択できるようにし、より意欲的に取り組みやすい仕掛けを設定した。しかし、とくにロールプレイングの場合はうまくいけば盛り上がって楽しい雰囲気での活動となるが、そうでない場合は逆に静まり返ってつまらない雰囲気を作ってしまうこともあるので、教師の導き方が非常に重要になる。「ドラマの1シーンだ！」という声がけをしたり、クラスのなかで積極的な生徒に代表してやってもらったり、上手い下手のスキルを求めないようにしたりするなどの配慮をしながら進めたい。

　いろいろと工夫を凝らし充実した授業が行えたとしても、最終的に何を学んだのかをはっきりさせておかなければ学習としては本末転倒である。そういう意味において、最後のまとめも大切なシーンである。本展開例においては、本時の目標に即しながら、教科書や学習カードを用いて本時の学習内容を再確認させるようにした。

(2)板書、学習カードについて

　板書事項を板書例1～3に示した。若干、量が多いように思われるかもしれないが、あらかじめ模造紙等に書いておいたものを貼り付けたり、ICT機器を

使って効率的に提示したりしながら、最低限太字で示した部分についてはそのつど黒板、電子黒板、ホワイトボード等に板書するようにしたい。

その際、生徒に配付する学習カードについても、あらかじめプリントしてある部分（板書例の細字の部分）と生徒自身が記入する部分（板書例の太字の部分）をはっきりさせておき、説明や板書に合わせながら自ら書かせるようにしたい。あわせて、Q1～Q6の発問に対して考えたり記入したりする作業スペースを設けておくことも、意欲的な学習活動を図るうえで大切である。

(3)資料について

本展開例において用いた資料は、以下の3つを参考にした。

①資料1：中学校保健体育科教科書「保健体育」(727) 準拠 授業展開指導ノート 保健編④ p.97 （2016、大修館書店）

　これはアルコールパッチテストに関する資料である。脱脂綿とサージカルテープを用いた方法を示しているが、絆創膏を用いる方法も比較的簡便にできる。この資料は、生徒に示す資料というよりは、教師が口頭で説明できる程度に準備しておけばよい。

②資料2：アサヒビールホームページ（2016.8.26参照）

　http://www.asahibeer.co.jp/csr/tekisei/guidebook/risk_drinking/minor_drinking/law.html

　これは未成年者飲酒禁止法に関する資料である。この法律に関する資料もいろいろな書籍やWebサイトに掲載されているが、この資料はわかりやすくまとめてあり、さらっと紹介程度に触れる場合には適当であると判断し取り上げた。法律そのものの学習ではなく、なぜこのような法律で規制してまで未成年の飲酒が禁止されているかということの趣旨にせまる学習をさせたい。

③資料3：中学校保健体育科教科書「保健体育」(2016、大修館書店）

　資料2を示す意味を踏まえ、未成年の飲酒が及ぼす影響のなかで、アルコール依存症になる確率に関しての資料である。このように、「未成年者の飲酒は悪影響が大き過ぎる」という言葉だけで説明してただ暗記するのとは違い、その根拠となるようなデータ等の資料提示をすることは、ある概念を理解させる上で重要なテクニックである。

　以上、本展開例で示した資料以外にも、たくさんの資料をいろいろな形で得ることができる。しかしながら、どの資料を、どのタイミングで、どのように示すのかということを十分に考えて使わなければ、学習効果を上げるどころか逆に学習を混乱させてしまう場合もあるので、意図的に適切に使うようにしたい。

（木原慎介）

第3章 保健授業の展開例

第2節　中学校・高等学校

④性感染症の予防

1. 単元「性感染症の予防」

①単元の目標
・感染症の予防について、課題の解決に役立つ基礎的な事項及びそれらと生活の関わりを理解することができるようにする（知識・技能）。
・感染症の予防について、課題の解決を目指して、科学的に考えたり判断したり表現したりすることができるようにする（思考力・判断力・表現力）。
・感染症の予防について関心をもち、学習活動に主体的に取り組むことができるようにする（主体的に学習に取り組む態度）。

②単元について
　小学校では、病気の起こり方や予防などについて、「病原体がもとになって起こる病気の予防には、病原体が体に入るのを防ぐこと、体の抵抗力を高めておくことが必要であること」を学習している。また、中学生期は、異性への関心を強くもつようになり、異性と交際したいという欲求が高まる時期である。

表1　単元計画

	第1時	第2時	第3時（本時）	第4時
	感染症の原因	感染症の予防	性感染症の予防	エイズの予防
主な学習内容・学習活動	○感染症は、病原体が環境を通じて主体へ感染することで起こる病気であること。 ○発病には、自然環境、社会環境、主体などの条件が関係していること。	○感染症を予防するには、発生源をなくすこと、感染経路を遮断すること、身体の抵抗力を高めることが有効であること。	○性的接触により感染する病気のことを性感染症ということ。 ○性感染症の予防方法を身に付ける必要があること。	○エイズの病原体はヒト免疫不全ウイルス（HIV）であり、主な感染経路は性的接触であること。 ○エイズは増加傾向にあり、低年齢化が社会問題になっていること。 ○予防方法を身に付ける必要があること。
	1. インフルエンザが冬に流行するのはなぜか考える。 2. 感染症はどのような時期や状態に発生しやすいかまとめる。 3. 感染症を予防するための対策をグループでまとめる。	1. どのような仕組みで体を守っているのか資料をもとに調べる。 2. 抵抗力を高めるために毎日の生活のなかで実行できそうなことを考える。 3. 近年問題になっている感染症について調べる。	1. 資料1を読み、主人公の病気が何であるかを考える。 2. 性感染症の種類と特徴について知る。 3. 性感染症についての現状とその原因について考える。 4. 性感染症を予防するにはどうすればよいか考える。	1. エイズの疾病概念と感染経路について調べる。 2. HIVの感染予防について考える。 3. 検査を受けることを怖がっている意見について自分の考えをまとめる。

性に関する規範意識の希薄化が進んでいる社会環境のなかで、エイズ及び性感染症の増加傾向とその低年齢化が社会問題になっていることから、その疾病概念や感染経路について理解できるようにするとともに、予防方法を身に付ける必要があることを理解できるようにする単元である。

③単元計画

表1参照。

2. 展開例（3/4時間目）

①本時の目標

- 性感染症の疾病の概念や感染経路、予防方法を身に付ける必要があることについて言ったり、書き出したりすることができる（知識・技能）。
- 感染症の予防について、学習したことや健康に関する資料等で調べたことをもとに、課題や解決の方法を見付けたり、選んだりするなどして、それらを説明することができる（思考力・判断力・表現力）。

②展開

表2参照。

（内藤将智）

表2　展開

■ねらい、■学習内容、◎発問・指示

	主な学習内容・学習活動	○指導上の留意点、◆評価
導入 7分	1. 本時の学習課題について考える。 ◎吟子（ぎんこ）の病気が何であるか考えよう。 　［資料1］ 〈予想される反応〉 　・エイズ　　・性病 2. 本時のねらいを知る。 性感染症とその予防について考えよう。	○資料1を提示し、教師が伝記を読む。 ○思いつく病名について、自由に発表させる。 ○吟子の病名が「淋病（淋菌感染症）」であることを知らせ、性感染症に関心をもたせる。 ○学習課題を提示し、本時のねらいを押さえる。 ○感染症の予防について理解し、自分の将来を考え、どのように行動したらよいかを考える学習であることを伝える。
展開 35分	3. 性感染症の種類や体に及ぼす影響などについて知る。 性的接触により感染する病気のことを性感染症ということ。 　［資料2］ 4. 性感染症についての現状とその原因について考える。 ◎性感染症の現状とその原因について考えよう。 (1)現代の性感染症の発生状況について、グループで意見をまとめる。 　［ワークシート1］	○性感染症の種類や体に及ぼす影響などについて資料を提示する。 ○感染率が高く、一度の性的接触でも感染する可能性があることを伝える。 ○気づかないうちに相手に感染させてしまう可能性があることを伝える。 ○妊娠障害の原因になる可能性があることを伝える。 ○近年では、梅毒の感染者数が増加していることを伝える。 ○ワークシート1を配布する。 ○個々に記入後、4名程度の男女別のグループで話し合わせる。 ○理由もワークシートにまとめさせる。

	〈予想される反応〉 ・体の成長が早くなっている。 ・感染に気づかない。 ・予防をしていない。 ・症状が出ても無視している。 ・性に関する情報が増えている。 ・性に対する意識が変わってきている。 ・性的接触を行う年齢が低年齢化している。 (2)グループの考えを発表する。	○話し合いの結果を黒板に記入させ、他のグループの意見と比較できるようにする。 ◆【思考・判断・表現】性感染症の予防について、学習したことや健康に関する資料等で調べたことをもとに、課題や解決の方法を見つけたり、選んだりするなどして、それらを説明することができる。(ワークシートの記述) ○意見の違ういくつかのグループに発表させ、考えが深まるようにする。
展開 35分	5. 性感染症についての現状を知る。 (1)資料を見ながら説明を聞き、性感染症の現状について知る。 性感染症は増加傾向にあり、低年齢化していること。 [図1・2・3・4、資料3] (2)性感染症ネットワークについて知る。 ①教師が生徒3人と握手する。 ②握手した3人の生徒は起立し、同じことを着席している他の生徒に繰り返す。 ③全員が起立したら、性感染症ネットワークの概念図(図5)を提示し、説明する。 6. 予防について考える。 性感染症にかかったり、うつしたりしないようにするためには、どのようなことに注意したらよいか考えよう。 (1)性感染症の予防について、グループで意見をまとめる。 〈予想される反応〉 ・よく考えて行動する。 ・感染していることを隠さない。 ・多くの人と性的接触をしない。 ・感染の危険がある性的接触を避ける。 ・コンドームを使用する。 [ワークシート2] (2)グループの考えを発表する。 (3)性感染症の予防方法について知る。 ・予防方法を身に付ける必要があること	○グラフを提示し、梅毒やエイズなど、増加している性感染症があることを伝える。 ○厚生労働省作成のリーフレットを提示し、性感染症の現状を伝える。 ○若者が多く感染していることを伝える。 ○感染者は女性に多いことを伝える。 ○握手により起立する生徒は、3の累乗であり、1巡目で3人、2巡目で9人、3巡目で27人となり、40人学級であれば、ほぼ全員が起立する。 ○性感染症に感染している人が3人と性交したと仮定したとき、凄まじい勢いで性感染症ネットワークが作られることを伝える。 ○実際には、握手で感染が拡がることはないと説明する。 ○自分にも、この先危険性があることを伝える。 ○ワークシートに記入させる。 ○これまでの学習や性感染症の現状について振り返りながら考えさせる。 ○個々に記入後、グループで話し合わせる。 ◆【思考・判断・表現】性感染症の予防について、学習したことや健康に関する資料等で調べたことをもとに、課題や解決の方法を見つけたり、選んだりするなどして、それらを説明することができる。(ワークシートの記述) ○各グループの考えを発表させる。 ○性感染症や予防について正しい知識をもつこと、正しい判断力をもつことが大切であることを伝える。 ○主な感染経路は性的接触であることから、感染を予防するには性的接触をしないこと、コンドームを使うことなどが有効であることにも触れる。
まとめ 8分	7. 本時の学習のまとめをする。 (1)ワークシートを記入する。 [ワークシート3] (2)教師の話を聞く。	○医師の立場になって、性感染症を知らない人々への助言を考えさせる。 ◆【知識・理解】性感染症の疾病の概念や感染経路、予防方法を身につける必要があることについて、いったり、書き出したりしている。(ワークシートの記述) ○本時の学習をこれからの生活に活かすことについて話し、今後の保健指導につなげる。

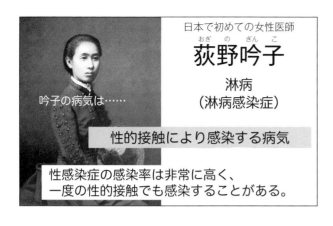

日本で初めての女性医師
荻野吟子（おぎのぎんこ）

淋病
（淋病感染症）

吟子の病気は……

性的接触により感染する病気

性感染症の感染率は非常に高く、一度の性的接触でも感染することがある。

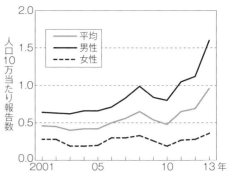

図1　梅毒の人口10万当たり報告数
（国立感染症研究所HPより）

資料1

　結婚してしばらくたちました。ある日、吟子は自分の体がおかしいことに気づきました。朝、起きようとしたら、体が思うように動きません。熱があるように体が熱くて重いのです。おなかも痛みます。
　むりやりおきあがった吟子はトイレに立ちました。そして下着を見てびっくりしました。下着に膿のようなものがべっとりとついていたのです。
　吟子はどうやら［　　　　　］という、病気にかかってしまったのです。そしてその病気は、夫からうつされたのです……。
（加藤純子『伝記を読もう(7)　荻野吟子　日本で初めての女性医師』あかね書房より）

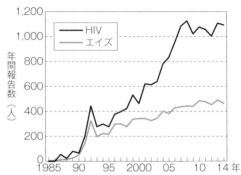

図2　HIV・エイズの年間報告数
（厚生労働省エイズ動向委員会資料より）

資料2　主な性感染症

病　名	性器クラミジア感染症	淋菌感染症	梅　毒
病原体	クラミジアトラコマティス	淋菌	梅毒トレポネーマ
潜伏期間	1～3週間	2～7日	3～4週間
主な症状	[女性]症状が軽く、無症状なことも多い。放置すると不妊になることがある。[男性]排尿痛、尿道のかゆみなど。	[女性]症状が軽く、無症状なことも多い。不妊になることがある。[男性]尿道からのうみ、排尿痛など。	[女性]感染後3～6週頃、性器や足の付け根にしこり。約3ヶ月後から全身に赤い斑点。

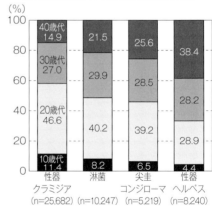

図3　年代別に見た性感染症患者数の割合（2011年）
（厚生労働省作成リーフレットより）

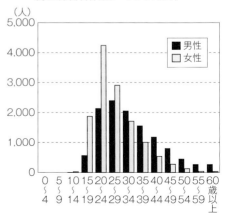

図4　全性感染症患者の年齢別男女比較（2015年）
（厚生労働省の統計より）

ワークシート1

「性感染症の予防」ワークシート

問　性感染症の発生が多い年代層は？　多い順に番号を書きましょう。

10歳代	その理由は…
20歳代	
30歳代	
40歳代	
それ以上	

ワークシート2

「性感染症の予防」ワークシート

問　性感染症にかかったり、うつしたりしないようにするためには、どのようなことに注意したらよいか考えましょう。

かかったり、うつしたりしないためには…
・
・
・

ワークシート3

「性感染症の予防」ワークシート

　授業の始めに登場した荻野吟子は、自分と同じような病気で苦しんでいる人を救うために、日本で初めての女性医師になりました。
　では、もし、みなさんが吟子と同じ医師だったら、性感染症のことをよく知らない人々に対して、どのようなアドバイスをしますか？　性感染症の種類や体に及ぼす影響、予防方法など、これまで学んだことを活かして、考えましょう。

資料3　厚生労働省のリーフレット

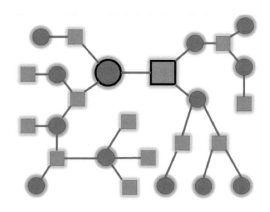

図5　性感染症ネットワークの概念図
●は女性、■は男性を表しており、感染のネットワークが急速に拡大する様子が理解できる。

第4章

教育実習に当たって

この章のねらい

教育実習とは何のためにするのか、教育実習をスムーズにかつ意義あるものにするために必要なことは何か……。教育実習に赴く学生に向けて、そのねらい、事前から事後までの手続きや心得を説く。

第1節　教育実習の目的と概要、事前準備

第2節　教育現場での留意事項と事後の心得
　　　　【コラムⅦ】教員採用試験に向けて

第4章
教育実習に当たって

第1節

教育実習の目的と概要、事前準備

1. 教育実習の意義・目的

　教育実習は、教育職員免許法[①]及びその施行規則[②]に定められた「教職に関する科目」の一つであり、単なる体験期間ではなく、科目として学ぶべき内容がある。また、教員としての基本的な職務を実践できる能力があるかを試される期間でもある。

　教育実習生を迎える学校、教員は実習生の将来のために、また、教育現場を担う後進の育成のために時間と労力を使い、義務ではなく厚意で指導してくれている。単に「教員免許が欲しいから」といった安易な気持ちでは、受け入れてくれる実習校に対して失礼である。教育実習を行うからには、以下のような教育実習の意義・目的をしっかりと理解し、意欲をもって臨むことが大切である。

①学校教育の実際について、総合的・体験的に学ぶ

　変化の激しい社会の要請や深刻化している子どもたちの健康課題などに対して、学校、教師がどのように対応しているのかを体験的に学ぶ。生徒の立場と教員の立場では見えるものが違う。今、学校が抱える諸問題に直接触れ、子どもたちの教育に何が必要なのかを考える機会とする。

②大学で学んだ理論・技能を実際に活用し、実践的能力の基礎を培う

　教育実習は実証的、実践的あるいは実験的な研究という性格を備えており、教職課程においては理論研究と実地研究の一体化が図られなければならない[*2]。すなわち、大学の教職課程で学んだ知識や技術は、教育現場で実際に活用し、実態に応じて試行錯誤を繰り返し、より良い指導を実現していく過程を経て「能力」となるのである。

③これまでの大学での学びを捉え直し、新たな学びへの関心や課題を見出す

　教育実習では、ほとんどの実習生が自身の力量不足を痛感することになる。多くの失敗からこれまでの学びを振り返り、実習のなかで課題の解決を繰り返すことで力がつく。そしてその努力を成功体験につなげることができれば、新たな学びへの関心や意欲も生まれる。これらを通して自己の課題が見出せる。

④教員としての職務・使命を自覚し、自己の適性を把握する

　教育実習では生徒からは見えない教員の舞台裏がよく見える。生徒のために日々悩み、努力する教師の背中から、教員のやりがいが見えてくる。こうした体験を通して自分が本当に教職に向いているのか、一生の仕事として教職を選択する覚悟はあるのか、自身と本気で向き合う機会でもある。実習を終えた後、

[①]教育職員免許法
　教育職員の資質の保持と向上を図ることを目的とした、教育職員の免許に関する基準を定めた法律。

[②]教育職員免許法施行規則
　上記①の法律の施行に必要な細則や、法律・政令の委任に基づく事項などを定めた規則。免許取得のための単位修得方法を定めている。

「よりいっそう教師になりたくなった！」「本当はそこまで考えていなかったが、本気で教師を目指す気になった！」という意欲が感じられれば、適性を見出すことができたといえるだろう。

2.教育実習の概要

①教職課程としての構成と単位

教育実習は、大きく分けて、(1)事前指導、(2)実習、(3)事後指導の3段階で構成されている（表1）。修得する単位は、中高保健体育（一種）の免許を取得する場合は5単位、中学のみでも5単位、高校のみであれば3単位の修得が必要と教育職員免許法施行規則で定められている。これらの単位には、事前・事後指導の1単位を含んでいる。

表1　教育実習の構成（例）

(1)事前指導	・大学でのガイダンスおよび講義（実習へ向けての準備、心構え等）
(2)実習	・実習校でのオリエンテーション ・教育活動の参観を通した教員の職務・生徒の状況理解 ・教科指導の実践 ・教科外（道徳・特別活動・総合的な学習の時間）指導の実践 ・より良い実践の探究、実習生相互の学び合い（研究授業） ・実習校での振り返り、記録簿等の提出
(3)事後指導	・大学での振り返り（記録簿をもとに振り返り、他の実習生との経験の共有）

②実習の時期

実際に実習校に赴く学年は、各大学の教職課程の編成によって異なるが、3年次もしくは4年次が多い。受け入れの時期は学校の都合によるが、4月下旬から7月上旬が多く、学校事情や実習生本人の要望により、9月上旬から12月下旬に受け入れる学校もある。

実習期間は、必要とされる教育実習の単位数に基づき、中学校が3週間以上、高等学校は2週間以上、両方の免許を取得しようとする時は3週間以上の実習を行うことになる。また、大学や実習校の方針により、4週間以上実習を行う場合もある。

③実習の主な内容

〈教科指導〉

教科指導は、実習の中心的な活動と言える。大学で学んだ知識を駆使して教材研究を行い、学習指導案を作成し、実際に授業を行う。学習指導案は指導教員の方針によりボリュームは異なるが、通常の授業では指導略案（時案レベル[3]）、研究授業では正式な学習指導案（単元計画レベル[4]）で作成することが多いようである。いずれにしても学習指導案の一般的項目はあらかじめ頭に入れておく必要がある（表2）。実習校によっては定型の書式で作成を求められることもあるので、あらかじめ確認をしておく。

週当たりの担当時数は、大学の基準や実習校の事情等によるが、学校行事の準備期間中で数時間しか行わない例から、空き時間もあまりなく毎日授業を詰

[3]**時案レベル**
1単位時間（中高では50分が標準）の指導案レベル。

[4]**単元計画レベル**
学習指導要領の保健では、内容のまとまり―単元―小単元という構造で教育内容が整理されている。第2章第6節（83頁）参照。

表2　教育実習における学習指導案の一般的項目（例）

単元計画の一般的項目	研究授業	毎時の略案
①単元名（内容のまとまり・単元・小単元）	◎	◎
②指導に当たって（教材観・生徒の状況）	○	
②単元目標	◎	
③単元の評価規準（観点別に整理）	◎	
④学習活動に即した具体の評価規準（学びの姿）	○	
⑤単元の流れ（単元の全体構造）	○	
⑥指導と評価の計画（単元）	◎	
⑦本時の位置づけ（小単元名・時間）	◎	◎
⑧本時の目標	◎	◎
⑨本時の流れ（導入・展開・まとめ）	◎	◎
（項目）指導内容・学習活動・指導上の留意点　評価規準と方法	◎	◎
⑩使用する教材・教具	◎	○

◎：必須　　○：あった方がよい　　空欄：省略可

め込む例もある。詰め込むことがあらかじめわかっている場合は、実習に入る前に相当程度教材研究をしておく必要がある。

　科目・分野の比率は体育が多く、なかには実習期間中に保健を実施していない例も見られる。本書を手にした学生は、こうした場合ぜひ、「保健もやらせてください！」と要望して欲しい。

〈特別活動の指導〉

　特別活動の内容は、学級(高校：ホームルーム[5])活動、生徒会活動、学校行事である。学級活動・生徒会活動は学校生活づくりに関わる重要な教育活動なので積極的に取り組んで欲しい。また、学校行事には「健康安全・体育的行事」というカテゴリーがある。保健に関する行事は、健康診断、疾病予防、交通安全を含む安全指導、薬物乱用防止指導、非常災害の際に備えての避難訓練や防災訓練など多様で、実習期間中に実施される場合は主体的に関わって欲しい。

〈道徳・総合的な学習の時間の指導〉

　中学校では教育課程に特別の教科として「道徳科」が位置づいているので、授業として担当する可能性がある。一方、高等学校は教育課程への位置づけはないが、学習指導要領の総則[6]において道徳教育は学校教育活動全体を通じて行うものと規定されている。したがって、授業として実施しなくても、全ての教育活動のなかで指導するものと考える必要がある。また、道徳の内容と保健の内容を関連させて教えることも、保健体育科の教員としては一考する必要がある。

　総合的な学習の時間は、実習生が主体的に指導に関わる例は少ないようであるが、目標等の内容は確認しておくべきである。

〈部活動指導〉

　部活動は学校教育活動[7]の一環であり、可能な限り積極的に見学、参加をしたい。できれば、自分が専門的にやってきたスポーツ種目だけでなく、文化部も含めて様々な部活動、または生徒会活動の運営などもぜひ体験して欲しい。そこでは教室では見ることができない生徒の新たな一面を発見できる。しかし、

---

[5]ホームルーム
　高校では授業ごとに集団が変わる場合もあることからホームルームと表現される。

[6]学習指導要領総則
　学習指導要領全体に共通して適用される原則。

[7]学校教育活動
　学校で行われる全ての教育活動。教育課程外の部活動なども含まれる。

勝手に出向くのではなく、事前に必ず顧問の教員に確認する必要がある。ただ、研究授業前の準備が大変な時には、あまり無理をしないように留意が必要である。

〈研究授業〉

　教育実習で学んだ集大成として授業を行うのが「研究授業」であり、実習のなかで最も緊張する場面である。研究授業では保健体育科の教員は元より、他教科の教員や管理職も参観する。基本的には実習生自ら、学習指導案を配って参観を依頼することになるだろう。また、できるだけ大学の指導教員にも参観、指導を依頼したい。終了後に協議会を実施する場合もあるので、そこへの同席を依頼するとよい。これまで受けた様々な指導を反映させ、有終の美を飾れるようしっかりと準備しよう。可能であれば保健と体育、両方の研究授業を実施するのが望ましい。

3.教育実習の事前準備

　まずは大学で実施される事前指導を受講し、怠りなく準備することが肝要である。教育実習は、教員免許取得に大きく関わる授業である。ミスは取り返しがつかなくなる場合があるので十分注意しよう。

(1)実習校の選択

　実習校は、短大・大学の方針によって「本人が探す」「大学が斡旋する」等の方法がとられているが、多くの場合、母校で実習している実態がある。一方、自治体によっては馴れ合いが生じないよう、母校での実習を原則禁止にしているところもある。大学に付属校が設置されている場合は、そこでの実習を義務づけているところもある。

　中学校と高等学校のどちらで行うかは、教員採用試験の校種選択に関わるので、多くの実習生は選択に悩む。もし大学で教職インターンシップ[8]等の制度があれば、それを活用して実習前に教育現場に出向き、どちらの校種が自分に合っているのか確かめるとよい。

(2)実習校への依頼

　実習校への依頼方法は、各大学で決まりがあるのでガイダンス等で説明を聞き、指示に従うのが大切である。通常は実施1年前に希望校に依頼し、内諾を得る。不安があれば、在学中にお世話になった先生や部活動の顧問の先生がまだ勤務していたら、相談にのってもらうとよいだろう。しかし、正式な依頼は大学から、依頼先は学校長となることを意識しておこう。依頼をする際は、実習校が遠方の場合でもできる限り直接赴くことが望ましい。

(3)実習校の把握

　初日から不安なく実習を始めるためには、以下の①〜③を参考に実習校の概

[8]**教職インターンシップ**
　教職課程で学ぶ大学生が、教育実習とは別に教育現場で行う研修である。数ヶ月から1年程度、定期的に学校に行き、学校での日常や、生徒の成長に関わり教職への理解を深める。

要をつかんでおくことが有効である。母校での実習であっても教職員が入れ替わっていれば多少なりとも変化している。

①学校の方針・概要を知る

まずは学校の教育理念を理解することが大切である。幸い、現在ではほとんどの学校がホームページを開設し、学校教育目標[9]や特徴ある教育活動、部活動の活躍などが掲載されているので確認しよう。可能であれば事前に「学校要覧[10]」を手に入れ、教育課程や校務分掌[11]なども確認しておこう。

②校内環境を把握しておく

自分が実際に勤務する、という意識をもって、校内の大まかな施設概要は頭に入れておくと迷わなくてすむ。また実習校までの交通手段を調べておき、交通ダイヤが乱れた際に対応できるようにしておくことも大切である。学校の配置図や交通手段は「学校要覧」に記載されている場合が多い。

③学校の雰囲気、生徒を把握しておく

学校の校風や生徒実態を体感するには、母校であれば実習前に部活動に参加したり、体育祭や文化祭などの学校行事に参加したりするとよい。連絡可能な教員がまだ勤務している場合は、訪ねてみるのも母校実習の強みである。母校でない場合は、挨拶等で実習校に訪問した際、見学をさせてもらうのもよい。

⑷担当科目の内容把握と準備

担当する授業の目標や内容を前もって把握し、事前に準備（教材研究）をしておくべきである。また、実技の示範ができるように練習もしておきたい。学生同士で模擬授業やマイクロティーチング[12]を実施し、リハーサルをしておくのも効果的である。

学習指導案の作成の仕方も確認しておきたい。現在ではワープロソフトを使用して学習指導案を作成するのが一般的である。ソフトの使用に習熟しておくことも大切である。生徒と触れ合ったり多くの教員の授業を参観したりする時間を確保するためにも、こうした事前の準備をしっかりしておこう。

また、持ち物の準備も大切である。表3のリストを参考にされたい。

表3　教育実習持ち物リスト（例）

□実習記録簿　　□印鑑　　□実技指導に適した服装　　□実技指導に適したシューズ
□実技指導に必要な用具（マイラケット等）　□自作教材・教具またはその材料
□上履き（学校によっては上履きと体育館履きを分けている場合がある）
□ホイッスル　　□筆記用具（鉛筆、消しゴム、黒・赤ボールペン、ラインマーカー）
□クリップボード　　□メモ帳　　□付箋　　□パソコン　　□湯呑み

（大越正大／藤原昌太）

[参考・引用文献]
＊1　『教育実習の手引き』東海大学体育学部教職課程委員会、2016
＊2　教師養成研究会『教育実習の研究 三訂版』学芸図書、2011、p.8

---

⑨学校教育目標
　学校における全ての教育活動のもとになる目標。

⑩学校要覧
　各学校で年度ごとに作成される、学校の教育計画や経営計画の概要等をまとめた小冊子。

⑪校務分掌
　学校運営上必要な業務の分担、または分担のために編制された組織系統。

⑫マイクロティーチング
　少人数のグループで授業者と生徒役に分かれて実施する模擬授業。

第2節 教育現場での留意事項と事後の心得

1. 基本的な心構え

　教育実習を成功させるには、まず心構えが大切であることはいうまでもない。以下は、教育実習直前に心に刻み込んでおきたい重要な内容である。実習で大きなトラブルを起こす学生はこうした心構えがない場合が多い。

① 常に「感謝」の気持ちをもって臨む

　教育実習は、教職を目指す学生にとって大変意義のある実習だが、受け入れる学校にとっては、通常の授業が中断されるだけでなく、多忙な先生方に大きな負担をかけることになる。母校での実習であっても、指導してもらえることを当たり前と思わず、常に感謝の気持ちをもって取り組むことが大切である。

②「生徒のために何ができるか」を常に考える

　自分の指導で生徒が成長すること、「わかった！」「できた！」の声が上がること、これはまさに「教師冥利に尽きる」と言えるほどの喜びである。生徒との感動体験の共有は、きっと「先生になりたい」という気持ちを高めてくれるはずだ。このような体験をたくさんするために、「生徒のために自分は何ができるか」を常に考え、惜しみない努力をしよう。

③「教員としての自覚」をもつ

　生徒から見れば、教育実習生も教師である。教育実習の期間中は、教師としての「自覚」が常に求められる。「生徒の目線」で話をするのは大切だが、生徒と同レベルで話をしてはならない。教師としての品格を意識し、言動、行動には十分注意が必要である。

④「学ぶ」姿勢を大切にする

　実習期間中は「学ぶ者」から「教える者」へと立場が変わる。しかし、「先生方から学ぶ」「学校から学ぶ」「子どもから学ぶ」、という謙虚な姿勢は大切な教師の資質であり、この考え方が自分自身の能力を高めることにつながる。

⑤「大学の看板を背負っている」という自覚をもつ

　学生全員が背負っているもの、そしてこれからも背負い続けるもの、それは母校（大学・短大）の"看板"である。教育実習で一生懸命取り組むことが看板を磨くことになり、逆にいい加減に取り組んだり、問題を起こしたりすると看板を汚すことになる。看板が汚れれば自分だけではなく大学の全ての学生、卒業生に悪い影響を与えてしまい、今後の実習生の受け入れにも悪い影響を与えてしまう。この自覚をしっかりともつことが大切である。

⑥時間に厳しく

　学校は時間で動いている。教師が遅刻してしまっては生徒に指導することはできない。時間に余裕をもって行動することが大切である。出勤時、授業の開始と終了時は厳守する。万が一の時は、速やかに指導教員に連絡するなどの対処が大切である。

⑦教育実習中は、その活動を全てに優先させる

　教師になることが第一志望であることが教育実習の基本である。しかし実際、教職以外の道も考えている実習生も少なくないだろう。先にも挙げたように、指導してくれる教師は、忙しいなか将来の同僚になるであろう人として、実習生を育ててくれているのである。その恩に報いるためにも実習中は、就職活動を理由に、欠勤・遅刻・早退するような行為は決して許されない。

⑧"ほう・れん・そう"を忘れない

　勤務に関しては、校長、教頭、指導教諭の指示を仰ぎ、実習生の判断で勝手なことはしてはならない。実習生は、生徒の教育に対して責任をとることができない。しかし、生徒と年齢が近い実習生に重大な悩みを打ち明ける生徒もいるかもしれない。こうしたことは必ず指導教員に報告することが大切である。他にも生徒などに問題があったりした場合は、一人で解決しようとしてはならない。すなわち報告・連絡・相談が大事なのである。

⑨体調管理に気を遣う

　体を動かす保健体育科の実習生にとって、このことは特に重要である。規則正しい生活をしつつ、体力を高め、万全の態勢で教育実習に臨むことが重要である。また実習中は、精神的にも、時間的にも余裕がなくなる。そのようななかでも効果的な息抜きの方法を見つけるのも有意義な実習にするためには大切である。

2.その他の留意事項

(1)服装について

　中高の現場では制服着用を義務づけている学校がほとんどで、学校によってはかなり厳しく指導しているところもある。よって教師もTPO（Time：時間、Place：場所、Occasion：場合）に応じた適切な服装を、"模範"という意味で選択することが大切である。体育実技の授業や体育的行事などの指導以外は基本的に正装が望ましいが、保健体育科の教員は、授業の合間に着替える時間がとれないなどの状況が考えられる。実習校の方針をあらかじめ確認しておくと安心である。

　官公庁に合わせてクールビズ①を推奨している学校も多い。

①クールビズ
　夏季に環境省が中心となって実施される環境対策などを目的とした衣服の軽装化のキャンペーン。

(2)生徒・教員との接し方

　「積極的に生徒の中に入っていけるか」、教師としての適性が大きく問われる

図1　実習時の基本的な服装──「清潔・質素」が基本!

ところである。まずは生徒、先生方を問わず、誰にでも笑顔で挨拶をするなど、自ら積極的にコミュニケーションをとり、良好な人間関係をつくることが大切であり、より良い成果を上げる第一歩になる。

保健体育科の実習生は、運動が得意な生徒、運動部活動に所属している生徒など、特定の生徒と仲良くしがちであるが、生徒に対して平等に接することが大切である。

しかし、生徒との関わりのなかで、思わぬことで生徒を傷つけることがある。人間関係ができていない実習生であれば特に、行動や言動には十分気をつけなければならない。また、クラスには様々な配慮が必要な生徒がいる可能性がある。参観の段階でよく観察することが大切であるし、担任の先生や養護教諭からも話を聞いておく必要がある。

〈生徒の呼び方について〉

実習も慣れてくると生徒とも仲良くなり、親しみを込めて呼び捨てやニックネームで呼びたくなる。しかし、基本的には「○○さん」「○○くん」と呼ぶのが望ましいということは意識しておきたい。更に、ニックネームは本人が気に入っていない場合もあるので使わない方がよい。呼び方については学校の方針で男子生徒、女子生徒区別なく「○○さん」と呼ぶことにしている学校もある。学校の方針を確認しておくことも大切である。

また、信頼関係の土台を築き、実習をスムーズに進めるためには、担当クラスや担当授業の生徒の顔と名前が一致するようしっかり覚えたい。

(3) 守秘義務[2]について

実習中に得た情報は、学校の許可なしに決して漏らしてはならない。特に心配なのは、生徒に関わる情報である。近年、SNS[3]が急速に発達し、パソコンや携帯電話を介して様々な情報を手軽に発信できるようになっている。流していけないのは氏名や住所、成績といった個人情報だけではない。実習中にあった出来事を、SNSを使ってつぶやいたり、学校内で撮影した画像や動画をイ

[2]守秘義務
　教職員は、服務規程で職務上知り得た秘密を漏らしてはならないとされている。在職中は元より、退職後においても同様。秘密の内容は、例えば児童生徒の指導上の必要から作成される指導要録、健康診断の記録、入学者選抜に関する記録、家庭や生徒の個人の情報などがある。

[3]SNS
　ソーシャル・ネットワーキング・サービスの略。インターネットを介した個人間のコミュニケーションのツールである。Facebook、Twitter、LINE、Instagramなどが中高生にも多く使用されている。パソコンや携帯電話を使用し、手軽に情報発信などができる反面、個人が特定されやすいなどプライバシーの問題がある。これらにより個人が特定され犯罪等に巻き込まれる可能性もある。

ンターネット上に公開したりすることも絶対にしてはいけない。顔がわからないようにしても、背景などから学校や個人を特定されてしまうこともある。今の時代、守秘義務が守れない場合は「適性なし」と判断されると考えてよい。

3.授業の実際

　教員にとって専門の教科・科目を上手に教えることは中心的な課題である。より良い授業を展開するためには、授業準備（教材研究）が重要であり、授業準備で勝負の8割は決まるといっても過言ではない。しっかり準備をして臨んで欲しい。

　「実習校で行われている授業は、大学で学んだ理想の授業の行い方と違った」という話をよく聞く。責任がとれない見習いの実習生にとっては"郷に入っては郷に従え"という諺は悪いことではない。実習では実習校の教育方針を学ぶという態度で臨むことが大切である。

　また、保健は中学校の"雨降り保健"や高校の未履修などが問題になることがある。簡単に言えば、保健の授業に力を入れていない学校が見受けられるということである。万が一そのような学校で実習を行うことになると、お願いしている実習生の立場で、教育課程について意見をすることは難しい。しかし、「保健の指導を経験したい！」という要望を伝えることはできる。ぜひこうした意欲を表明して欲しい。

　次に挙げる項目は特に実習生に理解しておいて欲しいポイントである。

①まずは年間計画・単元計画[4]を確認しよう

　授業は、年間指導計画→単元計画→本時の計画というように一貫性が求められる。学校では、計画に基づいて授業が行われており、実習生が教えることで生徒が不利益を被ることになってはならない。授業の手法を変えるのはよいが、学習内容を変えることはできない。授業の内容については担当教員によく相談し、わからないことは質問する。

②指導と評価の一体化を目指す[5]

　授業力を身に付けるためにはPDCA（計画―実施―評価―改善）サイクルを回すことが大切である。短い実習でも、同じ内容の授業を数回行う機会があった場合には、きちんと評価し、その結果を次の指導に活かすというサイクルを回そう。

③学習指導案を書く意味を理解する

　学習指導案の作成は、指導と評価の一体化を図るのに有効である。また研究授業の際は学習指導案が検討材料となる。また、学習指導案をつくる大きな目的の一つに、頭の中で授業のリハーサルを行うということがある。より良い授業を行うために、生徒の反応や成果を思い浮かべながら記述していくことが大切である。

④意味のある楽しさ・面白さを大切にする

　体育では「活動あって学びなし」という授業に陥りやすいが、保健は「学ぶ

---

[4]単元計画
　単元とは、児童の学習過程における学習活動の一連のまとまりという意味。単元計画とは、教師が意図やねらいをもって、このまとまりを適切に生み出そうとする計画。

[5]指導と評価の一体化
　指導と評価とは別物ではなく、評価の結果によって後の指導を改善し、更に新しい指導の成果を再度評価するという、指導に活かす評価。

内容はあっても活動が面白くない」という授業に陥りやすい。かといって学習の内容に関係のない面白さでは意味がない。この授業で何を身に付けさせようとしていたのか、という原点を大切にしつつ、学習の内容そのものに面白さ、楽しさを感じる工夫をする。

⑤ねらいに対する生徒の実現状況[6]を把握する

現在の教育では「目標に準拠した評価」が求められている。この評価は、目標（この授業で、何を身に付けさせたいのか）に照らして生徒の実現状況を評価するものである。実習生は評定（5段階）につながる評価はできないが、授業改善につなげる評価は必ず行う。そのために、評価規準[7]を確認し、生徒の実現状況を適切に評価する努力をしよう。

4. 事後の心得

(1) 省察する

教職に対する責任感、探求力、教職生活全体を通じて主体的に学び続ける力が、これからの教師に求められる資質・能力と言える。教育実習でこれらの力を完璧に身に付けることは難しいが、これらを見据えて振り返ることが大切である。

また自らの授業実践を振り返る力そのものは、指導と評価の一体化という観点から、教師にとって必要不可欠な能力といえる。すなわち、自らの教育実践を省察し、実践知を獲得する方法を身に付けることが確かな力量を備えた教師になることにつながるのである[*1]。

事後指導や教職実践演習[8]など、省察の機会は複数用意されている。作成した学習指導案や日誌をもとに、個人で深く省察することは元より、実習生がグループになりそれぞれの研究授業の映像を分析し合うような共同的省察も有効である。

教育実習の体験を、教育現場で実際に使える能力にするために、"やりっぱなし"にせず、"省察"をしっかり行おう。

(2) 感謝の気持ちを表す

実習が終わったら、すぐにお世話になった先生方にお礼の手紙を書こう。先述の通りご指導いただいた先生は、特別な手当をもらうことなく、実習生の成長のため、そして教員（後輩）を育てるため、指導をしてくれたのである。勿論お礼の手紙を書くのは、社会人としての最低限の礼儀でもあるが、大切なのは形式ではなく"心"である。「指導してよかった」と思ってもらえるよう、より具体的に、自分の言葉で心を込めて書くことが大切である。

（大越正大／藤原昌太）

[参考・引用文献]
*1 松本奈緒「事後指導における教育実習の省察（リフレクション）―保健体育教諭免許

---

⑥**実現状況**
目標に対する実現状況。目標に準拠した評価では、数値や量ではなく、行動を評価する観点から、到達ではなく実現と表現する。

⑦**評価規準**
概ね満足できると判断される状況（B規準とも言う）を判断する規準。

⑧**教職実践演習**
教職実践演習は、教職課程の他の授業科目の履修や教職課程外での様々な活動を通じて、学生が身に付けた資質能力が、教員として最小限必要な資質能力として有機的に統合され、形成されたかについて、課程認定大学が自らの養成する教員像や到達目標等に照らして最終的に確認する科目。

状取得希望者の実習全体で学んだことと研究授業への着眼点を中心として―」、『秋田大学教育文学部研究紀要教育科学部門』69、2014、p. 44
* 2 北海道教育大学釧路校『教育実習の手引き』平成17年度
* 3 杉山重利他編著『めざそう！　保健体育教師』朝日出版、2010
* 4 高橋健夫他編著『新版体育科教育学入門』大修館書店、2010
* 5 教員養成系大学保健協議会編『学校保健ハンドブック 第5次改訂』ぎょうせい、2009

column VII

教員採用試験に向けて

　一次試験は、7月の第1土・日曜日から7月末頃にかけて行われる。4年生の5～6月に実習を行った場合、直前に試験勉強ができない。よって、実習前に受験勉強は終了し、直前に見直せばよいくらいにしておくことが重要である。
　具体的な対策は以下を参考にしよう。

[対策1] 出題傾向をつかめ！
　筆記試験は、まずは各都道府県（市）の過去問題を分析して大まかな出題傾向を把握することが大切。試験問題を過去3年間ほど遡り、どの分野の問題がどのくらいの頻度・難易度で出題されているのかを把握する。実技についても種目・内容を把握する。

[対策2] 一次試験に合格しなければスタートラインにも立てないと思え！
　筆記試験は、教職教養[1]、専門教養[2]、一般教養[3]、それぞれ広範囲に出題されるので早めの準備が必要。市販の参考書や問題集などから、各自治体の出題傾向もつかめる。教職教養は、学習指導要領の改訂の時期では、中央教育審議会の答申や新学習指導要領を特に熟読する。専門教養は最新のルールなどは要チェック。教職関連雑誌の問題集を解くのもよい。

[対策3] 実技試験は、不得意な種目を早めに克服せよ！
　不得意種目をなくす。直前にあわてて練習すると、ケガをしたりすることがある。実技の授業を積極的に履修する。基礎体力（器械運動は筋力と柔軟性が必要！）も高めておく。教育実習中は教材研究や示範の練習として実技試験の練習ができる。まさに一石二鳥である。

[対策4] 人物重視！　面接・論作文には、特に力を入れる
　論作文は、様々なテーマで作成・添削を繰り返す。面接対策は教員等に面接官役をお願いし、模擬面接を繰り返す。実習先の校長先生にお願いできる場合もある。基礎知識として、現在、国や地方自治体で推進している教育政策・施策、最近教育現場で起こっている事象・事件などをつかんでおく。具体的には新聞（できれば受験する自治体の地方紙も）を読み、日頃から社会の動き、教育界の動向や課題をおさえておく。また、中央教育審議会の答申や学習指導要領の読み込みも重要である。文部科学省や受験自治体の教育委員会のホームページを確認しておくとよい。

〈注〉
[1]教職教養：教育原理、教育史、教育心理、教育法規といった内容。
[2]専門教養：保健体育では、各領域の指導法やルールの他、近年は学習指導要領からの出題が多い。
[3]一般教養：人文科学（国語、英語、倫理、思想等）、社会科学（政治・経済、歴史、地理）、自然科学（数学・理科、環境、情報、ICT）など。

第5章

保健科教育の勉強を更に進めよう

この章のねらい

保健科教育について一通り学び、保健に興味・関心を抱き、更に教育内容、指導法、研究テーマなどについて深めようとする学生に向け、何がどう役立つかをアドバイスする。

第1節 書籍やウェブなどから更に学ぼう

第2節 研究会に参加して実力を高めよう

第3節 保健科教育を学問として学んでみよう
【コラムⅧ】教師力向上と教職大学院

第5章 保健科教育の勉強を更に進めよう

第1節

書籍やウェブなどから更に学ぼう

　模擬授業や教育実習の準備、研究授業の指導案作成、あるいは卒業研究のテーマの決定、引用文献の検索など、保健科教育について、更に深く掘り下げて勉強したい時に欠かせないのが、学術論文、書籍、ウェブで公開されている様々な資料やデータベース、保健科教育に関連する学会や団体のウェブサイトなどである。情報技術が進んでいる現在、これらの有効活用は、もはや欠かせないものとなっている。

1. 研究論文や書籍・雑誌の検索

(1) CiNii（国立情報学研究所学術情報ナビゲータ）

　CiNii[①]（サイニィ）は、国立情報学研究所が運営するデータベースであり、学術論文、図書・雑誌や博士論文などの学術情報を検索することができる。大きく以下の3つの機能があり、目的によって使い分けるとよい。

①CiNii Articles──日本の論文を探す

　日本の学会や協会が発行する記事や雑誌、全国の大学が発行する研究紀要、国立国会図書館の雑誌記事索引データベースなどの論文情報を検索できる。気をつけなければならないのが、検索対象には大学紀要や商業誌なども含まれるため、検索結果が膨大になってしまったり、研究論文以外の、論評や記事なども含まれたりすることである。そのため、研究に慣れていない学部学生にとっては、どの雑誌や論文を参考にすればよいのかがわからなかったり、数が多過

①CiNii
　Citation Information by NIIの頭文字をとった造語である。ちなみに、NIIはNational institute of informatics（国立情報学研究所）の略語である。

図1　CiNiiの検索画面

ぎてまとめられず、混乱してしまったりする可能性もある。また、検索機能として「論文検索」と「全文検索」があるが、同じキーワードを入れても、同じ論文が検索されるとは限らない。よって、幅広く論文や記事を確認したい場合は、両方の機能を使用して検索する必要がある。

②CiNii Books——大学図書館の本を探す

　全国の大学図書館等が所蔵する本（図書・雑誌）の情報を検索できる。自分が所属する大学の図書館に、読みたい、あるいは参考にしたい本や雑誌がない場合でも、近隣の大学や研究所が所蔵していれば、そこに直接赴いて読むことが可能である。あるいは、所属大学の図書館のサービスを利用して、一定期間借用したり、必要なページをコピーして送付してもらったりすることができる。

③CiNii Dissertations——日本の博士論文を探す

　国内の大学及び独立行政法人大学評価・学位授与機構が授与した博士論文の情報を検索することができる。将来、自身が専攻する分野について、深く研究してみたいと考える学生にとって、大学院進学は一つの有力な選択肢となる。その際、どのような研究テーマを設定し、どのような方法で研究を進め、どのような結果が得られれば、学位が取得できるのか、その道しるべとなる論文を検索することができる。

⑵J-STAGE（科学技術情報発信・流通総合システム）

　J-STAGE[②]は、科学技術振興機構が運営しており、日本国内の学会・協会が発行している学術研究論文を検索することができる。また、そのうちのほとんどの論文をダウンロードして読むことが可能である。

　先に紹介したCiNiiと異なるのは、どのような論文、記事や雑誌でも掲載されているというわけではなく、科学技術振興機構によって、例えば査読システムが整っているなど、学術性が高いと判断された雑誌に限定される点である。

②J-STAGE
　Japan Science and Technology Information Aggregator, Electronic（科学技術情報発信・流通総合システム）の単語から一部を抜き出してネーミングされている。

図2　J-STAGEの検索画面

査読システムとは、それぞれの学術誌に投稿された研究論文に対して、その学術誌に掲載する価値があるかどうか、その領域の専門家がチェックすることと、論文に不十分な点があれば、必要なアドバイスをすることによって論文の質を高めることのできるシステムである。卒業研究などでは、こうした学術誌に掲載されている質の高い論文を読んだり、参考にしたりすることで、卒業研究自体の質を高めていくことができる。

2.参考となる書籍・雑誌等

(1)学会誌

①『保健科教育研究』

『保健科教育研究』

　日本保健科教育学会が発行する学会誌で、小学校・中学校・高等学校の保健授業の活性化、優れた保健授業の創出、保健科教育に関する研究の蓄積を目的としている。2016（平成28）年に第1巻が発刊されたばかりであり、今後、保健科教育の学術専門誌としての役割が期待される。

②『学校保健研究』

『学校保健研究』

　日本学校保健学会が発行する学会誌で、保健科教育のみならず、保健指導や学校安全、食育に関する研究など、学校保健全般に関する研究論文が掲載されている。また、年に一度行われる学術大会では、保健の授業に関する研究が多く発表される。学校保健学会のウェブサイトのバックナンバーのページから、ある一定期間の論文についてはダウンロードすることができる。

③『体育学研究』

『体育学研究』

　日本体育学会が発行する学会誌で、体育、保健体育に関係する研究論文が幅広く掲載されている。体育科、保健体育科という一つの教科のなかで、保健をどのように位置づけていくのか、考える材料を与えてくれる。J-STAGEで最近の論文をダウンロードすることができる。

④『日本公衆衛生雑誌』

『日本公衆衛生雑誌』

　日本公衆衛生学会が発行する学会誌で、親子保健、学校保健、成人・老人保健、産業保健、感染症、生活習慣病、精神保健福祉、食品衛生、栄養改善、環境衛生・環境保健、国際保健など、保健の授業で取り扱う内容に関係する最新の研究成果が、多く発表されている。保健領域を俯瞰的に捉えつつ、保健科教育の役割やあり方について考えることができる。J-STAGEで最近の論文をダウンロードすることができる。

(2)文部科学省等資料

①健康教育資料

　以下の3つの資料は、健康教育を行う際の補助資料として、文部科学省から発行されている。保健学習、保健指導のみでなく、道徳、特別活動、総合的な学習の時間や、児童生徒が自己学習を進める際にも活用できるように配慮され、

作成されている。文部科学省のウェブサイトから、全てダウンロードできる。
- 『私の健康【小学生用】』
- 『かけがえのない自分、かけがえのない健康（2015＝平成27年度版）【中学生用】』
- 『健康な生活を送るために（2015＝平成27年度版）【高校生用】』

②保健教育資料

以下の3つの資料も文部科学省から発行されており、保健教育の基本的な考え方が記述されているとともに、体育、保健体育における保健の授業の事例、特別活動、総合的な学習の時間における保健に関する授業事例が紹介されている。また、学校、家庭、地域の連携を図りながら保健教育を効果的に進めるためのポイントについても述べられている。特に、保健教育の授業事例では、指導案が具体的に示されているため、研究授業を計画する際などには参考になる。文部科学省のウェブサイトから、全てダウンロード可能である。
- 『「生きる力」を育む小学校保健教育の手引き』
- 『「生きる力」を育む中学校保健教育の手引き』
- 『「生きる力」を育む高等学校保健教育の手引き』

『「生きる力」を育む中学校保健教育の手引き』

③『国民衛生の動向』

厚生労働統計協会が発行しており、平均寿命や様々な病気の死亡率など、日本人の健康に関する最新の統計データや日本の保健医療行政の動向についてまとめられている。保健教育を進める際には、健康に関する様々な情報が必要になるが、その根拠となるデータや、教材を作成する際の資料として活用できる。

『国民衛生の動向』

(3) 一般誌

①『保健体育教室』

保健体育科の教員向けに、年2回発行されている雑誌で、保健や体育に関する最新の統計データや、法律改正に合わせた動きなどが簡潔にまとめられている。最新号については、ウェブ上で全文を読むことが可能である（大修館書店発行）。

②『体育科教育』

保健体育科の教員向けに、毎月発行されている雑誌で、時宜に合った毎回の特集テーマに関する記事とともに、授業実践例、研究報告など、保健体育に関する多くの情報を得ることができる。保健体育教師を目指す学生にとっては、参考になる内容が多い（大修館書店発行）。

『体育科教育』

3.保健教育関係ウェブサイト

(1) 文部科学省

①「学校保健、学校安全、食育」のウェブページ

先に紹介した保健教育に関する補助資料など、保健の授業を実施する際に直

接参考となる資料が多く掲載されている。

②「白書・統計情報・出版物」のウェブページ

　文部科学省が毎年、あるいは定期的に実施している各種調査の報告書やデータが掲載されており、そのほとんどがダウンロード可能である。保健体育に関係する調査データとしては、例えば、学校保健統計調査では、毎年実施される健康診断のデータ、体力・運動能力調査では、児童生徒の体力測定のデータが入手できる。これらのデータや報告書は、研究を進めるために多くの示唆を与えてくれるものである。

③「政策・審議会」のウェブページ

　教育に関する全ての審議会、検討会の報告書等を見ることができる。教育行政や政策等については、学生のうちに興味をもつのは難しいかもしれないが、特に中央教育審議会の答申などは、教員採用試験でも出題されるので、目を通しておく必要がある。

(2) 国立教育政策研究所

　保健の授業を展開していくための多くの有用な情報や資料が掲載されている。例えば、「評価規準の作成、評価方法等の工夫改善のための参考資料」では、小中高全ての教科において、評価規準の設定や評価方法の事例が示されており、適切な学習評価をするために必要な資料となっている。また、全国学力・学習状況調査の分析結果報告書などもダウンロードすることができる。

(3) 厚生労働省

　日本の健康・医療、子ども・子育て、福祉・介護、雇用・労働、年金、災害等に関する様々な情報を入手することができる。保健の授業で扱う内容に直接関わる情報が多いため、教材作成や、授業の充実のために有効活用したい。

(4) その他

　国立感染症研究所、国立がん研究センター、国立循環器病センター、国立精神・神経医療研究センターなど、各種研究所等のウェブサイトからは、それぞれの疾病や領域における専門的な情報を入手することができる。また、子どもや一般の方向けのパンフレット、動画、資料などを提供しているページもあり、授業や卒業研究に活用できる資料やデータも多い。

（上地　勝）

第5章 保健科教育の勉強を更に進めよう

第2節 研究会に参加して実力を高めよう

1. 研究会に参加することの意義

大学での授業以外でも、「良い保健授業を作りたい！」「指導力をつけたい！」という場合には、研究会への参加が大きな力となるであろう。研究会といっても、様々なスタイルの会がある。教育委員会が現職教員に対して行っている初任者研修や10年経験者研修などのいわゆる「研修会」、あるいは、国立大学教育学部附属学校が行っている研究会、そして、大学教員、小中高の教員、大学生、大学院生等の有志が集う民間研究会も存在する。また、公立学校でも期間を定めて授業を公開し①、協議するところもある。授業を改善したいという者が集まり授業研究を行っている研究会に参加することは、以下に挙げるようなメリットがあるだろう。

①千葉県では、教員が他校の優れた授業を見合う機会とし、授業力の向上を図ることを目的に「授業練磨の公開日」を設け、県内全ての公立学校で授業を公開し参観できる制度がある。

(1) 良い授業を見る目の涵養

職人や芸能の世界ではよく、「見て盗め」といわれるが、良い授業を学ぶにも、良い授業に多く触れることがかなり有効な手段である。まずは良い授業実践を真似ることは良い授業づくりの第一歩である。研究会では、参加した先生方が授業実践を報告し、協議する場もあるため、多くの授業実践を見ることができるだろう。授業づくりに関する書籍や、良い授業をインターネット配信している県②もあるが、やはり、授業を作った本人に授業づくりのポイントや観点を直接聞くことは、自身の今後の実践に非常に参考になるだろう。より多くの授業を見て、良い授業を見る目を養うことが大切である。

②埼玉県では、良い授業を見る機会が減少した若手教員の意識啓発と指導力向上を図ることを目的として、モデル授業の動画配信を行っている。

(2) 仲間の形成

研究会には「仲間」を求める機能もある。鈴木は、授業の善し悪しを評価する準拠規準となる仲間を求めることが、多くの先生方の研究会への参加動機であると述べる[*1]。保健授業の研究会については、そう多くないという現状があるが、いくつか存在することも確かである（後述）。

よく学校教育現場では、保健体育科の同僚教員と、体育の授業や生徒指導、部活指導の議論をすることはあっても、保健の授業づくりにまでは話題が及ばない、ということを耳にする。そんな時に研究会で、「良い保健授業を作りたい！」という共通の目的がある仲間同士で日頃の悩みを打ち明け、それらを共有し、解決を目指す取り組みは、授業づくりの大きな励みとなるであろう。

⑶ 客観的な視点の確保

　鈴木は、「授業は、教師と子どもたちだけの世界であることが基本です。自分の授業や教育観が間違っていないか、教師として成長できているか否かと不安になることは、真摯な態度のあらわれといえます」[*1]と述べる。保健の授業研究について語る場が少ない現状では、授業を作り、実践し、反省するということを一人で行うことが多くなるだろう。一方研究会は、互いの授業実践を報告し、指摘し合うことができる場である。すなわち、一人よがりになりがちな授業を仲間からの客観的視点よって評価してもらえる場であるのだ。これから教育実習に行く学生などは、是非授業を作って報告し、協議してもらおう。小中高の先生方や大学研究者から的確な指摘を受けることができるだろう。

⑷ 研究と実践の融合

　研究会に大学の教員が含まれている場合、小中高の教員にとっては大学で行われる研究に触れることができるし、大学にとっては授業データを提供してもらうことができ、学生・大学院生の研究に深まりをもたせることができる。これも研究会のメリットである、と今関は指摘している[*2]。学校教育現場で得られたデータを使って大学で研究し、研究成果を学校教育現場に還元し、更にそこから出た問題点を次の研究課題にする、という正の循環が生じれば、更に良い授業が作られるだろう。現職教員は、授業づくりに行き詰まった時に、大学の研究者から客観的なアドバイスがもらえるし、またそこに参加する小中高の先生方の生の声を聞くことができることは、教師を目指す学生や大学院生にとっては大きな刺激となる。

2. 研究会の具体的な様子

　かつては講演形式で話を聞くだけの研究会が多かったが、最近では参加教員が自由にテーマを設定して研究をしていくようなスタイルの研究会も存在しているようだ[*3]。

　研究会での授業研究では、そのスタイルは様々だが、筆者の大学で行っている授業研究を一部紹介する。10名ほどでの小さい活動であるが、学生が意欲的に活動している。年度ごとに授業スタイルのテーマを設定しており、本年度は「みて、触れる教材を用いた授業」をテーマに授業づくりを行っている（図1）。

3. 研究会への参加の方法

　ここでは、学生が研究会に参加することに関して少し述べたい。みなさんのような学生が参加しやすいのは、民間研究会である。しかしながら、保健科教育の研究会が全国で多くあるかというと、残念ながらそうではない。体育科教

① 年度の授業スタイルのテーマを設定する。
　例「見て、触れる教材を用いた授業」「グループワークを取り入れた授業」
⇩
② 1グループ3〜4人でグルーピングをする。
　1〜4年生混同で組ませる：上級生と下級生の学び合いの場面を設定する。
⇩
③ 各グループで1時間の授業プランを考える。
　研究会では、基本的には週1回の活動時間を設定しているが、グループメンバーで時間を調整して集まり、授業作りを行っているようである。
⇩
④ 各グループ全員で分担し、模擬授業を行う（映像撮影）。
⇩
⑤ 映像を見ながら検討会を行う。
　ストップモーション方式[3]等を用いながら検討を行っている。教員になった卒業生が検討会に参加してくれる場合もある。
⇩
⑥ 検討会の内容を踏まえ、作成した授業を修正・改善していく。
⇩
⑦ 教育実習や提携校にて、実際の児童／生徒に授業をする。
⇩
⑧ 現職の先生を含めての検討を行う。
⇩
⑨ 作成した授業を修正・改善し、仕上げる。

図1　授業研究の流れ

[3] **ストップモーション方式**
　藤岡信勝が提唱した授業研究の手法。授業をビデオ録画し、それぞれのポイントでいったん停止させて議論を行うやり方。

表1　保健科教育を扱う研究会

○保健授業研究会（代表：今村修）
○東海大学学校保健体育授業研修会（東海大学主催）
○保健教材研究会（代表：近藤眞庸）
○学校体育研究同志会（http://taiiku-doshikai.org/about）
○筑波大学附属中・高等学校　教育研究会

育の研究会に比べ、圧倒的に少ないのが現状である。主たる研究対象は体育の授業としている研究会の一部において、保健の授業を扱うところもある。保健の内容を扱う、学生も参加可能な研究会をいくつか表1に列挙した。

　ここでは掲載できなかった保健に関する研究会も存在する。保健科教育法などを担当している先生に尋ねたり、インターネットなどで探して研究会へ意欲的に参加してもらいたい。これから保健の授業を担っていくみなさんはきっと大歓迎されることだろう。

4.学会や各種講演会等にも参加してみよう

　研究会以外にも保健科教育の内容を学ぶことのできる場として「学会」や「市民講座」もある。

　学会とは、同じ学問分野の研究者が集まり、学術研究を目的として結成されている団体で、研究者が自己の研究成果を発表し、検討討議する場である。研究者の集まりと述べたが、教科教育の分野では、当然多くの小学校、中学校、高等学校等の教員が参加する学会もある。

　なかでも「日本保健科教育学会」[4]は、良い保健授業づくりに焦点化した学会である。小中高の教員も多く参加し、そういった先生方からの保健授業の実践報告や、実践報告を議論する時間も十分に確保されている。保健授業づくりの勉強をしたい方にはおすすめの学会である。他にも「日本学校保健学会」「日本教育保健学会」「日本健康教育学会」など、保健教育、健康教育を勉強できる学会も多くある。

　また、保健の授業づくりには、どうしても体や健康に関する情報や知識が必要不可欠である。このような時、各地で開催されている講演会や講習会も勉強の場としておすすめである。各都道府県、市町村、病院や大学などが主催している市民講座は多くのテーマで開催されている。健康に関する内容も多く、今はインターネットでテーマを検索し、探せるようになっている。是非自分の知りたいテーマを探して参加してみよう。市民講座であれば、参加費が無料あるいは数百円程度の講座など、比較的低額で参加できるのも魅力的である。

＊

　大学での学びだけでなく、上に挙げたような研究会や学会、講演会など、大学の外での学びの場に足を運ぼう。自身の知識が増えることは勿論、研究仲間が増え、新たなネットワークが形成されることは、みなさんがより良い保健体育教師に成長するための糧となるに違いない。

（藤原昌太）

[4]日本保健科教育学会
ホームページ
https://hokenkakyouiku.jimdo.com/

[引用文献]
* 1　鈴木聡「Q7　体育にはどんな研究サークルがあるの？」、『体育科教育』2010年7月号、p. 34
* 2　今関豊一「体育科・保健体育科授業づくりへの取り組みを」、『体育科教育』2012年11月号、p. 42
* 3　鈴木聡「体育科授業研究の現状と課題」、『体育科教育』大修館書店、2015年10月号、p. 44

[参考文献]
* 若手教員の授業力を高める「学びの道場」事業（埼玉県教育委員会）
  https://www.pref.saitama.lg.jp/f2214/wakate-manabi-dojo-top.html
* ちば「授業練磨の公開日」（千葉県教育委員会）
  https://www.pref.chiba.lg.jp/kyouiku/shidou/gakuryoku/renma.html
* 藤岡信勝『ストップモーション方式による研究授業の方式』学事出版、1991

第5章 保健科教育の勉強を更に進めよう

第3節
保健科教育を学問として学んでみよう

　保健科教育を学問として探究し、研究に携わる意義はとても大きい。研究の成果を学会発表や公開研究発表会等を通して世の中へ還元することができれば、その時代の健康問題や将来に向けた新たな健康教育の道筋に貢献できる可能性が生まれるからである。

　例えば、日本人の死因第1位である「がん」に関して、2012（平成24）年6月に政府が作成したがん対策推進基本計画を受け、2014（平成26）年度には、公益財団法人日本学校保健会において「がん教育」の在り方に関する検討会が発足した。平成27年度からは、がん教育のモデル校を中心に大学の研究者、小中高等学校の保健体育教諭と養護教諭、そして外部講師としてがんの専門医とがん経験者による共同研究が進められ、その成果が学会等で発表されることにより、新しい保健授業の学習内容や学習教材等が提案されている。

　保健科教育の研究は、このような社会の変動に合わせて常に変化していくものである。これまでに蓄積してきた研究成果を基盤に、その時代のニーズに合った教育内容や教育方法に関する研究を進めることにより、保健科教育の質が深まり、小中高等学校の教育実践へフィードバックされることによりその意義も深まる。

　また、次期学習指導要領に向けて中央教育審議会初等中等教育分科会（体育・保健体育、健康、安全WG）が2016（平成28）年5月に示した「WGまとめのイメージ（案）」では、現学習指導要領における保健に関する評価と課題について、次の点が指摘されている。

　「保健については、健康に関する基礎的な知識の習得を目指した学習が定着しており、子供たちの健康の大切さへの認識や健康・安全に関する基礎的な理解に一定の成果が見られる。一方で、健康課題を発見し、習得した知識を活用して課題解決する学習は不十分で、子供の論理的な思考力（特に健康課題の解決方法を根拠に基づいて評価し、目的に応じて活用する力）の育成に課題があ

表1　新学習指導要領で期待される思考力と対応する学習活動例

	下位能力	想定できる学習活動
①	問いに対して、情報を収集する	読解、視聴、観察、実験等
②	情報を既有知識と結びつけ、自分の出発点となる考えを創る	予想、問題解決、図式化、モデル化、自己説明等
③	自分や他者の異なる考えと比較し、関連づける	話し合い、概念地図化等
④	複数の考えを統合し、より良い解や知識・モデルを発見・構成する	発表、クロストーク、レポート等
⑤	解や知識を適用し、次の問いや仮説、学ぶべきことを見つける	振り返り、質問生成、調べ学習等

る。また、社会の変化に伴う新たな健康課題に対応した教育が必要である」

これらの提言は、まさに今後の保健科教育の研究課題として解決すべきテーマであり、「思考力」を育てる保健の授業方法や教材、授業評価法の研究が期待されている。

この本で保健科教育法を学んだみなさんが、更に学問として探究し、研究活動を通じ、学校教育や社会に貢献してくれることを熱望する。

1. 保健科教育の課題

(1) 保健学習における課題

> ①保健科教育の課題を知る資料
> (1)児童生徒の健康状態サーベイランス事業報告書（平成22年度版、平成26年度版）
> (2)学校保健の動向（平成22年度版）
> (3)中央教育審議会初等中等教育分科会審議資料（平成26～28年）
> (4)保健学習授業推進委員会平成25年度報告書「中学校の保健学習を着実に推進するために」（2013年9月）
> (5)全国健康づくり推進学校の実践（平成14～27年度版）
> (6)国立教育政策研究所プロジェクト研究報告書「教育課程の編成に関する基礎的研究」（平成25年3月）
>
> ②保健学習推進委員会
> 財団法人日本学校保健会に設置されていた委員会。保健学習の現状と課題を明らかにするため、全国調査を実施し、その結果から保健学習を推進するための提言等をまとめている

保健科教育の課題を探ることのできる資料①はいくつかあるが、ここでは、2004（平成16）年に保健学習推進上の課題を明らかにするために発足した保健学習推進委員会②の報告について述べる。報告書は、2004（平成16）年度と2010（平成22）年度の2回、全国調査を実施し、小中高校生の保健学習に対する意識や知識の定着状況、保護者の保健学習への関心や要望、保健担当教師の指導意欲や保健授業の実施状況などについて、その結果をまとめている。2010（平成22）年度の調査では、例えば中学校の保健授業について、次のような点が指摘されている。

①知識に関する課題

中学校保健で扱う単元のなかで、知識理解に関して正答率が低かった項目は、「タバコのタールの作用」約31％、「保健所の役割」約51％、「飲酒開始年齢と依存症」約56％等であった。中学校保健学習の内容に関する知識の習得状況は、必ずしも十分とは言えず、特に、思春期における心身の機能の発達、傷害の防止等に関する内容の習得状況が良好ではなかった。これらの内容は、概念や原理等の抽象的な知識を問う問題であり、2004（平成16）年度調査においても正答率が総じて高くない内容であった。

②思考・判断に関する課題

中学校での保健学習について、単元別における「考えたり工夫したりできましたか」に対して「できた」および「どちらかといえばできた」と回答した者は、男子23.2～38.3％、女子22.9～43.4％であり、低調な状況が示された。思考力・判断力等を身に付けることを重視した指導への改善を図ることは、中高の保健学習に共通する課題である。

③日常生活での実践に関する課題

中学生が保健授業で学習したことを日常の生活に生かしているかを問う項目「自分の生活や身の回りの環境について、ふりかえったり考えたりしているか」「自分の生活に生かしていますか」に対して、肯定的に回答した者の割合は、4割程度にとどまっており、「健康に関する情報を見たり調べたりしているか」では、全学年で3割以下であった。保健授業で習得した知識を活用するための学習活動を積極的に取り入れて、日常生活の実践へ生かすことのできる思考力・

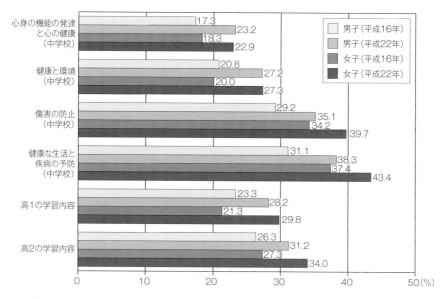

図1　中・高校の各学習において「考えたり工夫したりできましたか」に対する肯定的な回答の割合

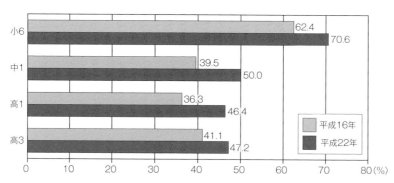

図2　日常生活における実践状況に関する項目に対する肯定的な回答の割合

判断力の育成が求められている。

また、中央教育審議会答申（幼稚園、小学校、中学校、高等学校及び特別支援学校の学習指導要領等の改善及び必要な方策等について、2016年12月21日）では、育成すべき資質や能力として、生きて働く「知識・技能」の習得に加え、理解していることをどう使うか（未知の状況にも対応できる思考力・判断力・表現力等）を挙げている。今後、保健授業を対象とした研究においては、これらの視点が重要となってくるであろう。例えば、山本らは、日本の中学生を対象に健康情報リテラシー[3]の授業を提案しているが（山本ら、2014）、そこでは、中学校保健授業の中で健康情報を活用する力を身に付けさせるため、「どのように学び」「何ができるようになるか」を明らかにした授業方法と教材に関する研究を報告している。

(2) 保健科教育学としての研究課題

保健科教育研究に関わる学会（日本学校保健学会、日本健康教育学会、日本

[3] 健康情報リテラシー
健康情報リテラシーとは、ヘルスリテラシーとも呼ばれ、健康情報を適切に利用できる能力をさす（中山、2008）。ヘルスリテラシーとは、WHOのHealth Promotion Glossaryにおいて、「健康を保持増進するために、情報を得て理解し、利用するための動機づけと能力を決定する認知的・社会的スキル」と定義されている（WHO、1998）。

表2　保健学習に関する研究の課題

①教科論およびカリキュラム研究に関して	・学習指導要領の改訂による教育課程のより良い実現に向けてのカリキュラムの見直し
②授業研究に関して	・対照群の設定による実証的研究 ・学習過程の評価も含めた多様な評価指標の開発
③教師教育研究に関して	・養成や教師教育制度の国際比較 ・教師の資質向上、実践的指導力のための実証的研究

体育学会等）では、たびたび保健科教育研究の推進が謳われてきた。野津は、保健学習の実践の活性化に向けて、その基盤となる保健学習に関する研究を活性化することが、大きな課題の一つであることを指摘している（野津、2010）。岩田らは保健学習に関する研究課題として、1）学習指導要領改訂を見据えた教科論およびカリキュラム研究、2）学習過程の評価も含めた多様な評価指標の開発、3）教師の資質向上のための実践的研究の必要性を挙げている（岩田ら、2006／表2参照）。

また、各都道府県教育委員会のホームページからは、現職研修等における授業実践に関する研究課題を把握することができるが、現行学習指導要領における児童生徒の知識理解の調査やある特定の単元の授業方法、教材研究の授業実践が報告されているケースが多く、各都道府県の健康教育や保健学習における目標や課題を背景に実施されているものは少ない。

それでは、上記した課題に対して、今後期待される研究課題や研究推進の方法とはどのようなものか。研究課題の一例を挙げるのであれば、2013（平成25）年に保健学習授業推進委員会[④]が報告している、知識を活用した思考力や判断力を育成するための授業方法や教材の開発が望まれる。これまでも、事例を用いたディスカッション、ロールプレイ、ブレインストーミング、課題学習などの授業事例が報告されているが、ある単元において、それらの活動を行うことにより、どのような能力が育つのか、科学的に立証することが重要である。授業効果を検証できるような授業評価法やそこで育てたい能力を測定するための尺度研究などが増えることを期待する。また研究推進の視点から述べれば、大学等の研究者が現場の教師や教育委員会と連携しながら研究を進めることが、保健科教育研究のさらなる発展につながるであろう。次期学習指導要領の実施に向け、学校教育に生きる研究の推進には、授業目標→授業方法→授業評価→新たな課題把握といった一連のサイクルを科学的に検証するための組織作りも大切であり、小グループの研究会等が自主的に生まれ、大学や教育委員会などと連携した授業研究が盛んになることにより、保健科教育の発展につながり、ひいては現場の保健授業の質が高まっていくものと考える。保健体育教諭を目指す大学生や新任教師が研究会や研修会などの機会に積極的に関わり、新しい学習指導要領における授業実践で成果を挙げていくことを期待したい。

(3)保健科教育学の研究テーマ

表3は、保健科教育に関する学会誌（学校保健研究、日本健康教育学会誌、体育学研究等）において、2000年以降に投稿されている研究テーマの概要である。

[④]**保健学習授業推進委員会**
前述の保健学習推進委員会の目的を受け継ぎ、2012（平成24）年に財団法人日本学校保健会に設置された委員会。報告書「中学校の保健学習を着実に推進するために」（2013年9月）のなかで、保健授業における課題を解決するための授業方法等を提案している。

表3　学会誌に投稿されている研究テーマ

①日本の健康教育における歴史や動向に関する研究	学習指導要領の変遷／健康日本21の成果と課題／日本におけるヘルスプロモーションの展開と学校教育
②諸外国やWHOの健康教育に関する研究	WHO国際会議の動向／ヘルシーピープル2000、2010、2020の変遷／National Health Education Standardsの変遷／諸外国におけるライフスキルやヘルスリテラシーの比較研究
③日本における保健授業の研究	授業内容の研究（知識理解、関心意欲、思考判断等）／授業方法の研究（板書、教材、発問、ノート記述等）／授業評価法に関する研究／カリキュラム研究（小中高の系統的な学習に関する研究）／カリキュラム研究（スキルやリテラシーの視点から見た研究）／カリキュラム研究（食育や防災など学校の地域性等を考慮した研究）
④保健授業と体育授業の連携に関する研究	心の健康と体つくり運動／心肺機能の発達と持久走の授業／社会性を育てる球技の授業
⑤他教科との関連や課題に関する研究	食育、環境教育、防災教育等
⑥児童、生徒の知識・意識・行動等の調査研究	生活習慣に関する調査研究／心の健康に関する調査研究／防災や安全に関する調査研究
⑦保健体育教諭や養護教諭の資質や能力に関する調査研究	保健学習、保健指導、保健管理に関する実態や意識調査
⑧尺度開発に関する研究	生活習慣の自己管理力を測定する尺度の研究／社会性スキルを測定する尺度の研究／ライフスキル[5]を測定する尺度の研究／情報リテラシーを測定する尺度の研究

2.保健科教育の研究方法

(1)研究計画の立案

　研究を進めるに当たって、興味や関心をもった研究課題が、研究に値するものかどうか、その目的や意義等について吟味する必要がある。例えば、自分の設定した研究課題が、既に先人たちが解決しているテーマかもしれない。また、仮説を検証するための方法が不適切で調査したデータが台なしになってしまうかもしれない。調査項目の妥当性や信頼性は確保できるのか、調査対象や時期が適切かなど、事前に検討すべきことがいくつかあるので、研究計画の概要と進め方を指導教員等に提示し、アドバイスをもらうことが重要である（表4）。

(2)研究方法の選択

　研究の目的を遂行するために、どのような研究方法が適しているのか検討することは、研究計画の重要な要素である。人間科学分野の研究方法は、(1)レビュー研究[6]、(2)記述的研究[7]、(3)分析的研究[8]の3つに大別されるが、保健科教育においては、その分野や研究の目的によって、その分類や研究手法も様々である。表5では、保健科教育の研究でよく用いられる4種類の研究方法を紹介する。

(3)研究論文の作成

　一般的な論文の構成を以下に示す。第2、3章は、第1章の序論のなかで記述する場合もある。各学会誌の論文投稿規定を参考に複数の方法を学ぶのがよい。
○第1章：序論……研究課題の背景／問題の所在

[5]WHOライフスキルの定義（1993年）

Life skills are abilities for adaptive and positive behaviour, that enable us to deal effectively with the demands and challenges of everyday life.

日本では川端らが1988年にJKYBライフスキル教育研究会を発足し、喫煙・飲酒・薬物乱用防止教育をはじめ、保健授業においてライフスキルを育てる様々な研究を報告している。

[6]レビュー研究

自分がテーマとした研究課題について、先人の研究者たちがどのような研究を行っているか文献や資料を中心に調査、比較分析を行う研究方法。

[7]記述的研究

先行研究に関して、明らかにされていなかったり、考察が食い違っている課題に対して新たな調査を実施し、実態を明らかにする研究方法。

表4　研究計画でチェックすべき項目

研究課題の目的、意義は明確であるか／研究で使用する用語の概念や定義の理解は十分か／先行研究のレビューは十分か／研究のオリジナル性はあるか／依拠する理論的枠組みは明確にされているか／検証すべき仮説が定まっているか／研究方法の対象や時期が適切で妥当性や信頼性は確保できるか／研究を進める上で、倫理的配慮に問題はないか／予備調査をどのように進めるか

表5　保健科教育の研究で用いられる研究方法

①質問紙調査法	保健授業や健康教育に関する児童生徒の知識や意識を調査したり、児童生徒の生活習慣に関する意識や実態を把握するため、質問項目を作成し集計結果から分析する方法。
②観察法	ある目的をもって、保健授業や学校生活等における児童生徒、教師等の特定の場面を観察し、行動や言動、ノートの記述内容等を分析する方法。
③面接法（インタビュー法）	ある目的をもって、特定の児童生徒や教師等を抽出し、インタビューを行う方法。
④実験法（授業実践）	保健授業において、特定の授業方法や個別の教材を用い、その効果を検証する方法。授業前と授業後の比較分析や授業介入群と対照群の比較分析を行う場合が多い。

⑧分析的研究
　特定の事象や課題に関して、あらかじめ仮説を立て、組織的に情報を集め、実験や調査結果から実験等の介入による効果や因果関係を検証する研究方法。

○第2章：先行研究……先行研究の目的や研究方法／先行研究で明らかになっていること／先行研究の課題や限界

○第3章：研究の目的……先行研究と本研究の関係／使用する用語の定義／本研究の意義

○第4章：研究の方法……仮説検証の手順（研究デザイン）／測定方法（調査方法）と分析方法／対象者や介入方法

○第5章：研究の結果……測定（調査）結果／分析結果

○第6章：考察……結果から得られたことの意味／先行研究との関連から見た意義

○第7章：結論……本研究の要約、総括／本研究の限界

○第8章：今後の課題……本研究で明らかにできなかったこと／残された課題や展望

○文献……引用、参考にした文献の一覧

⑨論文作成に関する書籍
『理科系の作文技術』（木下是雄 著、中公新書、256頁、本体700円）
　初版発行1981年から35年以上にわたって読み継がれている名著。物理学者である著者が、理科系の研究者・学生のために、論文・レポートなどの書き方を具体的にコーチする。文のうまさに主眼を置いた従来の文章読本とは違って、ひたすら明快・簡潔な表現を追求したこの本は、文科系の人たちにも新鮮な刺激を与え、絶賛された。

　本節で説明した保健科教育の研究方法は、保健科教育法入門としての必要最低限の内容である。詳細は、論文作成を主な目的とした授業や論文作成に関する書籍⑨で学ばれたい。

　最後に、2016（平成28）年4月に設立された日本保健科教育学会について紹介する。当学会は、本章で述べてきた保健科教育の様々な課題に対し、研究推進による貢献を主たる目的に発足した学会である。保健科教育の重要性を認識する多くの研究者が学会員として所属し、研究誌「保健科教育研究」も2016（平成28）年7月に創刊された。保健科教育研究に関心をもった学生諸君は、ぜひ一度、当学会のHPを参照あれ。学会発表や論文投稿等の参加を期待する。

（山本浩二）

［引用・参考文献］
＊中央教育審議会初等中等教育分科会配布資料「体育・保健体育、健康、安全WGにおけるとりまとめのイメージ（案）」2016.5.26

*国立教育政策研究所プロジェクト研究報告書「教育課程の編成に関する基礎的研究」2013.3

*保健学習授業推進委員会平成25年度報告書「中学校の保健学習を着実に推進するために」2013.9

*野津有司「保健科教育の課題の解決に向けて―研究の活性化と保健担当教師の育成―」、『体育科教育』2010年8月号

*岩田英樹ら「保健学習に関する研究の課題」日本体育学会第57回大会、2006

*山本浩二・渡邉正樹「健康情報リテラシーを育てる中学校保健授業の研究―健康情報評価カードの開発と授業効果の分析―」、『日本教科教育学会誌』37（2）、2014

column Ⅷ

教師力向上と教職大学院

　こんにちでは、社会状況の変化に伴い、保護者、児童生徒、地域住民の学校に対する期待やニーズが多様化しています。また、いじめや不登校、発達障害をもつ児童生徒の増加等、学校教育の課題も複雑化・多様化してきました。このような変化や課題に対応するため、高度な専門性と豊かな人間性・社会性を備えた力量ある教員が求められるようになり、2007（平成19）年度に教職大学院という制度が創設されました。2016（平成28）年4月現在では、日本教職大学院協会に加盟している大学が国立39大学、私立6大学の計45大学に上り、今後もいくつかの大学で設置が計画されています。

　教職大学院は、これまでの教育系修士課程の大学院とは異なり、ストレートマスターとも呼ばれる学部からの進学者を対象としたものと、現職教員を対象としたものとの、大きく2つの役割をあわせもっています。学部からの進学者を対象としたものについては、学部段階で取得した教員としての基礎的・基本的な資質能力をより実践的な指導力へ発展させ、新たな学校づくりのために有力な新人教員となることを目指しています。一方、現職教員を対象としたものについては、教員として優れた実践力・応用力等を備え、学校や地域で中核的・指導的役割を果たすことができるスクールリーダーとなることを目指しています。

　修業年限は、学部からの進学者、現職教員いずれも標準2年で、2年以上在学し45単位以上修得することが修了の要件となっています。現職経験がある場合等、45単位以上のうち、一部または全部の免除も可能ですが、10単位以上の実習が義務づけられています。全ての教職大学院で共通に開設すべき授業科目としては、①教育課程の編成及び実施に関する領域、②教科等の実践的な指導方法に関する領域、③生徒指導及び教育相談に関する領域、④学級経営及び学校経営に関する領域、⑤学校教育と教員のあり方に関する領域、の5領域が定められています。また、その指導方法も、事例研究、授業観察・分析、フィールドワーク等が積極的に導入されています。教職大学院は、教育分野における高度専門職業人の養成に特化しているので、研究指導や修士論文は課されていません。修了後には、専門職学位として、教職修士（専門職）が授与され、教員免許状は専修免許状となります。

　各自治体においては、教職大学院へ進学することへの対応として、学部からの進学者であるストレートマスターの場合は、教員採用試験合格後に名簿登載期間を延長したり、初任者研修を免除したりするところもあります。また、現職教員についても、管理職選考に合格した者が教職大学院を修了した場合には、指導主事として任用している自治体も見られます。

　近年の中央教育審議会答申等でも、教職大学院の教育成果、教育課程の体系性を維持した上で、学校現場や社会からの様々な要請を踏まえながら、制度を発展・充実させる拡充方針が示されています。教職大学院において、理論と実践を行き来しながら学んだり、現職教員と机を並べてともに学んだりすることは、これから何十年も続く長い教員生活をより豊かなものにしていくものとなるでしょう。

（渡部　基）

索　引

●アルファベット
CiNii ······································ 158
ICT ···························· 69, 71, 87
JKYB ·· 27
J-STAGE ································ 159
SNS ······························· 122, 153
T-T ··· 7
WHO ······································· 59

●あ
悪性新生物 ······························ 56
アクティブ・ラーニング
　················· 42, 70, 73, 117
雨降り保健 ························ 38, 79
アメリカ教育使節団 ·············· 25
暗記保健 ···························· 38, 79

●い
依存症 ···································· 135
一斉学習 ·································· 68
一斉指導 ·································· 77
一般教養 ································ 156
飲酒 ·· 134

●え
エイズ ······································ 56

●お
応急手当 ·································· 58

●か
科学技術振興機構 ················ 159
科学的認識 ············ 21, 27, 28, 46
学習観 ······································ 24
学習指導要領 ····················· 5, 40
学習指導要領総則 ················ 148
学習者把握 ······························ 24
学習内容 ······················ 54, 60, 68
学習評価 ·································· 94
学習方法 ·································· 68
学習目標 ·································· 49
仮説実験授業 ··················· 27, 70
課題解決学習 ·························· 76
学会誌 ···································· 160
学級活動 ································ 148
学校教育課程 ···························· 5
学校教育法 ································ 5
学校教育法施行規則 ········· 5, 12
学校行事 ································ 148

学校体育指導要綱 ·················· 20
学校保健活動 ····················· 2, 80
学校保健研究 ························ 160
学校保健統計調査 ················ 162
学校要覧 ································ 150
葛藤 ·· 125
カリキュラム ····················· 11, 79
カリキュラム・マネジメント
　················· 8, 18, 95
環境 ·· 56
がん教育 ·························· 47, 167
カンファレンス ···················· 108

●き
机間指導 ···························· 87, 93
記述形式 ·································· 96
客観的テスト ·························· 96
教育課程 ···························· 11, 79
教育基本法 ································ 5
教育実習 ···························· 6, 146
教育職員免許法 ············ 7, 9, 146
教育職員免許法施行規則 ···· 146
教員採用試験 ························ 156
教科内容 ·································· 61
教具 ·· 66
教材 ························ 24, 61, 103
教材化 ······························ 61, 62
教材研究 ·································· 61
教材づくり ···························· 103
教授行為 ···························· 24, 87
教場 ·· 105
教職課程 ································ 146
教職教養 ································ 156
教職実践演習 ························ 155
教職修士 ································ 173
教職大学院 ···························· 173
協同学習 ·································· 69
虚血性心疾患 ·························· 56

●く
具体物教材 ······························ 63
グループ学習 ·························· 69

●け
形成的評価 ······························ 95
系統主義 ·································· 26
ゲストティーチャー ················ 7
月経 ·· 112

研究授業 ································ 149
健康教育 ·································· 35
健康教育実践強調運動 ·········· 25
健康行動 ·································· 54
健康寿命 ·································· 59
健康リテラシー ······················ 28

●こ
公衆衛生活動 ·························· 25
構成主義 ·································· 27
交通安全 ·································· 58
行動主義 ·································· 27
校務分掌 ································ 150
国民衛生の動向 ············· 92, 161
国立教育政策研究所 ············ 162
個別学習 ·································· 69
コメントカード ···················· 105
コンテンツ ······························ 71
コンテンツベース ·················· 28
コンピテンシー ······················ 71
コンピテンシーベース ·········· 28

●さ
サイニィ ································ 158
再認形式 ·································· 96

●し
時案 ·· 79
思考・判断・表現 ·················· 94
思考力・判断力・表現力
　················· 49, 54, 84
事後指導 ································ 147
自主編成運動 ·························· 26
自然災害 ·································· 59
事前指導 ································ 147
視聴覚教材 ······························ 84
実験 ···································· 74, 76
実習 ···································· 74, 75
実習記録簿 ···························· 150
指導案 ···························· 79, 83, 104
指導要録 ·································· 94
指導略案 ································ 147
射精 ·· 112
修身 ···································· 4, 25
授業案 ······································ 79
授業観 ······························ 24, 38
授業書方式 ······················ 27, 70
授業スタイル ····················· 72, 103

174

授業評価…………………………… 95	●て	●ほ
受講者……………………………… 105	ティーム・ティーチング……… 7, 78	報告・連絡・相談………………… 152
主体的・対話的で深い学び……… 70	ディスカッション………………… 73	ポートフォリオ…………………… 97
主体的に学習に取り組む態度	ディベート………………………… 74	保健・医療機関…………………… 59
………… 49, 84, 94	適応機制…………………………… 123	保健・医療サービス……………… 59
守秘義務…………………………… 153	適応能力…………………………… 57	保健科教育学……………………… 169
傷害の防止………………………… 59	できる……………………… 28, 46, 71	保健科教育研究…………………… 160
小学校保健計画実施要領………… 25	●と	保健学習授業推進委員会………… 170
教職インターンシップ…………… 149	特別活動…………………………… 148	保健学習推進委員会……………… 168
初経………………………………… 113	特別の教科としての道徳科	保健管理…………………………… 2
資料………………………………… 92	………………………………… 148	保健教育…………………………… 2
診断的評価………………………… 95	●に	保健指導…………………………… 4
シンポジウム……………………… 73	日本学校保健会…………………… 167	保健主事…………………………… 7
●す	日本公衆衛生雑誌………………… 160	保健体育教室……………………… 161
ストップモーション方式………… 165	日本保健科教育学会……………… 166	保健体育審議会答申……………… 7
ストレス対処……………………… 58	認識………………………………… 40	●ま
●せ	認知主義…………………………… 27	マイクロティーチング…………… 150
生活経験主義……………………… 26	●ね	●み
生活習慣病………………………… 56	年間指導計画……………… 49, 79, 80	民間研究会………………………… 163
性感染症…………………… 56, 140	●の	●も
性機能……………………………… 57	ノート指導…………………… 87, 91	模擬授業…………………………… 101
省察………………………………95, 108	●は	目標に準拠した評価……… 94, 155
精神の健康………………………… 58	はいまわる経験主義……………… 21	問題解決学習……………… 25, 70
精通………………………………… 113	白書………………………………… 162	問題教材…………………… 63, 64
生徒会活動………………………… 148	バズセッション…………………… 73	文部科学省等資料………………… 160
生徒観……………………………… 84	発育・発達………………………… 57	●や
世界保健機関……………………… 59	発問………………………… 63, 68, 87	薬物乱用…………………………… 135
説明………………………………… 87	パネルディスカッション………… 73	●よ
専門教養…………………………… 156	パワーポイント…………………… 87	養護教諭…………………………4, 78
●そ	板書………………………………87, 89	養生口授…………………………… 2
総括的評価………………………… 96	板書計画…………………………… 90	欲求………………………………… 123
総則………………………………… 148	●ひ	●り
素材………………………… 61, 62, 104	筆記テスト………………………… 96	理科………………………………… 25
●た	ヒヤリ・ハット体験……………… 118	リフレクションペーパー………… 110
体育科教育………………………… 161	評価………………………………… 94	●ろ
体育学研究………………………… 160	評価規準…………………………… 99	ロールプレイング………… 72, 75
体温調整機能……………………… 128	●ふ	●わ
体練科体操………………………… 25	部活動……………………………… 148	ワークシート……………………… 69
単元………………………………49, 82	服装………………………………… 152	わかる……………………… 28, 42, 71
単元計画…………………… 79, 82, 154	ブレインストーミング	話術………………………………… 87
●ち	………………………… 72, 73, 75	
知識・技能………… 49, 54, 84, 94	文章教材…………………… 63, 64	
中央教育審議会…………………… 162	●へ	
中学校学習指導要領解説………… 82	ヘルスリテラシー	
中等学校保健計画実施要領……… 20	………… 28, 44, 52, 53, 169	

[付録] 小学校、中学校、高等学校　学習指導要領（「保健」抜粋）

小学校学習指導要領
平成29年3月31日公表

第1　目標
　体育や保健の見方・考え方を働かせ、課題を見付け、その解決に向けた学習過程を通して、心と体を一体として捉え、生涯にわたって心身の健康を保持増進し豊かなスポーツライフを実現するための資質・能力を次のとおり育成することを目指す。
(1) その特性に応じた各種の運動の行い方及び身近な生活における健康・安全について理解するとともに、基本的な動きや技能を身に付けるようにする。
(2) 運動や健康についての自己の課題を見付け、その解決に向けて思考し判断するとともに、他者に伝える力を養う。
(3) 運動に親しむとともに健康の保持増進と体力の向上を目指し、楽しく明るい生活を営む態度を養う。

第2　各学年の目標及び内容
〔第3学年及び第4学年〕
1　目標
(1) 各種の運動の楽しさや喜びに触れ、その行い方及び健康で安全な生活や体の発育・発達について理解するとともに、基本的な動きや技能を身に付けるようにする。
(2) 自己の運動や身近な生活における健康の課題を見付け、その解決のための方法や活動を工夫するとともに、考えたことを他者に伝える力を養う。
(3) 各種の運動に進んで取り組み、きまりを守り誰とでも仲よく運動をしたり、友達の考えを認めたり、場や用具の安全に留意したりし、最後まで努力して運動をする態度を養う。また、健康の大切さに気付き、自己の健康の保持増進に進んで取り組む態度を養う。

2　内容
G　保健
(1) 健康な生活について、課題を見付け、その解決を目指した活動を通して、次の事項を身に付けることができるよう指導する。
　ア　健康な生活について理解すること。
　　(ｱ) 心や体の調子がよいなどの健康の状態は、主体の要因や周囲の環境の要因が関わっていること。
　　(ｲ) 毎日を健康に過ごすには、運動、食事、休養及び睡眠の調和のとれた生活を続けること、また、体の清潔を保つことなどが必要であること。
　　(ｳ) 毎日を健康に過ごすには、明るさの調節、換気などの生活環境を整えることなどが必要であること。
　イ　健康な生活について課題を見付け、その解決に向けて考え、それを表現すること。
(2) 体の発育・発達について、課題を見付け、その解決を目指した活動を通して、次の事項を身に付けることができるよう指導する。
　ア　体の発育・発達について理解すること。
　　(ｱ) 体は、年齢に伴って変化すること。また、体の発育・発達には、個人差があること。
　　(ｲ) 体は、思春期になると次第に大人の体に近づき、体つきが変わったり、初経、精通などが起こったりすること。また、異性への関心が芽生えること。
　　(ｳ) 体をよりよく発育・発達させるには、適切な運動、食事、休養及び睡眠が必要であること。
　イ　体がよりよく発育・発達するために、課題を見付け、その解決に向けて考え、それを表現すること。

3　内容の取扱い
(5) 内容の「G 保健」については、(1)を第3学年、(2)を第4学年で指導するものとする。
(6) 内容の「G 保健」の(1)については、学校でも、健康診断や学校給食など様々な活動が行われていることについて触れるものとする。
(7) 内容の「G 保健」の(2)については、自分と他の人では発育・発達などに違いがあることに気付き、それらを肯定的に受け止めることが大切であることについて触れるものとする。

(8)各領域の各内容については、運動と健康が密接に関連していることについての具体的な考えがもてるよう指導すること。

〔第5学年及び第6学年〕
1 目標
(1)各種の運動の楽しさや喜びを味わい、その行い方及び心の健康やけがの防止、病気の予防について理解するとともに、各種の運動の特性に応じた基本的な技能及び健康で安全な生活を営むための技能を身に付けるようにする。
(2)自己やグループの運動の課題や身近な健康に関わる課題を見付け、その解決のための方法や活動を工夫するとともに、自己や仲間の考えたことを他者に伝える力を養う。
(3)各種の運動に積極的に取り組み、約束を守り助け合って運動をしたり、仲間の考えや取組を認めたり、場や用具の安全に留意したりし、自己の最善を尽くして運動をする態度を養う。また、健康・安全の大切さに気付き、自己の健康の保持増進や回復に進んで取り組む態度を養う。

2 内容
G 保健
(1)心の健康について、課題を見付け、その解決を目指した活動を通して、次の事項を身に付けることができるよう指導する。
　ア 心の発達及び不安や悩みへの対処について理解するとともに、簡単な対処をすること。
　　(ｱ)心は、いろいろな生活経験を通して、年齢に伴って発達すること。
　　(ｲ)心と体には、密接な関係があること。
　　(ｳ)不安や悩みへの対処には、大人や友達に相談する、仲間と遊ぶ、運動をするなどいろいろな方法があること。
　イ 心の健康について、課題を見付け、その解決に向けて思考し判断するとともに、それらを表現すること。
(2)けがの防止について、課題を見付け、その解決を目指した活動を通して、次の事項を身に付けることができるよう指導する。
　ア けがの防止に関する次の事項を理解するとともに、けがなどの簡単な手当をすること。
　　(ｱ)交通事故や身の回りの生活の危険が原因となって起こるけがの防止には、周囲の危険に気付くこと、的確な判断の下に安全に行動すること、環境を安全に整えることが必要であること。
　　(ｲ)けがなどの簡単な手当は、速やかに行う必要があること。
　イ けがを防止するために、危険の予測や回避の方法を考え、それらを表現すること。
(3)病気の予防について、課題を見付け、その解決を目指した活動を通して、次の事項を身に付けることができるよう指導する。
　ア 病気の予防について理解すること。
　　(ｱ)病気は、病原体、体の抵抗力、生活行動、環境が関わりあって起こること。
　　(ｲ)病原体が主な要因となって起こる病気の予防には、病原体が体に入るのを防ぐことや病原体に対する体の抵抗力を高めることが必要であること。
　　(ｳ)生活習慣病など生活行動が主な要因となって起こる病気の予防には、適切な運動、栄養の偏りのない食事をとること、口腔の衛生を保つことなど、望ましい生活習慣を身に付ける必要があること。
　　(ｴ)喫煙、飲酒、薬物乱用などの行為は、健康を損なう原因となること。
　　(ｵ)地域では、保健に関わる様々な活動が行われていること。
　イ 病気を予防するために、課題を見付け、その解決に向けて思考し判断するとともに、それらを表現すること。

3 内容の取扱い
(7)内容の「G 保健」については、(1)及び(2)を第5学年、(3)を第6学年で指導するものとする。また、けがや病気からの回復についても触れるものとする。
(8)内容の「G保健」の(3)のアの(ｴ)薬物については、有機溶剤の心身への影響を中心に取り扱うものとする。また、覚醒剤等についても触れるものとする。
(9)各領域の各内容については、運動領域と保健領域との関連を図る指導に留意すること。

第3 指導計画の作成と内容の取扱い
1 指導計画の作成に当たっては、次の事項に配慮するものとする。
(1)単元など内容や時間のまとまりを見通して、その

中で育む資質・能力の育成に向けて、児童の主体的・対話的で深い学びの実現を図るようにすること。その際、体育や保健の見方・考え方を働かせ、運動や健康についての自己の課題を見付け、その解決のための活動を選んだり工夫したりする活動の充実を図ること。また、運動の楽しさや喜びを味わったり、健康の大切さを実感したりすることができるよう留意すること。

(2) 一部の領域の指導に偏ることのないよう授業時数を配当すること。

(3) 第2の第3学年及び第4学年の内容の「G保健」に配当する授業時数は、2学年間で8単位時間程度、また、第2の第5学年及び第6学年の内容の「G保健」に配当する授業時数は、2学年間で16単位時間程度とすること。

(4) 第2の第3学年及び第4学年の内容の「G保健」並びに第5学年及び第6学年の内容の「G保健」(以下「保健」という。)については、効果的な学習が行われるよう適切な時期に、ある程度まとまった時間を配当すること。

2 第2の内容の取扱いについては、次の事項に配慮するものとする。

(10) 保健の内容のうち運動、食事、休養及び睡眠については、食育の観点も踏まえつつ、健康的な生活習慣の形成に結び付くよう配慮するとともに、保健を除く第3学年以上の各領域及び学校給食に関する指導においても関連した指導を行うようにすること。

(11) 保健の指導に当たっては、健康に関心をもてるようにし、健康に関する課題を解決する学習活動を取り入れるなどの指導方法の工夫を行うこと。

中学校学習指導要領　　　平成29年3月31日公表

第1 目標

体育や保健の見方・考え方を働かせ、課題を発見し、合理的な解決に向けた学習過程を通して、心と体を一体として捉え、生涯にわたって心身の健康を保持増進し豊かなスポーツライフを実現するための資質・能力を次のとおり育成することを目指す。

(1) 各種の運動の特性に応じた技能等及び個人生活における健康・安全について理解するとともに、基本的な技能を身に付けるようにする。

(2) 運動や健康についての自他の課題を発見し、合理的な解決に向けて思考し判断するとともに、他者に伝える力を養う。

(3) 生涯にわたって運動に親しむとともに健康の保持増進と体力の向上を目指し、明るく豊かな生活を営む態度を養う。

第2 各学年の目標及び内容

〔保健分野〕

1 目標

(1) 個人生活における健康・安全について理解するとともに、基本的な技能を身に付けるようにする。

(2) 健康についての自他の課題を発見し、よりよい解決に向けて思考し判断するとともに、他者に伝える力を養う。

(3) 生涯を通じて心身の健康の保持増進を目指し、明るく豊かな生活を営む態度を養う。

2 内容

(1) 健康な生活と疾病の予防について、課題を発見し、その解決を目指した活動を通して、次の事項を身に付けることができるよう指導する。

ア 健康な生活と疾病の予防について理解を深めること。

(ア) 健康は、主体と環境の相互作用の下に成り立っていること。また、疾病は、主体の要因と環境の要因が関わり合って発生すること。

(イ) 健康の保持増進には、年齢、生活環境等に応じた運動、食事、休養及び睡眠の調和のとれた生活を続ける必要があること。

(ウ) 生活習慣病などは、運動不足、食事の量や質の偏り、休養や睡眠の不足などの生活習慣の乱れが主な要因となって起こること。また、生活習慣病などの多くは、適切な運動、食事、休養及び睡眠の調和のとれた生活を実践することによって予防できること。

(エ) 喫煙、飲酒、薬物乱用などの行為は、心身に様々

な影響を与え、健康を損なう原因となること。また、これらの行為には、個人の心理状態や人間関係、社会環境が影響することから、それぞれの要因に適切に対処する必要があること。
　　(オ)感染症は、病原体が主な要因となって発生すること。また、感染症の多くは、発生源をなくすこと、感染経路を遮断すること、主体の抵抗力を高めることによって予防できること。
　　(カ)健康の保持増進や疾病の予防のためには、個人や社会の取組が重要であり、保健・医療機関を有効に利用することが必要であること。また、医薬品は、正しく使用すること。
　イ　健康な生活と疾病の予防について、課題を発見し、その解決に向けて思考し判断するとともに、それらを表現すること。
(2)心身の機能の発達と心の健康について、課題を発見し、その解決を目指した活動を通して、次の事項を身に付けることができるよう指導する。
　ア　心身の機能の発達と心の健康について理解を深めるとともに、ストレスへの対処をすること。
　　(ア)身体には、多くの器官が発育し、それに伴い、様々な機能が発達する時期があること。また、発育・発達の時期やその程度には、個人差があること。
　　(イ)思春期には、内分泌の働きによって生殖に関わる機能が成熟すること。また、成熟に伴う変化に対応した適切な行動が必要となること。
　　(ウ)知的機能、情意機能、社会性などの精神機能は、生活経験などの影響を受けて発達すること。また、思春期においては、自己の認識が深まり、自己形成がなされること。
　　(エ)精神と身体は、相互に影響を与え、関わっていること。欲求やストレスは、心身に影響を与えることがあること。また、心の健康を保つには、欲求やストレスに適切に対処する必要があること。
　イ　心身の機能の発達と心の健康について、課題を発見し、その解決に向けて思考し判断するとともに、それらを表現すること。
(3)傷害の防止について、課題を発見し、その解決を目指した活動を通して、次の事項を身に付けることができるよう指導する。
　ア　傷害の防止について理解を深めるとともに、応急手当をすること。
　　(ア)交通事故や自然災害などによる傷害は、人的要因や環境要因などが関わって発生すること。
　　(イ)交通事故などによる傷害の多くは、安全な行動、環境の改善によって防止できること。
　　(ウ)自然災害による傷害は、災害発生時だけでなく、二次災害によっても生じること。また、自然災害による傷害の多くは、災害に備えておくこと、安全に避難することによって防止できること。
　　(エ)応急手当を適切に行うことによって、傷害の悪化を防止することができること。また、心肺蘇生法などを行うこと。
　イ　傷害の防止について、危険の予測やその回避の方法を考え、それらを表現すること。
(4)健康と環境について、課題を発見し、その解決を目指した活動を通して、次の事項を身に付けることができるよう指導する。
　ア　健康と環境について理解を深めること。
　　(ア)身体には、環境に対してある程度まで適応能力があること。身体の適応能力を超えた環境は、健康に影響を及ぼすことがあること。また、快適で能率のよい生活を送るための温度、湿度や明るさには一定の範囲があること。
　　(イ)飲料水や空気は、健康と密接な関わりがあること。また、飲料水や空気を衛生的に保つには、基準に適合するよう管理する必要があること。
　　(ウ)人間の生活によって生じた廃棄物は、環境の保全に十分配慮し、環境を汚染しないように衛生的に処理する必要があること。
　イ　健康と環境に関する情報から課題を発見し、その解決に向けて思考し判断するとともに、それらを表現すること。

3　内容の取扱い

(1)内容の(1)のアの(ア)及び(イ)は第1学年、(1)のアの(ウ)及び(エ)は第2学年、(1)のアの(オ)及び(カ)は第3学年で取り扱うものとし、(1)のイは全ての学年で取り扱うものとする。内容の(2)は第1学年、(3)は第2学年、(4)は第3学年で取り扱うものとする。

(2)内容の(1)のアについては、健康の保持増進と疾病の予防に加えて、疾病の回復についても取り扱うものとする。

(3)内容の(1)のア の(イ)及び(ウ)については、食育の観点も踏まえつつ健康的な生活習慣の形成に結び付くように配慮するとともに、必要に応じて、コンピュータなどの情報機器の使用と健康との関わりについて取り扱うことにも配慮するものとする。また、がんについても取り扱うものとする。
(4)内容の(1)のアの(エ)については、心身への急性影響及び依存性について取り扱うこと。また、薬物は、覚醒剤や大麻等を取り扱うものとする。
(5)内容の(1)のアの(オ)については、後天性免疫不全症候群（エイズ）及び性感染症についても取り扱うものとする。
(6)内容の(2)のアの(ア)については、呼吸器、循環器を中心に取り扱うものとする。
(7)内容の(2)のアの(イ)については、妊娠や出産が可能となるような成熟が始まるという観点から、受精・妊娠を取り扱うものとし、妊娠の経過は取り扱わないものとする。また、身体の機能の成熟とともに、性衝動が生じたり、異性への関心が高まったりすることなどから、異性の尊重、情報への適切な対処や行動の選択が必要となることについて取り扱うものとする。
(8)内容の(2)のアの(エ)については、体育分野の内容の「A体つくり運動」の(1)のアの指導との関連を図って指導するものとする。
(9)内容の(3)のアの(エ)については、包帯法、止血法など傷害時の応急手当も取り扱い、実習を行うものとする。また、効果的な指導を行うため、水泳など体育分野の内容との関連を図るものとする。
(10)内容の(4)については、地域の実態に即して公害と健康との関係を取り扱うことにも配慮するものとする。また、生態系については、取り扱わないものとする。
(11)保健分野の指導に際しては、自他の健康に関心をもてるようにし、健康に関する課題を解決する学習活動を取り入れるなどの指導方法の工夫を行うものとする。

第3 指導計画の作成と内容の取扱い

1 指導計画の作成に当たっては、次の事項に配慮するものとする。
(1)単元など内容や時間のまとまりを見通して、その中で育む資質・能力の育成に向けて、生徒の主体的・対話的で深い学びの実現を図るようにすること。その際、体育や保健の見方・考え方を働かせながら、運動や健康についての自他の課題を発見し、その合理的な解決のための活動の充実を図ること。また、運動の楽しさや喜びを味わったり、健康の大切さを実感したりすることができるよう留意すること。
(2)授業時数の配当については、次のとおり扱うこと。
 ア 保健分野の授業時数は、3学年間で48単位時間程度配当すること。
 イ 保健分野の授業時数は、3学年間を通じて適切に配当し、各学年において効果的な学習が行われるよう考慮して配当すること。
(7)体育分野と保健分野で示された内容については、相互の関連が図られるよう留意すること。

高等学校学習指導要領　　平成30年3月30日告示

第1款　目標

体育や保健の見方・考え方を働かせ、課題を発見し、合理的、計画的な解決に向けた学習過程を通して、心と体を一体として捉え、生涯にわたって心身の健康を保持増進し豊かなスポーツライフを継続するための資質・能力を次のとおり育成することを目指す。
(1)各種の運動の特性に応じた技能等及び社会生活における健康・安全について理解するとともに、技能を身に付けるようにする。
(2)運動や健康についての自他や社会の課題を発見し、合理的、計画的な解決に向けて思考し判断するとともに、他者に伝える力を養う。
(3)生涯にわたって継続して運動に親しむとともに健康の保持増進と体力の向上を目指し、明るく豊かで活力ある生活を営む態度を養う。

第2款　各科目

第2　保健

1　目標

保健の見方・考え方を働かせ、合理的、計画的な解決に向けた学習過程を通して、生涯を通じて人々が自

らの健康や環境を適切に管理し、改善していくための資質・能力を次のとおり育成する。
(1) 個人及び社会生活における健康・安全について理解を深めるとともに、技能を身に付けるようにする。
(2) 健康についての自他や社会の課題を発見し、合理的、計画的な解決に向けて思考し判断するとともに、目的や状況に応じて他者に伝える力を養う。
(3) 生涯を通じて自他の健康の保持増進やそれを支える環境づくりを目指し、明るく豊かで活力ある生活を営む態度を養う。

2　内容

(1) 現代社会と健康について、自他や社会の課題を発見し、その解決を目指した活動を通して、次の事項を身に付けることができるよう指導する。
　ア　現代社会と健康について理解を深めること。
　　(ｱ) 健康の考え方
　　　　国民の健康課題や健康の考え方は、国民の健康水準の向上や疾病構造の変化に伴って変わってきていること。また、健康は、様々な要因の影響を受けながら、主体と環境の相互作用の下に成り立っていること。
　　　　健康の保持増進には、ヘルスプロモーションの考え方を踏まえた個人の適切な意思決定や行動選択及び環境づくりが関わること。
　　(ｲ) 現代の感染症とその予防
　　　　感染症の発生や流行には、時代や地域によって違いがみられること。その予防には、個人の取組及び社会的な対策を行う必要があること。
　　(ｳ) 生活習慣病などの予防と回復
　　　　健康の保持増進と生活習慣病などの予防と回復には、運動、食事、休養及び睡眠の調和のとれた生活の実践や疾病の早期発見、及び社会的な対策が必要であること。
　　(ｴ) 喫煙、飲酒、薬物乱用と健康
　　　　喫煙と飲酒は、生活習慣病などの要因になること。また、薬物乱用は、心身の健康や社会に深刻な影響を与えることから行ってはならないこと。それらの対策には、個人や社会環境への対策が必要であること。
　　(ｵ) 精神疾患の予防と回復
　　　　精神疾患の予防と回復には、運動、食事、休養及び睡眠の調和のとれた生活を実践するとともに、心身の不調に気付くことが重要であること。また、疾病の早期発見及び社会的な対策が必要であること。
　イ　現代社会と健康について、課題を発見し、健康や安全に関する原則や概念に着目して解決の方法を思考し判断するとともに、それらを表現すること。

(2) 安全な社会生活について、自他や社会の課題を発見し、その解決を目指した活動を通して、次の事項を身に付けることができるよう指導する。
　ア　安全な社会生活について理解を深めるとともに、応急手当を適切にすること。
　　(ｱ) 安全な社会づくり
　　　　安全な社会づくりには、環境の整備とそれに応じた個人の取組が必要であること。また、交通事故を防止するには、車両の特性の理解、安全な運転や歩行など適切な行動、自他の生命を尊重する態度、交通環境の整備が関わること。交通事故には補償をはじめとした責任が生じること。
　　(ｲ) 応急手当
　　　　適切な応急手当は、傷害や疾病の悪化を軽減できること。応急手当には、正しい手順や方法があること。また、応急手当は、傷害や疾病によって身体が時間の経過とともに損なわれていく場合があることから、速やかに行う必要があること。
　　　　心肺蘇生法などの応急手当を適切に行うこと。
　イ　安全な社会生活について、安全に関する原則や概念に着目して危険の予測やその回避の方法を考え、それらを表現すること。

(3) 生涯を通じる健康について、自他や社会の課題を発見し、その解決を目指した活動を通して、次の事項を身に付けることができるよう指導する。
　ア　生涯を通じる健康について理解を深めること。
　　(ｱ) 生涯の各段階における健康
　　　　生涯を通じる健康の保持増進や回復には、生涯の各段階の健康課題に応じた自己の健康管理及び環境づくりが関わっていること。
　　(ｲ) 労働と健康
　　　　労働災害の防止には、労働環境の変化に起因する傷害や職業病などを踏まえた適切な健康管理及び安全管理をする必要があること。
　イ　生涯を通じる健康に関する情報から課題を発見

し、健康に関する原則や概念に着目して解決の方法を思考し判断するとともに、それらを表現すること。
(4) 健康を支える環境づくりについて、自他や社会の課題を発見し、その解決を目指した活動を通して、次の事項を身に付けることができるよう指導する。
　ア　健康を支える環境づくりについて理解を深めること。
　　(ｱ) 環境と健康
　　　人間の生活や産業活動は、自然環境を汚染し健康に影響を及ぼすことがあること。それらを防ぐには、汚染の防止及び改善の対策をとる必要があること。また、環境衛生活動は、学校や地域の環境を健康に適したものとするよう基準が設定され、それに基づき行われていること。
　　(ｲ) 食品と健康
　　　食品の安全性を確保することは健康を保持増進する上で重要であること。また、食品衛生活動は、食品の安全性を確保するよう基準が設定され、それに基づき行われていること。
　　(ｳ) 保健・医療制度及び地域の保健・医療機関
　　　生涯を通じて健康を保持増進するには、保健・医療制度や地域の保健所、保健センター、医療機関などを適切に活用することが必要であること。
　　　また、医薬品は、有効性や安全性が審査されており、販売には制限があること。疾病からの回復や悪化の防止には、医薬品を正しく使用することが有効であること。
　　(ｴ) 様々な保健活動や社会的対策
　　　我が国や世界では、健康課題に対応して様々な保健活動や社会的対策などが行われていること。
　　(ｵ) 健康に関する環境づくりと社会参加
　　　自他の健康を保持増進するには、ヘルスプロモーションの考え方を生かした健康に関する環境づくりが重要であり、それに積極的に参加していくことが必要であること。また、それらを実現するには、適切な健康情報の活用が有効であること。
　イ　健康を支える環境づくりに関する情報から課題を発見し、健康に関する原則や概念に着目して解決の方法を思考し判断するとともに、それらを表現すること。

3　内容の取扱い
(1) 内容の(1)のアの(ｳ)及び(4)のアの(ｲ)については、食育の観点を踏まえつつ、健康的な生活習慣の形成に結び付くよう配慮するものとする。また、(1)のアの(ｳ)については、がんについても取り扱うものとする。
(2) 内容の(1)のアの(ｳ)及び(4)のアの(ｳ)については、健康とスポーツの関連について取り扱うものとする。
(3) 内容の(1)のアの(ｴ)については、疾病との関連、社会への影響などについて総合的に取り扱い、薬物については、麻薬、覚醒剤、大麻等を取り扱うものとする。
(4) 内容の(1)のアの(ｵ)については、大脳の機能、神経系及び内分泌系の機能について必要に応じ関連付けて扱う程度とする。また、「体育」の「A体つくり運動」における体ほぐしの運動との関連を図るよう配慮するものとする。
(5) 内容の(2)のアの(ｱ)については、犯罪や自然災害などによる傷害の防止についても、必要に応じ関連付けて扱うよう配慮するものとする。また、交通安全については、二輪車や自動車を中心に取り上げるものとする。
(6) 内容の(2)のアの(ｲ)については、実習を行うものとし、呼吸器系及び循環器系の機能については、必要に応じ関連付けて扱う程度とする。また、効果的な指導を行うため、「体育」の「D水泳」などとの関連を図るよう配慮するものとする。
(7) 内容の(3)のアの(ｱ)については、思春期と健康、結婚生活と健康及び加齢と健康を取り扱うものとする。また、生殖に関する機能については、必要に応じ関連付けて扱う程度とする。責任感を涵養することや異性を尊重する態度が必要であること、及び性に関する情報等への適切な対処についても扱うよう配慮するものとする。
(8) 内容の(4)のアの(ｱ)については、廃棄物の処理と健康についても触れるものとする。
(9) 指導に際しては、自他の健康やそれを支える環境づくりに関心をもてるようにし、健康に関する課題を解決する学習活動を取り入れるなどの指導方法の工夫を行うものとする。

第3款　各科目にわたる指導計画の作成と内容の取扱い
(省略)

■執筆者一覧（執筆順）

野村　良和	筑波大学名誉教授	第1章第1節①
瀧澤　利行	茨城大学教授	コラムⅠ、コラムⅣ
荒井　信成	白鷗大学准教授	第1章第1節②
野井　真吾	日本体育大学教授	コラムⅡ
今関　豊一	日本体育大学教授	第1章第2節①
小浜　明	仙台大学教授	第1章第2節②、第3節
今村　修	東海大学名誉教授	第2章第1節、コラムⅢ、第4節
物部　博文	横浜国立大学教授	第2章第2節
杉崎　弘周	新潟医療福祉大学准教授	第2章第3節、コラムⅤ
長岡　知	順天堂大学准教授	第2章第5節①
山田　浩平	愛知教育大学准教授	第2章第5節②
戸部　秀之	埼玉大学教授	コラムⅥ
加藤勇之助	大東文化大学教授	第2章第6節
菅沼　徳夫	大阪体育大学准教授	第2章第7節
植田　誠治	聖心女子大学教授	第2章第8節
岡崎　勝博	東海大学教授	第2章第9節
野坂　俊弥	東海大学教授	第2章第9節
佐見由紀子	東京学芸大学准教授	第3章第1節①
高野　法子	相模原市立千木良小学校教諭	第3章第1節②
伊佐野龍司	日本大学准教授	第3章第2節①
徐　広孝	静岡産業大学専任講師	第3章第2節②
木原　慎介	東京国際大学専任講師	第3章第2節③
内藤　将智	埼玉県県民生活部スポーツ振興課主査	第3章第2節④
大越　正大	東海大学教授	第4章、コラムⅦ
藤原　昌太	了徳寺大学講師	第4章、コラムⅦ、第5章第2節
上地　勝	茨城大学教授	第5章第1節
山本　浩二	文教大学准教授	第5章第3節
渡部　基	北海道教育大学教授	コラムⅧ

保健科教育法入門
©Japan Society of School Health Education, 2017　　　　NDC375 / x, 182p / 26cm

初版第1刷発行────2017年4月30日
　第2刷発行────2019年9月1日

編　者	日本保健科教育学会
発行者	鈴木一行
発行所	株式会社　大修館書店

〒113-8541　東京都文京区湯島2-1-1
電話 03-3868-2651（販売部）　03-3868-2299（編集部）
振替 00190-7-40504
［出版情報］https://www.taishukan.co.jp

装丁・本文デザイン	石山智博
イラスト	落合恵子
組　版	加藤　智
印　刷	三松堂
製　本	難波製本

ISBN978-4-469-26820-1　　　　Printed in Japan

Ⓡ 本書のコピー、スキャン、デジタル化等の無断複製は著作権法上での例外を除き禁じられています。本書を代行業者等の第三者に依頼してスキャンやデジタル化することは、たとえ個人や家庭内での利用であっても著作権法上認められておりません。